Belas Letras.

MÚSICA CULTURA POP ESTILO DE VIDA COMIDA
CRIATIVIDADE & IMPACTO SOCIAL

WOODY
WOODMANSEY

COM JOEL MCIVER

SPIDER FROM MARS

MINHA VIDA COM DAVID BOWIE

Tradução
Candice Soldatelli

Belas Letras

Publicado originalmente pela Sidgwick & Jackson, um selo da Pan Macmillan
Título original: Spider From Mars: my Life with Bowie

Foto da capa: Gijsbert Hanekroot / Alamy Stock Photo
Fotos do caderno de imagens: todas do acervo do autor

Este livro é o resultado de um trabalho feito com muito amor, diversão e gente finice pelas seguintes pessoas:

Gustavo Guertler (*publisher*), Germano Weirich (coordenação editorial), Celso Orlandin Jr. (capa, projeto gráfico e diagramação), Candice Soldatelli (tradução), Maristela Deves (preparação) e Leonardo Porto Passos (revisão).
Obrigado, amigos.

2022
Todos os direitos desta edição reservados à
Editora Belas Letras Ltda.
Rua Antônio Corsetti, 221 – Bairro Cinquentenário
CEP 95012-080 – Caxias do Sul – RS
www.belasletras.com.br

Dados Internacionais de Catalogação na Fonte (CIP)
Biblioteca Pública Municipal Dr. Demetrio Niederauer
Caxias do Sul, RS

W892s Woodmansey, Mick, 1950-
Spider from Mars: minha vida com David Bowie / Woody Woodmansey; tradutora: Candice Soldatelli. - Caxias do Sul, RS: Belas Letras, 2022.
336 p.: il., fots.

Título original: Spider From Mars: my life with Bowie
ISBN Clube: 978-65-5537-134-5
ISBN Belas Letras: 978-65-5537-191-8

1. Memórias inglesas. 2. Bateristas. 3. Autobiografia.
4. Músicos de rock. 5. Bowie, David, 1947-2016.
I. Soldatelli, Candice. III. Título.

22/21 CDU 820-94

Catalogação elaborada por Vanessa Pinent, CRB-10/1297

Este livro é dedicado à minha esposa, June
aos meus filhos, Nick, Joe e Dan
à minha irmã, Pamela
aos meus irmãos do Spiders From Mars, Mick Ronson e Trevor Bolder
e ao meu amigo David Bowie, que mudou minha vida.

SUMÁRIO

PREFÁCIO

por Tony Visconti

Como eu era um americano recém-chegado à Inglaterra, achava que o nome Woody Woodmansey podia ser uma daquelas invenções de Tolkien, como Tom Bombadil. Nunca tinha ouvido falar num nome daqueles. Contudo, Mick Ronson não parava de elogiar o cara: Woody era o baterista favorito de Mick, e nós precisávamos trazê-lo da cidade de Hull imediatamente.

O "nós" éramos David Bowie e eu. Meses antes, David e eu tínhamos convocado a guitarra de Ronson e formado uma banda de apoio chamada The Hype, juntamente com o baterista John Cambridge, que foi o primeiro a nos indicar Mick. Ironicamente, lá em Hull, Woody substituiu Cambridge no Rats, a ex-banda de Mick Ronson. E agora, por ordem de Ronson, ele estava de novo substituindo Cambridge, desta vez no The Hype. O rock é uma dama cruel.

David Bowie e eu morávamos numa ampla mansão vitoriana na Beckenham Street, em Kent, e Woody e Ronson se mudaram pra lá e dormiam em colchões espalhados pelo chão. Às vezes, suas namoradas vinham de Hull nos visitar, assim éramos nove pessoas ao todo, incluindo nossas próprias namoradas e Roger, o roadie. Mas na maior parte do tempo ficávamos no porão, dentro de uma adega desativada, criando os arranjos para as primeiras músicas do novo álbum de David Bowie, que mais tarde seria chamado de *The Man Who Sold the World*.

Mick Ronson tinha razão sobre Woody - era um baterista incrível. As mãos ligeiras pareciam um borrão no ar, se adaptaram rapidamente à estranha justaposição entre as sofisticadas mudanças nos acordes, as trocas repentinas dos compassos e as canções estruturadas como operetas. Dos Estados Unidos, eu trouxe conceitos como o bolero jazz - a sessão instrumental de "All the Madmen" -, que Woody aprendeu a tocar em cinco minutos. Fiz com que ele tocasse instrumentos dos quais nunca tinha ouvido falar antes, como o guiro e o tímpano. Ele dominava qualquer coisa que chegasse às suas mãos. Woody tinha meu respeito, e eu sei - tanto como baixista quanto como produtor musical - que certamente ele também me respeitava.

Éramos um grupo de músicos felizes quando entramos nos estúdios Trident e Advision em 1970. Quase colocamos o lugar abaixo, mas terminamos o álbum com uma sensação de triunfo. O que aconteceu depois disso será contado mais tarde... Mas, em 2014, recebi um e-mail de Woody perguntando se eu gostaria de tocar *The Man Who Sold the World* na íntegra ao vivo em um show, já que nunca havíamos conseguido fazer isso naquela época. Fiquei meio inseguro, porque eu não tinha certeza se ainda conseguiria tocar as partes hercúleas de baixo que eu ostentava tantas décadas atrás.

Não me comprometi inteiramente com o projeto, até que recebi o seguinte e-mail de Woody:

> *Oi, Tony,*
>
> *Disse alguma coisa errada? O teu Mac ficou travado no modo SUSPENDER?*
>
> *Um hiato?*
>
> *Woody*

Foi a sacudida de que eu precisava. Aceitei o desafio.

No momento em que escrevo este prefácio, nós já apresentamos *The Man Who Sold the World* pelo menos 40 vezes para plateias entusiasmadas no Reino Unido, no Japão, no Canadá e nos Estados Unidos. Ainda estamos em turnê com nossa banda formada por Glenn Gregory, James Stevenson e Paul Cuddeford e faremos pelo menos mais 20 apresentações.

Esta é a minha história com Woody Woodmansey. Agora vamos deixar que Woody conte a história dele, sobre como um jovem de uma banda de blues do norte da Inglaterra acabou se tornando o baterista de David Bowie e do Spiders From Mars.

Tony Visconti, 2016

PRÓLOGO

"Uma recém-descoberta apresentação televisiva de David Bowie cantando um de seus clássicos, 'The Jean Genie', ao vivo no programa *Top of the Pops* será exibida hoje à noite pela primeira vez em quase 40 anos", anunciou a apresentadora de telejornal Fiona Bruce. "Pensava-se que esta apresentação tinha se perdido para sempre..."

É engraçado assistir a um vídeo de você mesmo depois de 40 anos que surgiu de repente no noticiário das 6 da manhã da BBC.

Foi pouco antes do Natal de 2011, e em meio a todas aquelas notícias de escândalos e conflitos, lá estava uma gravação de David Bowie com a banda Spiders From Mars que tinha sido transmitida em 4 de janeiro de 1973 e nunca mais foi vista desde então. Embora a fita da BBC tivesse sido extraviada ou gravada por cima, um dos operadores de câmera daquele dia, John Henshall, fez uma cópia do vídeo para si mesmo e guardou a fita numa gaveta qualquer – até os dias de hoje.

Mais tarde, naquela noite, exibiram o vídeo completo do especial de Natal do *Top of the Pops*, e eu me sentei com minha família diante da televisão para assistirmos juntos. Embora eu estivesse já com 61 anos de idade enquanto assistia ao meu eu de 22 anos de idade, fui novamente arrebatado pela emoção.

Na época, tínhamos um hit no Reino Unido e nos Estados Unidos, "Starman", e o álbum *The Rise and Fall of Ziggy Stardust and the Spiders From Mars* havia sido lançado no ano anterior, em junho de 1972, e até aquele momento havia passado 25 semanas nas paradas de sucesso. "The Jean Genie" tinha sido lançada em novembro e era número 16 nas paradas (e prestes a subir muito mais alto). Nós recém havíamos voltado da nossa primeira viagem aos Estados Unidos e estávamos no meio de uma breve turnê pela Inglaterra antes de voltarmos novamente para os EUA. Eu sentia que as coisas realmente estavam começando a dar certo.

Enquanto ouvia Mick Ronson tocar aquela conhecida linha de guitarra de um jeito mais duro e agressivo que a versão do álbum, lembrei que, quando a BBC nos convidou para o *Top of the Pops*, Bowie tinha sido absolutamente inflexível: só nos apresentaríamos se pudéssemos tocar ao vivo. Ao longo da turnê, a versão ao vivo daquela canção havia se tornado mais crua e mais vigorosa, e nós tínhamos certeza de que ela teria mais impacto no programa do que simplesmente dublar uma faixa pré-gravada, o que era comum naquela época. Felizmente, a BBC concordou, e tivemos tempo para encaixar nossa aparição na TV entre os shows de Manchester, em 29 de dezembro, e Glasgow, em 5 de janeiro. Embora tivéssemos apenas três dias de folga por causa do Natal, tempo insuficiente para descansarmos de verdade, nenhum de nós se sentia cansado quando chegamos ao Studio 8 para a gravação.

Nosso visual de palco estava sempre evoluindo, e nosso estilista, Freddie Burretti, que estava em ascensão naquele momento, havia criado para nós um figurino novo especialmente para aquela apresentação. Bowie estava sem camisa, vestindo uma jaqueta estampada turquesa com calças azuis. Ele adicionou um colar e um brinco com pendente. Mick vestiu seu novo terno preto e dourado, e Trevor, seu terno preto e prateado.

Tive que rir quando vi meu figurino – uma jaqueta listrada preta e branca, com ombreiras e lapelas bem largas, calças vermelhas no estilo das bolsas Oxford, uma camisa preta e uma gravata prata metálica. Era bonito, mas Freddie meio que se esquecia de que eu precisava poder movimentar meus braços. As mangas daquele terno eram tão justas que eu não conseguia imaginar como poderia tocar vestindo aquilo.

Fiquei posicionado na frente do palco, que não é meu lugar normal para apresentações ao vivo, mas os produtores da TV usaram o mesmo cenário de quando apresentamos "Starman" no ano anterior e que, obviamente, tinha sido um sucesso. A diferença dessa vez era que tocaríamos uma versão ao vivo da música com um solo de guitarra mais longo, que duraria o tanto quanto Mick achava que deveria durar, então era importante mantermos contato visual – eu sabia que Mick faria um sinal com a cabeça assim que terminasse o solo. Na gravação, é possível me ver virando a cabeça de um lado para o outro para poder identificar o sinal dele.

Na hora em que o show foi transmitido, estávamos a caminho de um evento em Glasgow e nunca pudemos assistir ao vídeo. Provavelmente, nenhum de nós pensou nisso novamente.

Assistindo ao vídeo agora, contudo, pareceu estranho que esse momento tenha ficado guardado em alguma gaveta, uma música específica entre tantas que tocamos juntos ao longo de todos aqueles anos. Não sabíamos na época o que essas músicas iriam significar para pessoas do mundo inteiro. Eu não fazia ideia de que, mais de quatro décadas depois, ainda haveria gente chegando até mim para me dizer que assistir ao nosso show mudou a vida deles, fez com que mudassem seu jeito de pensar. E nós apenas estávamos lá tocando da melhor forma que podíamos.

Se me contassem, no início da minha carreira de músico, que um dia um vídeo em que eu aparecia tocando bateria estaria no noticiário da BBC, eu iria rir na cara da pessoa e diria para ela deixar de besteira.

Mas esta é a história que quero contar agora: como um menino de uma cidadezinha em East Yorkshire se tornou um dos membros do Spiders from Mars, a banda de David Bowie.

Woody Woodmansey, 2016

1.

ROQUEIRO À ESPERA

Lembro, com absoluta clareza, o momento em que eu soube que seria um músico de rock.

Era um dia quente de verão em 1964 e eu tinha 14 anos de idade. "A Hard Day's Night", dos Beatles, e "It's All Over Now", dos Rolling Stones, estavam no topo das paradas. Eu era mais fã dos Stones – os Beatles pareciam meio suaves demais para mim. Todo mundo gostava deles, incluindo meus pais, o que era um banho de água fria. Eu também gostava do Animals, do Kinks e de Johnny Kidd and the Pirates. O programa *Top of the Pops* tinha começado a ser exibido na televisão em janeiro daquele ano, e, assim como milhões de adolescentes, eu ficava grudado na TV nas noites de quinta-feira. Mas minha epifania não veio em consequência de ouvir qualquer uma das minhas bandas favoritas. Quando tudo mudou, eu estava numa oficina de reparos de implementos agrícolas na cidade de Driffield, em Yorkshire.

O dono da oficina era pai do meu amigo Frank, e nós geralmente íamos até lá para ficar brincando nas máquinas e jogar futebol. Naquela tarde, éramos quatro garotos batendo bola numa área externa com piso de concreto em meio a enormes colheitadeiras e tratores. Era basicamente um descampado cercado de arbustos de urtiga. Chutei a bola para outro garoto, mas ela foi parar no meio das urtigas e desapareceu.

Fui procurá-la e a achei ao lado da porta de uma construção de tijolos que parecia um tipo de abrigo antiaéreo, com cerca de seis metros de comprimento e sem janelas. Eu nunca tinha reparado naquele lugar antes. A bola tinha rolado até uma porta pintada de prateado onde se liam as palavras "The Cave" – "A Caverna" – pichadas com spray.

Assim que me abaixei para pegar a bola, ouvi uma música vindo de dentro do barracão. Num primeiro momento, achei que alguém estava lá dentro com um rádio de pilha, depois me dei conta de que era algo mais vigoroso do que isso. Dava para sentir a vibração no meu corpo, mesmo parado do lado de fora da porta. Gritei para Frank: "Que música é essa?".

"É meu irmão", ele respondeu. "Ele está tocando ali com a banda dele".

"Que tipo de banda?"

"Rhythm and blues, ou música pop, algo assim", Frank respondeu, dando de ombros.

"Podemos entrar e escutar?", perguntei.

"Não, só entra ali quem estiver usando um vestido", ele me contou.

Contudo, a música realmente tinha atraído minha atenção, e eu fiquei insistindo com Frank para ele pedir ao irmão que deixasse a gente entrar e assistir, mesmo que fosse só uma música. Alguns dias depois, Frank me disse: "Eles vão ensaiar hoje à noite, pode vir. Meu irmão disse que você pode assistir se quiser".

A primeira coisa que percebi quando entrei na Caverna foi um cheiro forte de mofo. A segunda coisa foi a escuridão, só havia a luz de uma única lâmpada vermelha. A banda, que se chamava The Roadrunners, tinha pendurado umas redes de pesca no teto, numa tentativa de fazer uma decoração descolada e criar um ambiente – aos meus olhos, aquilo parecia mesmo muito rock'n'roll.

No canto da sala principal ficava o palco, com cerca de 30 centímetros de altura, forrado de carpete. Havia cinco músicos sobre ele, parecia bem apertado lá em cima. No meio, ficava o baterista atrás de seu kit; à esquerda, ficavam o guitarrista e o baixista; à direita, havia outro guitarrista; e o vocalista ficava na frente. Eles já estavam tocando quando cheguei, era uma música de Bo Diddley que eu conhecia. Eu nunca tinha visto uma banda tocando ao vivo antes, e a apenas 3 metros deles, cada pedacinho do meu corpo foi arrebatado. Fiquei hipnotizado. Era a maior emoção que eu já tinha sentido na vida. Todos eles tinham cabelo comprido, mas o vocalista se destacava porque era ruivo. Estava vestindo jeans boca de sino e sacudindo um par de maracas acompanhando o baterista na música de Bo Diddley. Eles pareciam tão legais e cheios de atitude...

Eu era um garoto tímido, então só de ir até lá e assistir aos Roadrunners já era uma situação aterrorizante demais para mim. Mas eu precisava fazer aquilo: era uma coisa irresistível. Cheguei até mesmo a bater os pés e balançar a cabeça no ritmo da música, o que para os meus padrões era uma amostra de exposição pessoal gigantesca. Enquanto assistia aos Roadrunners, eu me senti muito feliz, o impacto da música me atingiu em cheio. Pensei: "É isso. É isso que eu vou fazer: vou ter uma banda como esta e tocar música".

Até aquele instante, eu achava que passaria o resto da minha vida lá em Driffield – isso se alguma vez eu já tivesse pensado no assunto. Era uma cidadezinha movimentada numa região pitoresca de Yorkshire, cercada de fazendas e sítios com perus, ovelhas e vacas por todos os lados, assim como plantações de milho. Havia o moinho de trigo Bradshaw nos limites da cidade e também algumas fábricas, incluindo a Dewhirst, que produzia camisas para a rede de lojas Marks & Spencer, e a Vertex, uma fábrica de óculos.

Tal descrição faz a cidade parecer bem sem graça, não há dúvidas, mas havia alguns momentos de animação: tínhamos algumas bandas de rock locais e, de vez em quando, alguma banda de Londres ia até lá para tocar. A cidade também tinha algumas cafeterias boas com jukeboxes onde nos reuníamos.

Driffield ficava a cerca de 40 quilômetros da costa, onde havia resorts como o Bridlington e o Scarborough. A cidade grande mais próxima era Hull, a cerca de 60 quilômetros de distância. Talvez não pareça um longo trajeto se estiver de carro ou de trem, mas, acredite, a distância cultural entre Driffield e Hull era imensa de muitas maneiras. Driffield tinha uma única rua principal, com lojas e um prédio principal, o da prefeitura, enquanto Hull era uma cidade agitada. Naquele tempo, lá ficava o terceiro porto mais movimento do país, embora isso tenha mudado drasticamente nos anos 1970, depois que uma espécie de Guerra Fria com a Islândia levou ao declínio da indústria pesqueira local. Havia uma universidade e uma faculdade de artes, assim como clubes e teatros. Todos os grandes nomes da época tocaram em Hull, no ABC Theatre – os Beatles, os Stones, Roy Orbison e Jimi Hendrix, só para citar alguns.

Meu pai, Douglas Woodmansey, nasceu no vilarejo de Langtoft, que ficava 10 quilômetros ao norte de Driffield. Ele se juntou ao exército com um amigo quando eram adolescentes só porque queriam ver o mundo. Não lembro a qual regimento ele pertencia, mas sei que serviu na Ásia, incluindo uma temporada em Hong Kong.

Minha mãe, Annie, nasceu em Driffield e fazia parte de uma família enorme. Ela trabalhava como enfermeira no hospital da cidade, o East Riding General, e conheceu meu pai quando ele voltou para casa de licença. Eles nunca falaram muito sobre aquela época, talvez porque tinham vergonha de admitir que ela engravidou antes do casamento. Minha mãe e meu pai não se casaram naquele momento porque não sabiam se ficariam juntos a longo prazo. Ele queria que ela fosse a típica esposa de militar, seguindo-o ao redor do país, mas ela amava a enfermagem e queria continuar exercendo a profissão. Estavam ambos construindo uma carreira e não tinham ainda pensado muito sobre grandes decisões. Levou um pouco de tempo para refletirem, principalmente com o estigma de ter um bebê fora do casamento. Naquela época, era um escândalo, ainda mais numa comunidade pequena e muito conservadora como Driffield.

Minha mãe continuou trabalhando até eu nascer, escondendo a gravidez de todos usando um tipo de corselete ao redor da barriga. Era tão apertado que certo dia ela desmaiou na enfermaria, e eu vim ao mundo logo depois, em 4 de fevereiro de 1950.

O pai da minha mãe queria expulsá-la de casa, como eu fiquei sabendo mais tarde, porque ela estava grávida. Ele mesmo esteve no exército e era um verdadeiro disciplinador. Mas a mãe dela – que era uma senhora com os dois pés bem firmes no chão – interveio e disse: "Annie vai permanecer nesta casa e vai criar o bebê aqui". Meu avô era durão, mas a vovó era muito mais durona.

Assim, passei meus primeiros anos de vida morando na casa dos meus avós, no número 18 da Eastfield Road, que também era o lar da minha mãe, de seu tio Edward, da irmã dela, Deanie, e de seus dois outros irmãos, Harold e Ernest. Era uma propriedade nova que pertencia ao condado, e eu brincava com meu triciclo e corria atrás dos carros de bombeiro, e ia tão longe de casa que meus familiares, resignados, tinham de vasculhar as ruas tentando me encontrar e me levar de volta. Naquele tempo, minha mãe trabalhava à noite, e meu pai estava sempre longe, então basicamente quem me criou até os 5 anos de idade foi minha avó, até que meu pai deixou o exército. Embora eu tenha sido batizado como Michael Woodmansey, naquele tempo eu usava o nome Mick Bradley, sobrenome da minha mãe.

Meu avô era engenheiro no gasômetro local, no centro da cidade. Quando eu era pequeno, fui ao trabalho com ele algumas vezes, até lembro que queimei a mão numa tubulação. Minha avó era dona de casa, cuidava dos quatro filhos e de mim. Foi um período muito bom da minha infância. Eu era um garotinho feliz.

Na nossa vizinhança, o surrado clichê dos vizinhos entrando e saindo das casas uns dos outros era completamente real para as famílias que lá viviam. As pessoas deixavam aberta a porta da frente, e os vizinhos entravam e se sentavam para tomar chá. A rua inteira era assim, exceto um grupo específico de casas nas quais ninguém entrava. Lembro claramente que havia certa animosidade entre nossa família e as famílias deles. Certo dia, em 1954, os tais vizinhos irritantes reclamaram com a minha família que não conseguiam dormir por causa da minha bateria – só que eu sequer tinha uma. Não sei exatamente o que eles escutaram, se é que ouviram alguma coisa, mas isso deu uma ideia aos meus tios... E lá foram eles comprar uma caixa, baquetas e um suporte com prato e levaram para o andar de cima, bem no quarto que fazia divisa com a parede do quarto dos vizinhos.

"Nós vamos fechar a porta", me disseram animados. "Pode fazer o barulho que você quiser!"

Ao que parece, realmente entrei com tudo e esmurrei aquela bateria – e, pensando lá atrás, foi ali o início da minha carreira como baterista. Gosto de pensar que, desde então, desenvolvi um pouco de sutileza na minha técnica, mas nunca se sabe.

Quando eu fiz 5 anos de idade, meus pais se casaram. Acho que devem ter fugido e casado às escondidas, já que nunca mencionaram o assunto. Eles finalmente haviam chegado à conclusão de que meu pai, em vez de minha mãe, era quem deveria desistir da carreira, de modo que pudéssemos viver como uma família em Driffield. Assim, ele deixou o exército, e nós três nos instalamos no número 49 da Westgate, um sobrado de dois andares: havia o andar térreo e o jardim, mais um lavabo externo que ficava a uns 20 metros da casa, e um lavatório que ficava 10 metros distante. O banheiro era um puxadinho com chão de concreto e três bacias de metal de tamanhos diferentes penduradas na parede. Havia um aquecedor em que se podia esquentar a água para o banho, e o lugar ficava tomado de vapor: não se conseguia nem enxergar os pés durante o banho.

Depois do banho, o ambiente ficava úmido demais para colocar as roupas, então eu tinha que me enrolar numa toalha e correr pelo pátio em direção à casa debaixo de chuva, neve, vento, pensando: "Puta merda!". Ficar limpo exigia muita coragem! A propósito, isso era algo normal na época: não éramos pobres, mas também não havia dinheiro de sobra. (Depois de alguns anos, nos mudamos para o apartamento do andar superior, um lugar bem melhor com banheiro interno!)

Foi um choque ter que sair da casa dos meus avós, onde eu era parte de uma família grande e carinhosa que me dava muita atenção. Um ano depois que meus pais se casaram, nasceu minha irmã Pamela, mais uma coisa nova com a qual eu tinha que me adaptar. Mas o mais difícil era morar com um pai que eu mal conhecia, já que o via apenas quando ele estava de licença do exército. Meu pai era muito rígido: eu não podia pular no sofá ou caminhar me equilibrando sobre o muro como se faz quando se é criança. Acho que eu tinha me acostumado com o ambiente mais descontraído na casa da minha avó, até porque eu era a única criança da família. Mas, do ponto de vista do meu pai, eu era mimado. Para mim, ele parecia um pouco com John Wayne, um homem do tipo durão. Comecei a ter um relacionamento conturbado com meu pai a partir daquele momento. Ele parecia estar irritado o tempo todo, porque fui eu quem apareceu na vida dele e interrompeu sua carreira militar. Ele tinha muitos amigos no exército, mas nenhum na nossa cidade, então havia pouca vida social, até porque ele era um pai muito jovem. Basicamente, eu era a fonte de sua frustração, e isso exigiu muito de nós dois para nos adaptarmos. É duro para um garoto sentir que seu pai tem ressentimentos contra ele, embora eu entenda que houvesse atenuantes, dadas as circunstâncias.

Às vezes, a irritação do meu pai podia ser assustadora: minha mãe arrumava a mesa para o almoço de domingo e, se ele estivesse de mau humor, pegava um canto da toalha e a arrancava inteira. A comida que estava diante de mim, de repente, ia parar nas paredes. Era um comportamento aterrorizante.

Eu posso entender até um ponto, porque eu mesmo tenho três filhos; embora eu os ame e seja próximo dos três, ser pai é uma tarefa difícil, e acho que foi particularmente difícil para o meu pai porque ele era muito jovem e sua vida virou de cabeça para baixo quando eu nasci. Meu relacionamento com ele não era de todo ruim, felizmente; ele tinha um ótimo senso de humor, assim como eu. Ambos amávamos ouvir *The Goon Show* no rádio e assistir *Hancock's Half Hour* na televisão, e ele me levava para ver o comediante Jimmy Clitheroe em Bridlington. Eu lembro que Jimmy veio e se sentou ao meu lado durante o show, e eu fiquei impressionado que ele fosse adulto e medisse pouco mais de um metro e meio. Meu pai e eu brincávamos de lutinha, e ele também me levava para pescar, fazia todas essas coisas que os pais costumam fazer. Havia bons momentos, da mesma forma que havia momentos ruins.

Meu pai tinha um disco, uma coletânea de blues de Muddy Waters e outros, embora ele tocasse o LP na casa da minha avó porque nós não tínhamos um toca-discos na nossa casa – o aparelho de som só foi comprado muito tempo depois. Acho que eu sempre quis tocar música em vez de apenar ouvir, porque eu lembro que, com 8 anos de idade, fiz um escândalo na loja Woolworth's. Ao que parece, eu queria um trompete, entre tantas outras coisas, embora não tivesse ideia do motivo, até porque eu nunca mais quis tocar um instrumento de sopro na vida. Devo ter feito um fiasco e tanto, me atirei no chão gritando, e tiveram que me carregar arrastado para fora. Não ganhei o trompete. Aquilo foi o fim das minhas aspirações artísticas, até que completei 14 anos e comecei a me interessar por música de verdade, principalmente porque escutava a Rádio Luxembourg, que era a melhor fonte de música contemporânea, embora a BBC Light Programme tivesse programas como *Pick of the Pops*, em que se podia ouvir o que estava fazendo sucesso nas paradas.

Mesmo que eu morasse numa cidadezinha muito pequena, sempre tive interesse no mundo lá fora. Havia um agrupamento da força aérea norte-americana na base de aviação da RAF em Driffield no final dos anos 1950, e eu tinha alguns amigos americanos; parecia muito estranho ter uns caras como eles na nossa escola, porque eles eram tão diferentes de nós... Eu me lembro de jogar beisebol no campinho do colégio com George Smith, que tinha um corte de cabelo típico americano e usava tênis e jeans que pareciam bem mais legais que as roupas que usávamos, com um caimento melhor e mais estilo.

George era um cara bacana, mas alguns garotos da minha escola não se misturavam com ele porque ele era diferente de nós, e naquele tempo as pessoas não gostavam dos diferentes. Mas havia alguma coisa sobre os Estados Unidos que me deixava fascinado desde muito pequeno: eu ficava me perguntando como seria entrar numa lanchonete no Texas e fazer um pedido. Quando se vive numa cidade pequena no interior de Yorkshire, fazer algo assim era praticamente inimaginável.

O que eu não sabia na época era que os americanos, como o pai de George, estavam em Driffield porque os EUA queriam alocar seus mísseis balísticos Thor em território britânico. A base da RAF em Driffield era o lar de três daqueles mísseis nucleares de guerra capazes de alcançar Moscou. Considerando que aquilo nos transformava num alvo caso a União Soviética lançasse um ataque nuclear, fico feliz de ter ignorado completamente esse fato na época. Mas eu me lembro bem da Crise dos Mísseis de Cuba de 1962, quando parecia que os EUA e a URSS estavam à beira de uma guerra nuclear. Tudo foi real demais para nós, porque nossos colegas de aula norte-americanos estavam com muito medo.

Minha curiosidade também era alimentada pela leitura de quadrinhos de ficção científica. Eu comprava todas as HQs que via pela frente, e o mesmo acontecia com meus amigos de colégio, Johnny Butler e Graham Cardwell. O pai de Johnny estava na Marinha e trazia HQs de ficção científica dos EUA, como *Amazing Stories* e *Weird Tales*. Eu estava viciado naquilo: algumas histórias realmente abriram minha cabeça para diferentes possibilidades.

Geralmente havia uma moral nas HQs que me ensinava a diferença entre certo e errado com mais eficiência do que qualquer coisa que eu lia na escola. Lembro uma história sobre um astronauta que caiu com sua espaçonave num planeta enquanto procurava um outro astronauta, que estava perdido. Chovia torrencialmente no tal planeta, e havia lama por todo lugar. Ele avistou o que achava ser um monstro coberto de feridas e curvado, e presumiu que fosse um inimigo – ele passou a maior parte da história tentando matar o tal "monstro", que, na verdade, era o astronauta perdido. Então a chuva que caía começou a arder em sua própria pele e a criar feridas, e ele próprio começou a virar um monstro – e isso era o final da história. Pensei: "Uau!". Portanto, a moral dessa história é que as aparências enganam e que não se pode julgar as coisas pelo modo como elas se parecem. Era uma forma interessante de se aprender sobre a vida durante a infância.

Eu gostava de pensar e de conversar sobre o sentido da vida, embora eu recorde com clareza que a minha mãe não tinha interesse algum nesses temas. Uma vez perguntei para ela: "Mãe, a senhora nunca se pergunta sobre o sentido da vida?". E ela suspirou e disse: "Ah, não – por que eu iria querer pensar em coisas assim?". Essa sempre era a atitude dela, mas eu não a julgava. Ela estava ocupada demais tentando administrar uma casa, com pouco dinheiro e pouco tempo.

Ainda assim, eu era diferente dos meus pais nesse sentido, e diferente também da minha irmã Pamela, que queria seguir o caminho da minha mãe e se tornar enfermeira quando crescesse. Contudo, Pamela e eu éramos próximos e nos divertimos muito crescendo juntos.

Minha família era metodista, e eu era bem envolvido com isso, fiz todas as provas sobre as escrituras. Num dado momento, cheguei até a pensar em me tornar ministro, o que hoje parece algo muito bizarro e esquisito para mim. Na igreja, nós debatíamos sobre a natureza de Deus e sobre como a religião se encaixava em nossa vida, mas aos 10 anos eu ficava me perguntando coisas como: "Será que Deus tem uma mãe, já que fomos criados à sua imagem?". Na igreja, me falavam para não fazer essas perguntas bobas, porque eu estava interrompendo a lição. Eu também flagrei um dos membros da congregação pegando dinheiro da caixinha de dízimo quando todos nós devíamos estar de olhos fechados rezando - o que me fez desistir daquilo tudo. Logo em seguida, me afastei do cristianismo.

Meu pai e minha mãe trabalhavam, mas ganhar a vida era bem difícil para ambos. Depois que meu pai deixou o exército, ele manteve dois empregos: um na companhia de eletricidade de East Yorkshire e o outro - mais emocionante - como bombeiro. Às vezes, quando eu estava na escola, eu o via atravessando o campo correndo em direção à estação do Corpo de Bombeiros. Naqueles momentos, meu pai parecia um herói para mim.

Com 10 anos de idade, a gente não se pergunta por que o pai tem dois empregos. Descobri mais tarde que era porque meus pais estavam economizando para comprar uma casa, o que no final das contas conseguiram em 1961, no número 30 da Victoria Road, em Driffield. Era uma casa grande: um sobrado vitoriano com janelas em arco e três quartos, e o mais importante de tudo, um banheiro interno e outro do lado de fora. A casa foi definitivamente um grande salto para nós, tanto socialmente quanto em termos de conforto.

Meus pais tinham ambição, para si mesmos e para seus filhos. Minha mãe sempre insistia que eu precisava tirar boas notas na escola. Durante todo o tempo de colégio, tive que aguentar minha mãe dizendo coisas como: "Mick, seu primo agora trabalha num banco, e você é mais inteligente que ele. Espero que você se esforce no colégio" e "Fulano de tal da nossa família se deu bem: ele é advogado. Você também pode ser advogado, desde que se esforce", e assim por diante.

Passei no exame de admissão da escola secundária em 1961, e foi uma experiência realmente educativa para mim: fez com que eu me desse conta de que o sistema escolar estava longe de ser justo. Quando estavam redistribuindo as vagas para o ensino secundário, o professor me chamou e perguntou: "O que seu pai faz, Woodmansey?".

Quando disse que meu pai trabalhava para a companhia de energia elétrica East Yorkshire e também era bombeiro, ele disse: "Acho que seria melhor te encaminharmos para a escola técnica, meu jovem". Aquela foi a primeira vez que o sistema de classes realmente me atingiu: estavam literalmente me dizendo que eu não poderia seguir uma carreira acadêmica por causa de quem meus pais eram e das profissões que eles exerciam – mesmo que eu fosse o melhor aluno da minha turma na maioria das matérias.

O processo inteiro era absurdamente injusto, mas não me preocupei de verdade, em parte porque, já bem novinho, eu não pretendia continuar no colégio por muito tempo. A escola simplesmente não significava muita coisa para mim, embora eu realmente gostasse de algumas aulas. Talvez o mais importante, segundo o ponto de vista de um garoto de 11 anos, fosse que todos os meus amigos iriam estudar na escola técnica local, então, de qualquer maneira, eu não fazia questão de entrar na escola secundária mais avançada. Meus pais não questionaram nada, porque naquele tempo não se discutia com uma autoridade como um professor.

Em setembro de 1961, comecei os estudos no Driffield County Secondary, um colégio só para garotos; havia uma escola equivalente só para meninas que ficava a 150 metros dali. Era um bom aluno no Driffield County, da mesma forma que tinha sido no colégio primário. Eu gostava de verdade de inglês e de matemática, e era muito bom em artes e futebol. Também fazia atletismo - meu pai tinha sido atleta de corrida no exército e acho que herdei dele a velocidade. Eu podia correr 100 jardas em 12,2 segundos, mesmo com 11 anos, e também participava das provas de 200 jardas e de revezamento de 440 jardas. Nosso professor de educação física, o Sr. Wilson, perguntou se eu tinha intenção de correr como atleta profissional e me inscreveu numa competição entre as escolas da região - ele queria que fizéssemos testes para entrar na seleção nacional de atletismo da Inglaterra. Cheguei em segundo - perdi a prova no último instante.

Eu poderia ter levado o atletismo adiante, mas o rock'n'roll se meteu no meio em 1964, quando descobri os Roadrunners ensaiando na Caverna. Depois que os vi tocando, soube que tinha que montar minha própria banda, então dei a ideia para alguns camaradas do colégio: Frank Theakston, filho do dono da oficina de implementos agrícolas onde ficava a Caverna, Paul Richardson, John Flintoff e Michael Grice.

Nenhum de nós tinha qualquer experiência musical, mas isso não era empecilho: o rock estava na moda e estava em todo lugar, e nós sabíamos que tínhamos de fazer parte daquilo. Fomos até a loja do Exército da Salvação e compramos dois violões e um baixo usados. Contudo, não tínhamos noção alguma do que estávamos fazendo. Eu não sabia afinar o violão, muito menos tocar. Você provavelmente não vai acreditar nisso, mas eu simplesmente fui para casa, me sentei com o violão no joelho e fiquei pensando comigo mesmo: "Alguma coisa vai acontecer". Por mais estranho que pareça, aconteceu de verdade! Não sei por que nunca pensei em comprar um livro e aprender sozinho, até porque havia livros desse tipo por aí. Eu não tinha ideia alguma de como começar. Não dá para imaginar um jovem dos dias de hoje sendo tão sem noção. Tudo o que posso dizer em minha defesa é que era um mundo diferente naquela época. Não tínhamos acesso a informação nenhuma.

A banda se reuniu para um ensaio na semana seguinte, num galpão que ficava no mesmo terreno que pertencia ao pai do Frank. Os outros caras me disseram: "Vai em frente, toca o violão". Eu não consegui tocar uma nota sequer, é claro, mas o Frank sabia tocar alguns acordes e me mostrou rapidamente como se fazia. Obviamente, não consegui tocar o violão mesmo depois do que ele me mostrou, então eles me disseram: "Você é um lixo!". Tiraram o violão das minhas mãos e o entregaram para Paul, que sabia tocar porque tinha praticado em casa.

Naquela hora, me senti um fracasso completo. Mas então Frank tirou um par de baquetas do bolso e disse: "Você vai ser o baterista". Gostei muito da ideia, então peguei as baquetas e disse: "Legal!".

Fui comprar uma bateria pelo equivalente a 50 centavos na loja do Exército da Salvação. Pelo amor de Deus, como aquela bateria era horrível! Pra começar, era muito velha: um dos pratos estava torto e produzia um som terrível, e as peles eram feitas de peles de animal de verdade, com remendos surrados. As peles de hoje são sintéticas e fáceis de substituir. Mas era uma bateria que dava para usar, e fiquei horas e horas consertando aquele kit. Depois de um tempo, comecei a fazer algumas experiências com ela e, à medida que o tempo passava, pouco a pouco fui aprendendo a tocar.

Chamamos nossa banda de Mutations, que era o nome mais estranho em que pudemos pensar. Depois de nos darmos conta de que havia goteiras no galpão, tivemos a permissão dos Roadrunners para transferir nossos ensaios para a Caverna. Usamos um espaço ao lado da sala deles, que ficava separado do resto da Caverna e sequer tinha porta. Mas havia uma janela ampla - embora não houvesse esquadria nem vidro, apenas um buraco retangular na parede. Tive que passar a bateria pela janela para montá-la dentro da sala. Eu deixava meu kit na Caverna - meu pai jamais me deixaria tocar bateria em casa - e ficava lá sozinho nos finais de semana praticando.

Os outros caras da banda achavam aquilo hilário e ficavam atirando pedras e gravetos em mim pela janela só para me irritar. Uma pedra vinha lá de fora e acertava o prato em cheio, ou um graveto entrava e aterrissava na caixa. Eu gritava impropérios para os caras. Acho que eu levava a banda bem mais a sério do que eles.

Devo ter algum tipo de talento inato para bateria, porque só precisei de uma semana para dominar o truque importante de tocar coisas diferentes com cada uma das mãos. Assim que me senti mais seguro quanto a isso, adicionei o bumbo. Estava obcecado em acertar o ritmo; eu me sentia muito motivado. Lembro o dia em que finalmente acertei o ritmo, mas nem me importava de parar de tocar caso me perdesse na música. Eu continuava com uma única batida por cerca de uma hora. E esse foi o momento em que pensei pela primeira vez: "Eu sei tocar bateria".

Daquele momento em diante, a música passou a ser tudo na minha vida, e comecei a escutar tudo o que aparecia. Como já mencionei, minha banda favorita eram os Rolling Stones, que tiveram um grande impacto em mim por serem rebeldes. Eu estava começando a me sentir daquele jeito: de saco cheio com a escola e sendo obrigado a estudar matérias que eu achava bem menos interessantes do que música e bateria. Também me interessei por músicas mais antigas, graças aos Stones, que eram influenciados pelo blues. Cantores americanos como Howlin' Wolf e Muddy Waters eram os meus ídolos. Foi bem difícil encontrar discos de blues antigos e aprender as partes de bateria com aquelas canções.

O primeiro estilo de bateria que toquei foi rhythm and blues, até porque quem não soubesse tocar aquele tipo de música não seria aceito no círculo de músicos do qual eu estava começando a participar. Depois passei para o soul e Tamla-Motown, em seguida mergulhei ainda mais no blues-rock. Um amigo chamado Dave Simpson, que mais tarde trabalhou como roadie dos Roadrunners, tinha muitos discos. Ele me emprestou os primeiros álbuns dos Stones e também o *Five Live Yardbirds*, o primeiro álbum dos Yardbirds com Eric Clapton. Ele também me apresentou a John Mayall, e nos anos seguintes peguei emprestados dele os álbuns dos Bluesbreakers. Nessa época, eu tinha meu próprio toca-discos, então tocava aqueles álbuns sem parar.

Esses caras eram muito avançados musicalmente, e foi por isso que me senti tão atraído por sua música e pelo modo como tocavam, mesmo que eu não fosse nada avançado naquele momento.

Perto daquela época, tive que tomar a decisão entre seguir na música ou no esporte, porque se eu fosse levar o atletismo adiante teria que dedicar mais tempo aos treinos e abandonar o Mutations. Então fiquei pensando se haveria mesmo uma carreira no atletismo para mim, e eu entendi que até haveria, mas não era minha paixão, por isso desisti. Nem me importei muito com isso: estava ocupado demais com a bateria para ter que treinar corrida todos os dias.

Agora que eu estava numa banda, precisava ter um visual adequado, então decidi deixar o cabelo crescer, o que foi o começo da minha derrocada no que dizia respeito aos estudos. Havia apenas quatro alunos no Driffield County Secondary que tiveram a coragem de usar cabelo comprido: Johnny Flintoff, do Mutations, era um deles.

Os professores odiavam aquilo e não nos deixavam almoçar com os outros estudantes; na verdade, havia uma mesa separada na cantina da escola para os garotos de cabelo comprido. Acho que é difícil imaginar uma coisa dessas hoje em dia, mas naquele tempo a escola inteira passava por você dizendo "Impuro! Impuro!" e fingindo tocar uma sineta.

Suponho que até fosse um pouco engraçado, mas não parecia assim naquele momento, então nós os mandávamos à merda.

É importante entender que naquele tempo ter "cabelo comprido" apenas significava manter o comprimento um pouco mais para baixo das orelhas, não chegava abaixo dos ombros. Quem olhar qualquer foto de uma banda daquela época entenderá o que eu quero dizer. Hoje em dia, um garoto vai dar risada se tiver um cabelo naquele estilo e seus professores ficarem furiosos por causa disso.

Quando aqueles idiotas gritavam "Impuros!", eu me sentia em conflito, porque é claro que era uma ofensa grave e fazia com que você se sentisse um pária – mas ao mesmo tempo parecia ótimo, porque era um ato de rebeldia: um verdadeiro "foda-se" para todos eles.

Minhas notas começaram a despencar depois disso, simplesmente porque eu estava perdendo o interesse nos estudos. Eu nem me importava mais, porque a bateria estava tomando quase todo o meu tempo. Pior, eu também comecei a irritar os professores, mas não de propósito e não apenas por causa do meu cabelo comprido. Era porque eu estava tentando bancar o engraçadinho. Na época, até pensava em me tornar comediante quando terminasse o colégio. Eu assistia aos programas de comédia na televisão tentando entender como o humor funcionava. Muita coisa tinha a ver com o tempo certo, o que, é claro, tinha uma ligação direta com tocar bateria.

Talvez sem me dar conta, comecei a praticar meus esquetes de comédia na escola, repetindo cenas que eu tinha visto, porque estava mais interessado em dar risada do que em estudar. Também gostava de fazer comentários que eu achava divertidos no meio da aula. Por exemplo, um dos professores tinha uma vara de mogno, de uma polegada e meia de espessura, e ele batia nos garotos com aquilo. Quando ele pegava a vara para bater em alguém, eu dizia de brincadeira: "O próximo sou eu, senhor!". Às vezes as consequências disso eram péssimas, e eu mesmo recebia o "tratamento de mogno". A ideia era aliviar a tensão enquanto algum garoto estivesse sendo castigado. Depois de um tempo, a única razão para eu continuar indo para a escola era dar risada.

Quando não estava atuando, se estivesse num grupo pequeno de três ou quatro pessoas, eu passava a maior parte do tempo pensando no que dizer. No fundo, eu era muito tímido, e isso era um sofrimento.

Se de um lado os professores estavam rangendo os dentes por causa dos meus comentários sarcásticos na escola, de outro eu também estava passando por problemas em casa. O comprimento do meu cabelo tinha se tornado um grave transtorno para o meu pai. Ele costumava dizer: "Vou fazer você virar homem nem que isso me mate!".

Numa ocasião, acordei no meio da noite e vi meu pai tentando cortar minha franja enquanto eu dormia, com a tesoura perigosamente próxima dos meus olhos. Dei um empurrão nele, mas hoje entendo o que passava em sua cabeça, porque tudo isso aconteceu numa época em que um garoto de cabelo comprido era considerado um frouxo, era menos do que um homem, principalmente numa cidade do norte da Inglaterra. As pessoas gritavam no meio da rua: "E aí, Mary, como vai você?". Era absolutamente irritante.

Minha mãe acabou se envolvendo no meio de tudo isso. Ela entendia o ponto de vista do meu pai, porque queria que eu fosse bem nos estudos, mas sendo minha mãe, ela também queria me proteger. Meus avós, até certo ponto, ficavam do meu lado, afinal, foram eles que me criaram.

É assim que vejo as coisas. Meu pai não queria que seu filho trilhasse o caminho que eu obviamente estava seguindo. Antes de começar a me rebelar contra tudo, eu era um legítimo bom aluno, e meus boletins escolares sempre confirmaram que eu era inteligente. Meus pais pareciam me ver como algum tipo de garoto gênio que iria chegar a algum lugar, embora para eles isso significasse me tornar gerente de banco ou ter meu próprio escritório de contabilidade ou algum outro tipo de profissão respeitável da classe média. Na cabeça deles, eu definitivamente seguiria aquele caminho, de qualquer maneira, embora eu mesmo ainda não tivesse ideia do que iria fazer na vida. E algum adolescente tem? De qualquer modo, nenhum dos empregos possíveis que o conselheiro vocacional me ofereceu me atraía, e quando tentei fazer minha própria lista – com opções que variavam de detetive a maquinista de trem –, também não me sentia muito atraído por nada daquilo.

Tenho que tirar o chapéu para a perseverança dos meus pais: eles realmente continuaram me pressionando diante da minha indiferença gritante. Lembro que certa vez voltei da escola, extasiado com o resultado de uma prova, achando que eles ficariam contentes.

"Tirei a segunda melhor nota em inglês!", disse eu correndo pela cozinha.

Meu pai tirou os olhos da xícara de chá, olhou para mim e perguntou: "Por que não tirou a melhor nota?".

Fiquei sem ter o que dizer, mas ele só ficou parado olhando para mim.

Buscando as palavras, consegui apenas dizer: "Bem, outro garoto foi melhor do que eu, mas a segunda melhor nota é algo muito bom, penso eu".

Meu pai simplesmente me ignorou, e comecei a me sentir meio incomodado. Aquilo não era justo.

"Ah, que se fodam!", resmunguei, então virei as costas e saí.

Aquela foi a primeira e única vez que disse um palavrão para o meu pai. Assim que saí da cozinha, ouvi ele levantar da mesa e vir atrás de mim. Ele me agarrou pelos ombros, me virou e me ergueu do chão me segurando pela lapela da jaqueta. Não pude fazer nada a não ser me debater: ele era muito mais forte do que eu.

Ele me levou até os ganchos de pendurar casacos que ficavam na parede, me pendurou lá pela jaqueta e começou a me espancar. Ele enlouqueceu completamente. Honestamente, não estou inventando isso. Aquilo me fez querer fugir de casa tão logo fosse possível.

No Natal de 1964, o Mutations tocou num baile na escola das meninas. Havia 500 garotas lá, os únicos rapazes éramos nós quatro, o que foi uma revelação para mim, porque foi a primeira vez na vida que nos sentimos como *rock stars*. Naquele momento, me dei conta de que estar numa banda - numa banda boa, ao menos - seria ótimo caso estivesse interessado em garotas, como nós todos estávamos.

Contudo, minha apresentação não teve nada de estrela do rock: minha bateria estava tão bamba que o tom-tom caiu, e os suportes dos pratos não estavam firmes, fazendo-os afundarem em direção ao chão. Também escorreguei do banco e caí de costas. Todo mundo teve que esperar até que eu montasse a bateria de novo e pudéssemos continuar a tocar. Morri de vergonha. Na época eu não soube, mas uma garota chamada June estava lá assistindo a gente na nossa fatídica primeira apresentação. Tempos depois, ela me perguntou se eu estava tentando imitar Keith Moon.

Pouco mais tarde, as autoridades locais unificaram as duas escolas secundárias de Driffield, criando um colégio misto. Numa manhã de segunda-feira, metade da minha turma foi para outra sala, e então um monte de garotas entrou carregando suas mochilas. Uma delas era uma morena linda com um cabelo estilo anos 1960 parecido com o da Helen Shapiro. Ela estava usando uma minissaia (dentro do regulamento da escola) com meias brancas cobrindo até os joelhos! Não preciso dizer que ela atraiu minha atenção durante toda aquela primeira manhã. Na verdade, enquanto ela entrava na sala e eu a vi, pensei: "Vou casar com ela", mesmo que eu não estivesse procurando uma namorada naquela época. Foi muito estranho, porque eu nunca tinha visto aquela menina na minha vida. Descobri o nome dela e que ela era de Middleton on the Wolds, um vilarejo que não ficava muito longe dali, mas levou algum tempo até que eu tivesse coragem para tomar uma atitude.

Na verdade, pedi que John Flintoff falasse para June que eu queria sair com ela, mas depois descobri que, antes de John falar com ela, June tinha deixado um cartão de dia dos namorados na minha mesa. Contudo, ela ficou com vergonha, perdeu a coragem e retirou o cartão de lá antes que eu o visse. Nosso primeiro encontro foi doce: eu a levei para o cinema, mas - nada romântico - não lembro qual era o filme.

Eu continuava a assistir aos Roadrunners todas as vezes que eles ensaiavam na Caverna ou faziam um show - acho que eu era o único presente que não tinha conexão alguma com a banda. Eles eram cinco anos mais velhos que eu, o que parecia bastante naquela idade. Eu ainda estava no colégio, e eles já trabalhavam. Costumava me sentar lá e observar Johnny atentamente: para mim, ele era tão bom quanto Bobby Elliott, do Hollies, que eu realmente admirava. Johnny tinha um ótimo estilo, ele nunca errava uma batida e, acima de tudo, também era um cara legal. Nós dois mantemos contato até hoje.

Eu observava cada movimento que Johnny fazia quando tocava bateria na Caverna, depois ia para casa e tentava me lembrar e praticar exatamente os mesmos movimentos na minha própria bateria. Eu também ouvia muitos LPs, faixa por faixa. Se quisesse analisar uma virada em especial, tocava o disco com meu dedo sobre o vinil: aquilo desacelerava a música de modo que eu pudesse ouvir qual caixa estava sendo tocada, e assim por diante.

Eu me apaixonei perdidamente pela bateria e, com ela, pelo sonho de ser um *rock star*. Mas tudo foi ladeira abaixo a partir dali...

2.
ENCURRALADO

O momento da virada veio no começo de 1965, quando recebi um boletim muito ruim, que de antemão eu sabia que era merecido. Os professores escreveram que eu estava perturbando a aula com meus comentários engraçadinhos e também observaram que eu não havia chegado pontualmente nenhuma vez naquele período escolar. Isso tudo não pegou bem com meus pais, e me senti muito mal, então, pelos seis meses seguintes, baixei a cabeça e me esforcei de verdade nos estudos.

Naquele verão, fiz as provas de recuperação e achava que tinha ido bem, mas quando recebi os resultados, vi que os professores tinham me marcado pelo meu mau comportamento anterior - mesmo que tivessem se passado seis meses - e me deram notas abaixo da média em algumas matérias. Tirar nota abaixo da média na recuperação era certeza de reprovação. Achei que tinha havido um erro, então fui conversar com o professor e expliquei que era o melhor aluno da turma naquelas matérias, de modo que aquela nota abaixo da média não podia estar correta.

O professor me disse para ir conversar com o diretor, John Harrison.

"Sabemos como você foi nos exames, mas seis meses atrás você estava fazendo bagunça todo santo dia", ele me disse.

"Isso é verdade", admiti, "mas desde então tenho me comportado melhor, sem dúvida, não é? Vocês não podem me tirar nota se agora estou entre os melhores alunos da turma".

"Nós podemos escrever qualquer coisa que quisermos sobre você, Woodmansey", disse ele, me olhando torto.

Falei que não era justo, mas não tinha o que fazer para que o diretor mudasse de ideia. Ele me contou que todos falavam de mim na sala dos professores, afirmando que eu só causava problemas. O fato de eu ter me comportado por seis meses não significava nada, porque eu tinha sido um aluno horrível até aquele momento.

Toda essa conversa foi um choque para mim. Fiquei pensando sobre minha situação e me dei conta de que, mesmo se eu fizesse a recuperação novamente durante o verão de 1966, não faria sentido algum caso os professores se recusassem a me ensinar. O que o diretor disse em seguida tornou tudo aquilo ainda mais irrelevante.

"Ou você desiste", disse ele, "ou nós o expulsamos da escola. A escolha é sua".

Então falei para ele que estava indo embora. O que mais eu poderia fazer?

"E o que você vai fazer quando sair do colégio, Woodmansey?", perguntou ele.

"Vou ser um artista pop, senhor, e me apresentar no programa *Top of the Pops.*"

"Você é um tolo, Woodmansey, e sempre será! Agora saia daqui."

Alguns anos mais tarde, em 1972, depois que *The Rise and Fall of Ziggy Stardust* tinha sido lançado e eu realmente já tinha me apresentado na televisão, no *Top of the Pops*, pensei em ir até o colégio de limusine e mostrar o dedo do meio para o diretor da escola, mas nunca cheguei a fazer isso. Talvez eu devesse ter feito. John Harrison se aposentou em 1991 e morreu em 2013, mas nesses anos todos não guardei rancor dele. Afinal, ser expulso do colégio me ajudou a colocar todo o foco na bateria.

Enquanto eu cruzava os portões da escola naquele mês de julho, a ideia de nunca mais ter que voltar lá e estudar coisas que não me interessavam me deixou animado. A euforia durou pouco: no minuto seguinte, essa sensação foi substituída por pavor. Recordo claramente de ter pensado: "Puta merda! O que vou fazer pelo resto da minha vida?". Não pude responder tal pergunta quando os orientadores vocacionais me questionaram, e naquele instante não estava nem perto de ter a resposta.

Eu não fazia ideia de como era ingressar no mercado de trabalho. Embora menores de idade pudessem legalmente sair da escola com a minha idade naquele tempo, eu tinha planejado ao menos terminar os estudos: achava que ficaria mais esperto e mais sábio se fizesse isso, e que tudo iria se ajeitar. Eu não tinha planejado sair pelo portão do colégio, aos 15 anos, direto para a vida real.

Além disso, ainda havia o momento de ter que encarar meus pais. Eu sabia que minha mãe ficaria decepcionada e que meu pai ficaria furioso, e eu tinha que encontrar um jeito de convencê-los de que sair da escola não era algo tão ruim assim.

"Vejam, decidi sair da escola", disse a eles na hora do jantar, tentando esconder o quanto eu estava com medo. "Eu quero de verdade arrumar um emprego. Vocês sabem, aprender uma profissão e ganhar um dinheiro decente pra me sustentar".

Era tudo mentira, é claro – eu ainda queria ser baterista de uma banda de rock –, mas não podia pensar em outra forma de me safar daquela situação difícil.

Felizmente, meu pai concordou. "Tudo bem então, filho. Já estava na hora de dar um jeito na sua vida".

Minha mãe não se convenceu tão facilmente, ela obviamente pensava que eu tinha jogado fora toda a minha educação – e com ela, o meu potencial. Mas ela teve que aceitar. Eu não queria voltar para o colégio, meu pai queria que eu aprendesse uma profissão, e era isso.

Em resumo, eu tinha sido abandonado pelo sistema educacional; por outro lado, foi tudo culpa minha. Suponho que eu era mesmo diferente da maioria dos outros alunos, que compreendiam por que estavam estudando logaritmos ou desenho técnico ou qualquer outra matéria que fosse. Eu não entendia nada daquilo: eu só queria fazer alguma coisa de que eu gostasse tanto a ponto de levantar feliz da cama todos os dias. A escola certamente não significava isso para mim. A música sim, mas, naquele meio-tempo, eu precisava arrumar um emprego.

Meu pai conseguiu para mim um serviço de assistente de encanador e de eletricista numa empresa de Driffield. Como parte do aprendizado, eu precisava entrar numa faculdade técnica, mas a empresa não queria pagar pelo curso, então não fui adiante.

O mais importante para mim foi que o Mutations conseguiu seu primeiro show pra valer (eu nunca levo em conta aquela apresentação horrível à qual June assistiu no Natal do ano anterior). Foi no Buck Hotel em Driffield, que ainda existe lá na cidade. Certa noite, estávamos falando sobre música com o gerente, e ele perguntou se nós poderíamos tocar lá por 5 libras, que dividiríamos entre nós. Nossa banda – Frank e Paul na guitarra, John no baixo, Michael na voz e eu na bateria – ganhou uma libra cada um para tocar seis músicas, incluindo "Green Onions", do Booker T & the MGs, e "(I Can't Get No) Satisfaction", dos Stones, que era o hit daquele verão.

Havia uma parte repetida em "Satisfaction" que era só bateria, sem nenhum outro instrumento, e eu fiquei absolutamente petrificado quando chegou esse trecho da música, mesmo que tivesse apenas dois compassos. Aqueles dois compassos pareceram uma hora para mim; cada vez que tocávamos essa música, eu pensava comigo mesmo: "Será que vou conseguir tocar isso sem dar mancada?". Toquei direitinho todas as vezes e, acredite, aquele foi o ponto mais alto da minha carreira até então.

Nós também tínhamos uma música própria chamada "Swan Lake", que era muito ruim, uma vergonha. Não lembro como ela era, mas vou descrever da seguinte forma: que bom que não existia YouTube naquele tempo! Nós não tínhamos figurino de palco e apenas vestíamos coisas como blusões de gola polo ou gola alta e calças cor caramelo, porque não tínhamos chegado ao ponto de pensarmos na nossa imagem – nós sequer sabíamos se conseguiríamos tocar uma música inteira diante de uma plateia, que era formada apenas por gente da nossa cidade.

Depois disso, começamos a tocar regularmente no Buck Hotel, ganhando 5 libras por noite. Essa nota de £5 era importante, porque significava que eu era um músico profissional. E não era apenas isso: não existe nada melhor para aperfeiçoar suas habilidades musicais que esse tipo de residência, porque temos que tocar certo, noite após noite. Mais shows vieram depois disso: havia muitos fazendeiros ricos na região, e nós tocávamos nas festas de aniversário de suas filhas.

Meu pai costumava me levar para os shows em sua van, o que era legal da parte dele, mas um pouco estranho, já que cada vez mais ele desaprovava o fato de eu ter uma banda. Ele provavelmente pensava que seria um passatempo de curta duração para mim. Em vez disso, meu trabalho como assistente de eletricista e de encanador é que durou pouco. Eu não entendia nada sobre eletricidade e realmente detestava o trabalho de encanador. Tinha que ficar no meio da Driffield High Street puxando as mangueiras de desentupir canos pelo esgoto enquanto todas as garotas dos escritórios e das fábricas estavam saindo do trabalho. Um cara querer parecer descolado vestindo jeans surrado e uma jaqueta velha enquanto tirava merda do chão era algo complicado, para dizer o mínimo.

Os caras mais velhos geralmente me ignoravam – faziam aquele mesmo trabalho há anos e não queriam um aprendiz pendurado neles. Só falavam de futebol, então eu nunca tive uma conversa de verdade com eles. No final das contas, depois de quase um ano, a empresa me demitiu, e foi merecido, porque eu estava mais interessado em fumar do que em trabalhar.

Depois disso minha mãe me levou às compras, porque meus pais queriam que eu tivesse roupas apropriadas para procurar outro emprego. Naquela época, eu já estava interessado em moda e quase sempre usava calças de alfaiataria e ternos de abotoamento duplo – feitos por June, que tinha deixado a escola e estava trabalhando de estilista. Eu também usava botas cor areia do deserto e tinha um casaco comprido azul-marinho da Army & Navy. Não era possível usar roupas assim num trabalho braçal. Minha mãe queria que eu comprasse uma jaqueta *donkey* que meu pai queria que eu usasse, mas que era o extremo oposto do tipo de roupa de que eu gostava.

"Sinto muito", eu disse para minha mãe, "mas não posso usar isso. A senhora pode comprar se quiser, mas eu nunca vou vestir isso".

Era um verdadeiro estigma ser um desempregado, então perguntei aos meus amigos se eles sabiam de algum trabalho por aí. Acontece que eles quatro estavam trabalhando na Vertex, a fábrica de óculos. Eles me disseram que era agradável lá e que eles se divertiam, e que o dinheiro era bom, então fui para uma entrevista. Para minha sorte, o supervisor que me entrevistou cantava em um pub. Ele sabia que eu era baterista e nos demos bem logo de cara; na verdade, conversamos sobre música a maior parte do tempo em vez de falar sobre as coisas ligadas ao trabalho. Fui contratado.

Meu trabalho consistia em tirar um pedaço de plástico quadrado com dois buracos, moldá-lo no formato de armação de óculos, fazer furos e acrescentar as hastes... e repetir todo o processo. Parece chato, mas na verdade não era tão ruim assim. Eu gostava do trabalho, e o salário realmente era bom. Havia o esquema de bônus, e tínhamos uma competição sobre quem era o mais rápido. Então o gerente contratou uns funcionários para cronometrar o processo e fazer com que trabalhássemos mais rápido. Na verdade, acabamos desacelerando um pouco, porque os caras eram uns inúteis – mesmo assim, ainda éramos mais rápidos do que qualquer outro operário que tinha trabalhado lá antes.

Por mais talentoso que eu fosse fazendo armações de óculos, minha obsessão ainda era a música. Íamos de excursão viajar 30 quilômetros até Bridlington Spa para assistir a bandas como Small Faces, Kinks, The Who, entre outras. Era maravilhoso, parecia que estávamos vendo criaturas de outro mundo. Eu me sentava e ficava assistindo ao show com o olhar fixo nos bateristas. E eu ainda tocava com o Mutations. Naquela época, nós tínhamos tocado várias vezes no Driffield Town Hall como banda de abertura do Roadrunners. Mas isso tudo estava prestes a mudar.

Era 1968, e a revolução pairava no ar. Nos Estados Unidos, os jovens protestavam contra a Guerra do Vietnã. Em Driffield, nós também estávamos protestando... por causa de uma banca de *fish and chips*. Uma das cafeterias de Driffield ia fechar para se tornar uma banca de *fish and chips*, e os adolescentes da cidade não estavam muito contentes com o fato de perder seu ponto de encontro. Então, cerca de 80 jovens fizeram um tipo de passeata e interromperam o trânsito. Não sei quem organizou aquilo, mas o assunto se espalhou bem rápido, porque a polícia local estava lá - todos os dois guardas! - observando a gente gritar palavras de ordem. Para Driffield, aquele protesto foi um acontecimento e tanto.

Eu estava lá de pé segurando uma faixa que dizia "Queremos nossa cafeteria", quando a van Mother's Pride do Roadrunners parou diante de mim, e eles gritaram pelo vidro: "Woody, entra aqui!". Nem precisaram pedir duas vezes, porque eles eram os músicos mais legais que eu conhecia, então atirei a faixa para alguém e entrei na van. Lá dentro, estavam o vocalista Dave 'Les' Westaway, o guitarrista Dave 'Feet' Lawson e Brian Wheeldon (agora o baixista), todos sorrindo para mim.

"Ouça, Woody", disse Dave. "Johnny está saindo da banda porque não pode mais tocar. Queremos que você seja nosso baterista".

Minha cabeça começou a girar. Tocar com eles seria um desafio, mas também era a melhor coisa que já tinha acontecido na minha vida. Agora sim eu faria parte de uma banda de verdade.

"Sim, com certeza", murmurei, do meu costumeiro jeito mais tímido. Encarar uma banda de músicos que eram todos mais velhos e melhores do que eu me deixou mortificado por causa da timidez. Mas, por dentro, eu me sentia mais feliz do que jamais tinha sido na vida. Quando contei ao Mutations sobre a proposta, eles todos concordaram que o certo a fazer era aceitar o convite.

Acontece que Johnny, que tinha apenas 20 e poucos anos, estava com artrite. Ele só descobriu a doença porque estava andando de bicicleta um dia, errou uma curva e caiu. Quando fez os exames clínicos, os médicos disseram que ele não deveria mais movimentar excessivamente os braços ou correria o risco de perder os movimentos totalmente. Isso significava que não podia mais tocar bateria. Todos ficaram muito sentidos por ele.

Na semana seguinte, toquei pela primeira vez com o Roadrunners, o que foi aterrorizante, porque eles eram bons músicos com vários anos de experiência profissional. Felizmente, eu aprendia rápido, e conhecia quase todas as covers que eles queriam tocar. Como bônus, me deram a bateria Premier de Johnny, o que foi um grande salto de qualidade comparando com o kit do Exército da Salvação que eu tocava com o Mutations. O show foi num salão de igreja em Barton-upon-Humber, e tocamos covers dos Beatles, do Small Faces, do Who, dos Stones e do Tommy James and the Shondells.

Pela primeira vez, eu fazia parte de uma banda de verdade, e foi incrível – era como um passo à frente numa jornada importante. Os Roadrunners eram bons músicos e muito organizados, com apresentações marcadas, instrumentos e transporte próprios. June passou a criar nosso figurino de palco, e nós nos apresentávamos vestidos com ternos beges, vermelhos e até mesmo roxos, e por baixo usávamos blusões de gola alta pretos ou brancos.

Eu me dava muito bem com os outros caras. Tínhamos o mesmo tipo de senso de humor: ficávamos citando falas inteiras do *Goon Show* dentro da van. Fazíamos muitas coisas bobas para nos divertirmos. Certa vez, quando estávamos na estrada indo para York, vimos um armazém de produtos agrícolas com cartazes pendurados no lado de fora anunciando "Batatas, ervilhas, cenouras" com uma caligrafia caprichada. Roubamos os cartazes, mas nós não jogamos fora como um bando de otários: guardamos todos na parte de trás da van. Então, quando voltamos pelo mesmo caminho uma semana depois, bem cedinho de manhã, penduramos os cartazes de volta no mesmo lugar onde estavam para surpreender o agricultor, que provavelmente tinha pensado que os cartazes tinham sido perdidos para sempre.

Nós dávamos boas risadas naquela banda. Um dos nossos lugares favoritos era um clube em York chamado Enterprise, e quando nós tocávamos naquela região, sempre passávamos lá para tomar uma cerveja depois do show. Um cara chamado Guppy comandava o clube, embora talvez seja um pouco generoso demais chamar o lugar assim: basicamente era um porão úmido onde tocavam música boa, como Tamla-Motown e os pioneiros do soul.

Era totalmente escuro naquele lugar, a não ser por uma única luz vermelha que ficava num canto da pista de dança. O outro canto ficava completamente no breu, então, quando alguém dançava com uma garota, tinha que fazer uma manobra em direção ao único lugar iluminado para ver como era a cara dela. Guppy tinha uma sala especial no andar de cima, onde nós ouvíamos os discos do Goon. Era fantástico, porque nós curtíamos muito tudo aquilo e ficávamos lá juntos a noite inteira, rindo pra valer.

Se íamos a um pub com duas portas de entrada, sempre dávamos um jeito de perturbar os outros clientes. Dave entrava por uma porta, eu entrava pela outra, nós fingíamos avistar um ao outro gritando escandalosamente "Mick!" e "Dave!", então corríamos juntos até o centro do pub e fingíamos nos beijar na boca, com um mão pressionada junto aos lábios. Os caras atiravam canecos de cerveja ao nosso redor e ficavam ainda mais irritados quando viam nossos cabelos compridos.

Na verdade, não estávamos tentando chocar as pessoas, apenas achávamos que aquilo era hilário. Mas, pensando lá atrás, farsas como essa eram uma primeira versão, mais branda, de todo o lance desconstrutor de gênero que as bandas adotariam alguns anos mais tarde, principalmente a banda de que eu fazia parte. Talvez a mudança estivesse no ar já naquele palco.

Apesar das brincadeiras todas, os Roadrunners eram altamente profissionais, e com eles pude viajar pelo país inteiro pela primeira vez. Nós ainda não tínhamos empresário, mas o guitarrista ligava para um agente toda semana e conferia que shows havia para nós. Em dado momento, nós fomos a banda de abertura do Herd, a banda de Peter Frampton, na Leeds University. Eles eram pra valer e realmente encantavam a multidão quando tocavam ao vivo. Frampton recém tinha sido eleito o "Rosto de 1968" numa revista chamada *Rave*.

Peter Frampton era um cara legal e fez eu me sentir importante quando veio até nosso camarim e disse: "Qual é o seu nome? Te encontro lá no topo". Um elogio e tanto vindo de um músico tão talentoso quanto ele. Nunca mais esqueci aquilo e me esforcei para encorajar jovens músicos quando eu de fato cheguei ao topo, alguns anos depois.

A propósito, nosso figurino era um arraso. Havia uma loja em Driffield chamada Alec Hall's, moda masculina para "cavalheiros". Dois rapazes trabalhavam lá e compravam coisas estranhas em Londres durante toda a fase mod. Quando aparecíamos lá aos sábados, eles nos mostravam suas novas coleções e comprávamos as roupas a prazo, pagando um pouquinho toda semana. Assim tínhamos roupas novas chegando o tempo todo. Nós nos vestíamos mais como os hipsters, camisas em dois tons, kaftans e casacos longos pretos da marca Army & Navy.

É claro que meu pai não compreendia essa obsessão de vestirmos as roupas certas e tocarmos rock'n'roll. E como ele poderia entender? Nossa geração não queria se parecer com nossos pais, mas ele nunca teria entendido isso, mesmo se estivesse disposto a fazer um esforço mínimo para entender. Naquela época, esperava-se que um jovem se mantivesse na linha, arrumasse um negócio e se tornasse um adulto decente como seus pais eram, mas isso nunca aconteceu comigo, e jamais vai acontecer, então para o meu pai eu era um caso perdido. É como aquela velha piada: um garoto diz para sua mãe "quando eu crescer, quero ser baterista", e ela responde: "Não dá para fazer as duas coisas, filho".

Em retrospecto, só posso imaginar como meu pai encarou tudo aquilo. Naquele tempo, a geração dele tinha passado a adolescência em plena Segunda Guerra Mundial e estava sempre ciente de acontecimentos realmente terríveis - coisas que garotos como eu, que escaparam daquilo tudo, sequer podiam imaginar. Ele não tinha ido para a guerra, mas participou de alguns combates horrendos em Hong Kong. Lembro que ele me contou que estava de guarda certa noite quando os franco-atiradores chineses se aproximaram. Ele passou a noite inteira cagado, porque eles poderiam matá-lo a qualquer momento estando naquela posição no alto das colinas. Não é o tipo de coisa que deixa alguém mais tolerante depois de tudo.

A geração do meu pai queria apenas se acomodar, cuidar de suas famílias e encorajar seus filhos a seguirem uma profissão para se dar bem na vida. Quando eu me rebelei contra aquilo tudo, deve ter sido um grande choque para eles. Dá para imaginar o quanto tudo piorou quando começamos a deixar o cabelo crescer e a usar as roupas mais ultrajantes imagináveis, principalmente em Yorkshire.

Não levou muito tempo para meu pai e eu travarmos nossa própria guerra. Ele não gostava que eu chegasse tarde depois de tocar com os Roadrunners. Ele trancava a porta da frente, então eu tinha que me sentar no banheiro externo durante algumas horas tendo como companhia só um pequeno lampião de parafina. No inverno fazia um frio tremendo. Às vezes minha mãe acordava no meio da noite, ficava com pena de mim e descia para abrir a porta. Eu entrava em silêncio na ponta dos pés e ia até meu quarto sem acordar meu pai. Nada disso faria com que eu desistisse de tocar na banda, mas não era exatamente algo positivo para me manter motivado.

Meus pais achavam que eu tinha jogado fora todo meu talento ao me tornar músico. Sei que eles apenas queriam o melhor para mim, mas, para a geração deles, a ideia de me tornar bem-sucedido como artista não passava de um sonho. Naqueles dias éramos forçados a encontrar um emprego normal. Lembro que todos sabiam quem estava desempregado na cidade. Ninguém ficava sem trabalho por muito tempo, porque todo mundo queria um emprego, não importava qual. Essa era a mentalidade que me cercava.

Depois de uma briga com meu pai, ele me expulsou de casa, e eu disse: "Tudo bem, vou morar com a June", porque ela já tinha seu próprio apartamento. Isso, é claro, não ficaria muito bem: homens e mulheres não podiam morar juntos a menos que fossem casados. Depois de dois dias, meu pai mandou minha mãe até o apartamento de June pedindo que eu voltasse para casa, e ela disse: "Ele te perdoou!".

Parece besteira agora, mas ainda estávamos brigando por causa da minha aparência, do meu cabelo comprido e da minha calça jeans recoberta com retalhos de cetim de cores diferentes e bolsos com aplicações de couro. Certamente eu parecia bem esquisito segundo os padrões de Driffield, mas comparando ao que eu iria vestir alguns anos mais tarde, meu visual da época até que era bastante contido.

Certo dia, fiquei procurando meu jeans e não conseguia achar em lugar nenhum. Perguntei para minha mãe se ela tinha colocado para lavar, e ela me disse que não, que o jeans estava na lixeira. Fui até lá e vi – a calça estava coberta de cascas de ovos e de cascas de batata. Meu pai tinha jogado o jeans no lixo de tanto que ele odiava aquilo. "Valeu, pai", pensei. Tirei a calça da lixeira e a vesti, imunda do jeito que estava, porque eu simplesmente já não dava mais a mínima.

Enquanto isso, as coisas não estavam indo muito bem com os Roadrunners. Houve um pequeno desentendimento na banda entre um dos integrantes do grupo e a namorada dele: ela tinha flagrado o cara se divertindo com outras mulheres, então deu um ultimato: ou ela, ou a banda. O cara saiu, e os outros membros também desistiram de tudo pouco tempo depois, então o Roadrunners acabou, e eu fiquei sem banda por três meses.

Mas eu não ia parar de tocar bateria e fiz teste para alguns outros grupos. Alguns deles eram talentosos: uma das bandas era a Iron Butterfly, de uns roqueiros psicodélicos, mais conhecidos pela música "In-A-Gadda-Da-Vida", embora eu não entendesse o motivo de uma banda americana estar fazendo audições em Londres. Quando cheguei lá, descobri que havia outros 150 bateristas tocando num grande teatro. Era uma algazarra imensa, e a banda não era tão musical naquele ponto como mais tarde se tornaria, então decidi que não queria fazer parte daquilo, mesmo tendo sido aprovado na audição. Também fui convidado para um teste numa banda do vocalista que entrou no Sharks, que fez sucesso nos anos 1970. O baixista da banda era um cara chamado John Bentley, que mais tarde se juntou ao Squeeze. Eles estavam tocando um tipo de música conhecido como West Coast Americana, que parecia um pouco viajante demais para mim e não fazia muito meu estilo, então resolvi nem me dar o trabalho de ir para a audição.

Na época, a banda mais *cool* de Yorkshire era o Rats. O guitarrista deles, Mick Ronson, tinha ótima reputação, que eu soube ser totalmente merecida quando vi a banda num festival ao ar livre em 1969. Fiquei embasbacado com sua presença de palco e com o jeito como ele tocava. Mick era quatro anos mais velho do que eu e tocava em bandas desde 1963, e eu era só um garoto. Acontece que, mais tarde, naquele mesmo festival, ele me viu tocar com os Roadrunners.

Os Rats tinham experiência, pois passaram muito tempo se apresentando em Londres, mas eles nunca tinham recebido a atenção merecida por parte das gravadoras. A música que faziam variava do blues a covers de rock e até mesmo psicodelia - por um tempo, eram conhecidos como Treacle. Foi uma das primeiras bandas da nossa região que adquiriu amplificadores realmente potentes - o palco deles ficava tomado de equipamentos e era bem impressionante.

Alguns meses depois que vi Mick tocando naquele evento ao ar livre, eu estava na Vertex fazendo hora extra num domingo quando olhei por cima do esmerilho da minha bancada de trabalho e vi que os caras do Rats estavam ali me olhando bem na minha frente. Eles tinham passado pela segurança e perguntaram onde eu estava.

"Somos os Rats, meu nome é Mick Ronson", disse Mick, antes de apresentar o vocalista, Benny Marshall, e o baixista, Keith 'Ched' Cheeseman.

Mick tinha um jeito muito descolado: cabelos longos e loiros, vestia uma camisa branca esvoaçante, um casaco comprido preto e calças cuidadosamente passadas, com sapatos mocassim. Parecia praticamente um jovem Tom Petty inglês.

"Prazer em conhecer", eu disse. "Como vocês entraram aqui?"

"Nos infiltramos", disse ele sorrindo. "Precisávamos falar com você."

Acontece que os Rats tinham vindo de Hull até a minha cidadezinha me convidar para eu me juntar à banda deles. Era uma honra e tanto, e eles eram todos uns caras muitos legais, então é claro que encarei a proposta com seriedade.

Mick disse que o baterista deles, John Cambridge, tinha saído e que eles queriam que eu tocasse com o Rats. Ele me disse ainda que eu precisava participar da audição e fazer de conta que eu ainda não tinha sido escolhido, já que eles haviam prometido fazer testes com outros seis bateristas que tinham insistido em participar.

"Sem problemas", respondi. Por dentro, eu estava em êxtase. Isso era justamente a boa notícia de que eu precisava. Eu gostava de tocar com os Roadrunners, mas o Rats era uma banda muito mais profissional – e eu sabia que me encaixaria perfeitamente com um guitarrista tão bom quanto o Mick.

Fiz o teste, entrei para a banda, e começamos a fazer shows ainda naquela semana. De novo, eu tocava em boates e pubs, exatamente como aqueles em que eu me apresentava com os Roadrunners – mas o Rats viajava por mais lugares porque eles estavam na estrada havia mais tempo. Lembro que tocamos em vários salões grandes. Era uma turnê semiprofissional, porque ainda estávamos trabalhando em empregos regulares e não ganhávamos muito dinheiro com a banda.

Mais tarde, soube que o Rats quis me contratar – provavelmente depois de terem me visto tocar naquele festival – porque Mick queria elevar a banda para um nível mais profissional e achava que eu os ajudaria com isso. John conhecia algumas pessoas em Londres, e nós soubemos que ele foi até lá para se juntar a uma banda chamada Junior's Eyes, que tocava material próprio, além de atuarem como músicos de apoio de outros artistas. Um desses artistas era um cara chamado David Bowie, mas eu não sabia quase nada sobre ele, então eu mal conhecia o Junior's Eyes. Estava ocupado demais focado no Rats.

Em retrospecto, tanto Mick quanto eu devemos a Johnny um agradecimento: se ele não tivesse tido a coragem de se mudar para Londres, *Ziggy and the Spiders From Mars* jamais teria acontecido do jeito que foi.

Mick era o foco no palco, é claro, mas o Rats não tinha exatamente um líder – todos nós contribuíamos igualmente. Eu gostava muito dele: era engraçado, tínhamos o mesmo senso de humor e nos vestíamos de um jeito semelhante. Antes de optar pela guitarra, ele tinha aprendido a tocar piano e violino e sabia ler partitura e compor com certa maestria, mas nunca se gabava disso. Provavelmente, Mick achava que tiraríamos sarro dele se admitisse que sabia tocar violino. Mais tarde, ele usou esses outros talentos para criar arranjos musicais em canções que são adoradas no mundo inteiro até hoje. Certa vez, ele me contou que estava sempre tentando alcançar na guitarra os mesmos timbres que ele conseguia alcançar com o violino.

Eu dava muita risada com os Roadrunners, mas com os Rats havia um outro nível de diversão, porque eles literalmente não davam a mínima para nada nem para ninguém. Quando contratávamos um roadie, por exemplo, ele tinha que passar por uma iniciação em que nós o deixávamos nu no meio de uma cidade, e depois a gente ia embora e o cara ficava lá sozinho por 20 minutos. Fizemos isso com um roadie novato na saída da cidade de Leeds, deixando o cara lá peladão, só de botas, e fomos tomar um café. Meia hora depois voltamos, e ele estava se escondendo debaixo do marco de uma porta.

No papel, esse tipo de coisa pode parecer meio cruel, mas posso garantir que tudo era feito com muito bom humor e era um ritual importante no processo de criar laços. Acontecia de tudo naquela banda. Tínhamos uma regra estúpida que dizia que, se passássemos com a van por uma rotatória e um de nós gritasse "Muito bem, papai! Podemos fazer isso de novo?", o motorista tinha que circundar a rotatória novamente. A regra era inviolável: mesmo se estivéssemos atrasados para um show, porque tínhamos saído meio tarde dos nossos empregos, o motorista tinha que dar a volta. A van chegou a dar oito voltas na rotatória certa vez, simplesmente porque era engraçado, pelo menos para nós.

Lembro que fizemos um show no ginásio de uma academia administrada por um desses fisiculturistas imensos, leões de chácara e outros caras fortões. Aqueles sujeitos vieram nos dizer que havia uns filhos da puta que estavam roubando pesos do ginásio e que, se um dia descobrissem os culpados, arrancariam todos os membros do corpo do bandido. Nosso vocalista, Benny Marshall, era meio preguiçoso na hora de nos ajudar a recolher o equipamento, então, para nos vingarmos, pegamos alguns pesos e escondemos na mochila dele.

Recolhemos o equipamento, sem a ajuda dele, para variar, e fomos chamá-lo quando chegou a hora de ir embora. "Venha logo, Benny!", gritamos, enquanto ele conversava com alguns dos caras fortões. Ele foi pegar a mochila, mas ela não se mexeu do lugar. Tentando agir como se nada estivesse acontecendo, continuou conversando com os fisiculturistas sem conseguir esconder o pavor em seu rosto. Contudo, ele conseguiu se safar sem um arranhão. Num outro momento, nós empilhamos todo o equipamento que tínhamos em cima da cama dele e fomos para casa. Ele nos xingou de todas as formas porque teve que tirar tudo de lá sozinho. Se alguém imaginasse qualquer brincadeira desse tipo, a gente colocava em prática.

Tive minha primeira experiência com drogas no Rats depois que um roadie foi até Londres e nos trouxe um pouco de erva. Drogas pareciam algo meio chocante para nós naquela época, porque não eram fáceis de se conseguir, nem apareciam casualmente no meio de uma conversa. Até mesmo Mick, que já tinha andado bastante por todos os lugares, não sabia nada sobre drogas, porque foi criado numa família mórmon. Ele sequer bebia álcool.

Provavelmente, não foi uma boa ideia fumar meu primeiro baseado antes de um show. Anunciado como *The Rats Reform*, o show em Hornsea estava com os ingressos esgotados porque tínhamos ótima reputação naquela área, e também porque a banda tinha ficado parada um tempo e se tratava de um tipo de show de retorno. Estávamos nervosos porque cerca de 400 pessoas estavam lá para nos ver, então o roadie nos disse: "Dá um pega aqui, vai ajudar". Foi o que fizemos, e o cara estava certo: todo o nervosismo desapareceu.

Começamos o show com "Crossroads", do Cream, tocando a música em todos os estilos imagináveis: calypso, blues, reggae, skiffle... tudo. No final do show, descemos do palco dizendo: "Uau, foi incrível!". Nós sequer tínhamos nos dado conta de que tocamos a mesma música por longos 45 minutos. Estávamos completamente fora do ar só por causa de um pouco de erva. Eu sequer reparei na reação da plateia, mas não deve ter sido muito boa.

Os roadies olharam para nós de cara feia e disseram: "Podem recolher a bosta do equipamento sozinhos. Nunca ficamos com tanta vergonha". Depois saíram de lá indignados, e nós caímos na risada. Assim, Mick e eu aprendemos a lição de jamais usar drogas enquanto estivéssemos trabalhando.

Éramos todos muito inocentes sobre essas coisas naquele tempo. É difícil de acreditar, mas certa noite pegamos uma caixa de sapatos velha, escrevemos "Drogas" em letras garrafais e a guardamos dentro do amplificador do Mick enquanto ele tocava.

Aquilo deixou as pessoas apavoradas, mas era só uma piada. Isso mostra o quando o público era ingênuo naquela época – as pessoas realmente acreditavam que, se tivéssemos drogas, uma coisa óbvia, já que se tratava de uma banda de rock degenerada, nós as guardaríamos numa caixa especial devidamente etiquetada.

As drogas não tinham muita importância na minha vida naquele momento, em parte porque eu ficava assustado com os efeitos. Depois daquela primeira experiência, fomos até a casa de um traficante em Hull para pegar mais erva, e eu estava cagado de medo. Havia um cara lá sob efeito de ácido e fiquei totalmente apavorado, então soube na hora que jamais usaria aquilo. Isso me ajudou mais tarde, quando ficou fácil ter acesso a drogas, mas nunca me interessei em usar nada além de um baseado.

Reforçando, apesar de todas as brincadeiras, o Rats era uma banda séria. Nós tocávamos covers de Jeff Beck, Hendrix, Cream e muitas músicas de blues. Uma vez tocamos num show como banda de abertura do Colosseum, a banda do baterista Jon Hiseman. Parte do nosso set incluía um solo de bateria, que eu tinha que apresentar diante do próprio Hiseman, um baterista renomado e famoso mundialmente. Pensa na pressão – mas toquei mesmo assim, e os roadies dele me contaram que Hiseman achou ótimo que eu tivesse colhão para fazer aquilo e curtiu meu solo.

Mick, Ched e eu tínhamos outro projeto paralelo ao Rats: uma banda que inicialmente tinha Mick nos vocais e na guitarra. Ele não conseguia fazer as duas coisas ao mesmo tempo – na verdade ele cantava mal –, então chamamos outro cara, Alan Palmer, para se juntar a nós. Na época, Alan era vocalista de uma banda chamada Mandrakes, e nosso projeto na verdade nunca decolou pra valer, embora mais tarde Alan tenha trocado de nome para Robert Palmer e se tornado um enorme sucesso nos anos 1980 e 1990 com hits como "Addicted to Love".

No geral, eu suponho que estivesse sem rumo, trabalhando na Vertex durante o dia e tocando com a banda à noite, para desgosto dos meus pais. Eu podia ter continuado daquele jeito por alguns anos, imagino, mas no final de 1969 o Rats acabou assim, do nada.

"Woods, meu camarada", disse Mick, "estou indo para Londres, porque o Johnny acha que eu me encaixaria na banda desse artista que ele conhece. Sinto muito, muito mesmo, mas não se preocupe, vamos pensar em alguma coisa".

"Johnny" era John Cambridge, e quando Mick contou que o artista se chamava David Bowie, imediatamente me lembrei de ter visto um folheto sobre o single "Space Oddity", que tinha sido lançado em julho de 1969, perto da época da chegada do homem à Lua. Eu tinha escutado a música no rádio, mas não tinha ficado impressionado. Achava que era uma coisa meio folk com uma produção floreada, e eu não gostava de música folk porque não tinha bateria pesada. Eu era meio esnobe: se a música não fosse progressiva e não tivesse uma pegada mais dura que exigisse habilidade do músico, eu simplesmente desconsiderava.

Foi um baque quando o Mick saiu para se juntar à banda de Bowie, mas pelo menos ele e eu tínhamos um acordo de que tocaríamos juntos novamente algum dia. Ainda assim, fiquei sem banda por cerca de três meses, e depois de ter tocado com músicos tão bons quanto os caras do Rats, não consegui encontrar uma banda local de que eu sequer quisesse fazer parte. Foi uma época bem triste para mim. Naquele ponto, a música era uma carreira que eu estava considerando como uma opção viável – por isso, quando me ofereceram um cargo realmente muito bom na fábrica onde eu trabalhava, pensei seriamente em aceitar.

Meses antes, eu tinha começado a me destacar no meu emprego na Vertex. Conhecia muitos operários das outras máquinas, então fui aprendendo a usar os outros equipamentos tão bem quanto o meu. Quando aquelas máquinas estragavam, os operadores me pediam para consertá-las porque o cara que fazia isso estava atrasado com o serviço dele. Não que eu estivesse tentando conseguir uma promoção ou algo parecido, eu apenas estava entediado e queria fazer outras coisas para o tempo passar mais rápido.

O pessoal da gerência reparou, me chamou e perguntou se eu queria ser supervisor, subordinado apenas ao contramestre – mesmo que eu fosse apenas um garoto e os outros caras homens feitos de 35 anos, que estavam esperando há anos por uma promoção. Eu me senti meio desconfortável com aquilo e falei: "Não está certo. Os outros caras não vão gostar". Mas eles me disseram: "Nós não nos importamos com isso. Você é o único aqui que sabe como montar o maquinário".

Isso aconteceu apesar de, no ano anterior, eu chegar atrasado ao trabalho todos os dias, porque estava fazendo shows com o Rats todas as noites e só chegava em casa de madrugada. Eles me alertaram que eu precisaria chegar ao trabalho às 7h45min para deixar tudo pronto. Se eu entrasse para outra banda, isso seria bem complicado, mas não era um problema incontornável.

O salário que estavam me oferecendo era muito bom mesmo. Eu teria férias remuneradas, e eles me disseram que eu teria um carro da empresa e que eles também me ajudariam a comprar uma casa. Era essencialmente uma proposta de carreira que me deixaria bem pelo resto da vida se eu andasse na linha. Então contei aos meus pais, e é claro que eles adoraram a ideia e contaram sobre a proposta aos nossos parentes, que também disseram que se tratava de uma excelente oportunidade.

Provavelmente eu teria aceitado o novo cargo na fábrica – era bom demais para dizer não. Naquela região, realmente se tratava de um ótimo emprego. A proposta aconteceu numa sexta, então disse a eles que daria minha resposta na segunda-feira, porque precisava pensar durante o final de semana.

No sábado, recebi um telefonema de David Bowie me convidando para fazer parte de sua banda.

3.

ALL THE MADMEN

TODOS OS LOUCOS

“É o Woody?”, perguntou a voz ao telefone.

Eu disse que sim.

“Aqui é David Bowie.”

“Olá”, respondi surpreso.

“Mick Ronson me deu seu número”, ele me contou. “Tenho uma banda em Londres – acho que você conhece meu baterista, John Cambridge?”

“Sim, conheço John”, falei.

“Bem, John está saindo da banda”, continuou. “Mick me disse que você é um ótimo baterista e que se encaixaria perfeitamente, como músico e como pessoa, então nós queremos que você venha até aqui se juntar a nós em Londres. Não precisa fazer teste, o posto é seu se quiser, e tenho um lugar onde você pode morar. Também estou com Tony Visconti no baixo e ele é meu produtor.”

Bowie pareceu cortês, e Mick tinha se dado o trabalho de me recomendar para ele, então não quis parecer rude com o cara. Eu disse: “Parece muito bom pra mim, David, mas preciso antes conferir algumas coisas”.

Ele estava ansioso para ouvir minha resposta, então eu disse que telefonaria para ele na segunda-feira.

Pode ser difícil imaginar algo assim agora, mas no começo dos anos 1970, Bowie parecia um daqueles “*one-hit wonder*”, artista de um sucesso só. Seu single “Space Oddity”, que chegou ao número 5 nas paradas, surgiu de repente e desapareceu, e a sequência, “The Prettiest Star”, foi um fracasso. Seu primeiro álbum, *David Bowie*, tinha sido lançado em 1967 e incluía canções extravagantes, como “The Laughing Gnome” e “Love You Till

Tuesday". Não tinha dado certo, assim como o segundo álbum – também chamado *David Bowie*, bizarro – que saiu no outono de 1969. Não que eu tivesse escutado aquilo. Nos últimos anos, eu estava ouvindo bandas como Led Zeppelin e Cream; as influências de Bowie obviamente eram bem diferentes. Meus amigos sequer sabiam quem era Bowie, caso alguém perguntasse.

Por outro lado, a banda de Bowie – que se chamavava Hype naquele momento – era obviamente talentosa, o que me atraiu de cara. Os quatro músicos tinham feito progresso, mas não muito: eles tocaram no *John Peel Show* em 5 de fevereiro e fizeram alguns shows em Londres. Um desses foi incomum porque eles se vestiram como super-heróis. Bowie como Rainbowman, Tony Visconti como Hypeman, Mick como Gangsterman e John Cambridge como Cowboyman. Aquele show, com toda sua teatralidade, desde então passou a ser considerado um dos momentos inspiradores da cena glam no Reino Unido.

O mais importante, do jeito como eu encarava as coisas, é que Mick e eu éramos praticamente irmãos. Viajamos por toda a Inglaterra com o Rats, e quando se passa tanto tempo enclausurado numa van com alguém, acaba conhecendo a pessoa muito bem. Eu era muito próximo do Mick. Ele não era o santo que fizeram dele desde que faleceu em 1993, mas era um homem bom, e sempre confiei em sua palavra, portanto, se ele achava que Bowie tinha potencial, isso significava muito para mim.

É claro que eu teria que me mudar para Londres, o que num primeiro momento não me agradava muito. Seria um grande passo ir morar numa cidade nova com pessoas novas e tentar uma carreira em que eu não tinha muita experiência além dos dois anos tocando com bandas semiprofissionais. Contudo, sabia que era o que eu precisava fazer. Hoje em dia se pode morar em Manchester, por exemplo, e ainda assim fazer parte de uma banda importante, mas isso era simplesmente impossível naquela época. Londres era o lugar para se morar se alguém quisesse fazer sucesso como músico de rock, assim como os Beatles haviam feito poucos anos antes. A porta para o sucesso no rock'n'roll estava entreaberta para quem quisesse entrar, mas não seria possível fazer isso estando em Hull, e o Rats nunca seria grande de verdade de qualquer maneira. Nós simplesmente não tínhamos os contatos certos com quem quer que fosse, ou, pensando bem, não tínhamos qualquer tipo de contato.

Meu problema era que haviam me oferecido um emprego excelente que tinha o potencial de garantir minha vida para sempre. Era o tipo de proposta que não surgia com frequência para um rapaz de 20 e poucos anos naquela parte do mundo. O emprego na Vertex talvez possa parecer desinteressante para você, lendo este livro agora, mais de quatro décadas depois, mas ele podia ter garantido o padrão de vida confortável que meus pais tanto sonhavam para mim. Todos os meus amigos trabalhavam lá, e eu realmente gostava da empresa.

Fiquei sentado no sofá na sexta e no sábado, pensando em todos os cenários sem chegar a lugar algum. A TV estava ligada, mas eu sequer prestava atenção ao que estava passando. Sabia que meus pais queriam que eu aceitasse a promoção na fábrica, e sabia que June e meus amigos não queriam que eu fosse embora de Driffield. Fiquei lá tentando imaginar como minha vida seria em cada uma das possibilidades.

Não conseguia decidir. Eu me sentia desconcertado, então passei horas lá sentado, paralisado. Mick sabia que Bowie tinha me telefonado e me ligou para ver o que eu achava da proposta de ir para Londres – mas isso não ajudou nada.

"Vamos lá, Woods", implorou. "Vamos dar boas risadas, e o David é um bom compositor. Ele também é um bom vocalista, não vamos ficar fodidos em Hull. Ele tem um apartamento grande lá em Londres. Você vai adorar."

Depois que ele desligou o telefone, continuei encarando a televisão. Na minha cabeça, fiquei me imaginando aos 65 anos de idade, prestes a me aposentar, com os netos ao meu redor. Eu recém tinha voltado das minhas férias anuais. Tínhamos um bom dinheiro, uma casa confortável e tudo mais estava bem. Então, uma banda de rock apareceu na televisão, não sei quem eram, mas encaixava perfeitamente com a cena que se passava na minha cabeça. Eu conversava com meus netos, apontava para a televisão e contava para eles: "Quando eu tinha 20 anos, quase estive ali" – a coisa toda entrou em pausa.

De repente, arregalei os olhos e encarei a verdade. Se eu aceitasse a promoção na fábrica, esse seria meu futuro, e eu olharia para o passado com arrependimento. Eu teria rejeitado minha única chance de saber como seria viver de música, que era a única coisa que eu realmente sempre quis fazer. Eu não queria trabalhar numa fábrica pelo resto da minha vida, de jeito nenhum.

Me dei conta de que, mesmo que eu voltasse para Driffield depois de tocar com Bowie e tivesse que morar na sarjeta, virasse um maltrapilho, e mesmo se todos os meus amigos e parentes dissessem para mim: "Ha, ha, seu idiota! Avisamos você que era para ficar aqui", eu mostraria o dedo do meio para eles e diria: "Vão se foder! Pelo menos eu tentei".

E foi o que bastou. Liguei para Bowie no domingo de manhã e disse: "Estou dentro. Tenho só que apresentar meu pedido de demissão, mas depois disso posso me juntar a vocês, se quiserem".

"Ótimo. Vejo você daqui a uma semana, na segunda-feira. Você pode vir com Mick, que está em Hull agora."

Fui até a fábrica na manhã seguinte e contei ao meu chefe que eu não aceitaria a promoção e que também estava saindo da empresa. Obviamente, ele achou que eu estava sendo um imbecil.

"Então você vai ser um *pop star*, não é?", disse ele.

Eu sabia que ele estava chateado, então não falei mais nada. Além disso, pude entender o lado dele. Numa cidade agrícola como Driffield, ninguém ia embora e simplesmente se tornava uma estrela do rock. Ninguém nunca tinha feito nada daquilo, e não havia motivo algum para acreditar que alguém conseguiria. Na opinião dele, isso simplesmente não iria acontecer.

A reação dos meus pais foi duplamente horrível. Eles ficaram completamente enlouquecidos. Minha mãe começou a chorar, e meu pai gritou comigo: "Tá maluco, desgraçado? Você recém recebeu uma proposta para ser supervisor na Vertex!".

"Acho mesmo que isso vai dar certo, pai", falei de um jeito nada convincente. Eu sabia que jamais o convenceria. Estava nervoso quanto à reação dele, é claro, mas já era algo esperado porque, como já disse, eu só recebia negatividade por parte dos meus pais quando se tratava de música.

"Bem, vamos ver quanto tempo vai durar esta banda!", gritou meu pai e saiu furioso.

Não posso culpá-lo por isso, mas eu estava inflexível, ganhando ou perdendo, era o que eu iria fazer. Uma verdade fundamental que sempre segui é saber lidar com as vitórias e as derrotas com a mesma atitude. Se vencer, ótimo; se perder, tem que lidar com as consequências. Você simplesmente diz: "Não deu certo dessa vez", e segue em frente. Eu não fazia ideia se daria certo entrar na banda de Bowie. Particularmente, nem gostava da música dele, não sabia se ele tinha talento. Mas eu realmente não tinha dúvida alguma de que precisava ir para Londres se quisesse ganhar a vida como músico.

Tudo isso exigiu de mim muita confiança cega. As chances de tudo aquilo dar certo eram mínimas em todos os aspectos. Eu era um cara comum de uma cidadezinha do interior numa das regiões mais conservadoras do mundo, com pais que queriam que eu tivesse um emprego decente, num tempo em que o rock definitivamente não era visto como opção de carreira viável.

Meus amigos também não queriam que eu fosse para Londres, porque éramos muitos próximos uns dos outros. Quando contei a June, ela não soube muito bem como reagir, porque não sabia quanto tempo eu ficaria longe. Foi a única que realmente entendeu o que eu queria alcançar, e nós dois já havíamos conversado sobre a possibilidade de deixar nossa cidadezinha e ir morar em Londres algum dia para alavancar nossas carreiras. Mesmo que esse dia tivesse chegado um pouco antes do que planejávamos, ela entendeu que eu precisava ir.

Saí de casa uma semana depois, numa manhã chuvosa de segunda-feira, em março de 1970. Só havia estado em Londres antes em duas ocasiões: a primeira, numa excursão do colégio, e a segunda, para uma audição fracassada; portanto, eu mal conhecia a cidade. Fui arrancado da minha terra natal e jogado num ambiente completamente novo. Tive a sorte de contar com Mick nessa jornada, porque ele estava em Hull naquele final de semana. Peguei um trem de Driffield até Hull e encontrei Mick na estação, então fomos juntos para Londres. Bowie enviou um roadie para pegar minha bateria em Driffield, o que pareceu algo grandioso para mim.

No trem, perguntei para Mick que tipo de música nós iríamos tocar. Ele disse que era meio folk e que Bowie era um ótimo frontman, mas era tudo o que ele sabia. Mick também não fazia ideia do que Bowie tinha em mente.

"Ele é um cara legal, Woods", me assegurou. "Vamos dormir em colchões no andar de cima, mas você não se importa, né?"

Quando chegamos a Londres, Mick teve de sair para encontrar alguém – um cara que se juntaria a nós no dia seguinte –, então eu fui sozinho até Beckenham, o subúrbio onde Bowie morava. Era um bairro muito bonito de Londres; na verdade, nem parecia Londres. As ruas eram limpas e arborizadas, as casas eram amplas e distintas e, mesmo que não fosse um bairro tão rico quanto Chelsea ou Kensington, definitivamente era um dos lugares mais bonitos que eu já tinha visto.

Lembro que caminhei pela rua com minhas duas mochilas, que continham basicamente tudo o que eu possuía, seguindo até Haddon Hall, uma enorme mansão vitoriana no número 42 da

Southend Road. Por incrível que pareça, eu estava meio nervoso quando bati na porta.

Recordo exatamente como Bowie estava quando ele abriu a porta. Tinha cabelo castanho comprido até os ombros, encaracolado, e estava vestindo uma camiseta arco-íris, um colar, braceletes, calças justas de camurça vermelha com um cinto brilhante e tênis azuis sem cadarço, com estrelas vermelhas que ele mesmo tinha pintado com spray no topo. Pensei: "Uau, esse cara realmente tem estilo".

Quanto a mim, eu tinha cabelo comprido ondulado até o meio das costas, usava uma camisa jeans, um colete rosa pink em *tie-dye*, calça boca de sino e mocassins. Era o visual típico da galera do rock progressivo.

"Prazer em conhecer", disse Bowie. "Muito legal da sua parte vir até aqui".

Ele me convidou para entrar, perguntou como tinha sido minha viagem e toda aquela conversa trivial educada. Então nós fomos nos sentar em seu lounge e imediatamente começamos a conversar sobre música.

"Estou compondo músicas para o meu novo disco", disse ele. "Já ouviu meus álbuns?"

Contei a ele que não tinha escutado, tentando não transparecer que eu não gostava muito do trabalho dele até aquele momento.

"A música pode ficar um pouco diferente desta vez", continuou ele, talvez percebendo o que eu estava pensando. "Tony Visconti vai produzir o novo álbum e ele tem ótimas ideias."

O clima era tranquilo, e Bowie parecia confiante e inteligente. Nessa primeiríssima conversa, parecia que eu estava testando o Bowie, assim como ele estava me testando. Eu queria saber o que ele era capaz de fazer musicalmente, porque eu tinha vindo de longe e precisava que ele fosse bom.

"Que direção você acha que vai seguir com as novas músicas?", perguntei.

"Ainda não tenho certeza", respondeu Bowie, "mas eu sei que precisa ser diferente das minhas outras músicas, e mais potente. Eu quero causar um impacto e preciso sair de onde eu estava antes". Depois ele tocou algumas de suas músicas mais antigas no violão, e para meu alívio, gostei muito da voz dele cantando. Era diferente daquilo ao que eu estava acostumado - era uma voz muito clara e muito inglesa. Era óbvio que o cantor Anthony Newley era uma grande influência para ele, e embora eu não fosse o maior fã de Newley, gostava da voz de Bowie porque era pura. Eu estava acostumado ao uivo blueseiro dos cantores de rock pesado - Robert Plant, Paul Rodgers e outros -, mas Bowie não tinha esse tipo de voz de modo algum. Ele tinha uma abordagem completamente diferente: expressava emoções em seus vocais apenas de modo suficiente para se comunicar com o ouvinte, o que eu captei de imediato. Ele conseguia alcançar notas altas e mantê-las, e nunca, jamais desafinava. Nunca ouvi uma nota sequer fora do tom em todos os anos que tocamos juntos.

Para minha surpresa, me peguei pensando: "Porra, essas músicas são boas", mesmo que anteriormente eu tivesse considerado o trabalho dele muito fraco para os meus padrões. Gostei especialmente de "Wild Eyed Boy From Freecloud", que tinha sido o lado B de "Space Oddity". Talvez eu tivesse me enganado a seu respeito. (Devo admitir que também passei a gostar muito de "Space Oddity".)

Em seguida, Bowie tocou para mim seus dois álbuns. Algumas canções eram meio "inovadoras" demais para o meu gosto, mas havia certa profundidade em outras. O ponto de vista sob o qual tais músicas foram escritas era único, principalmente naquela época. Parecia que somente David Bowie poderia ter escrito algo assim. Eu nunca tinha ouvido nada parecido, e as músicas realmente chamaram minha atenção.

O mais importante para mim era que Bowie sabia compor. Era fundamental que ele fosse um bom compositor. Em Yorkshire, com o Rats, havíamos tentado criar nossas próprias músicas, mas fracassamos totalmente porque não havia em nós a habilidade de compor, apesar de sermos bons músicos. Então, havia na minha cabeça essa lista de coisas que eu queria de Bowie: queria que ele soubesse compor e que fosse um músico seguro, o que eu pude confirmar que ele era somente de vê-lo sentado ali tocando o violão.

O tema de suas canções não era óbvio, mas isso não importava para mim; a coisa mais importante, a meu ver, era que eu tivesse uma história escrita na minha cabeça quando ele terminasse de tocar uma de suas composições. Essa história tinha um fundo de verdade para mim e me levou a uma viagem que eu aproveitei. Boas músicas devem causar esse tipo de sensação, e isso, a meu ver, era a marca de um bom compositor.

Depois de conversarmos por uma hora ou mais, uma linda mulher loura entrou na sala, veio até mim e disse: "Oi, sou Angie Bowie, esposa de David e lésbica".

Eu murmurei: "Oh... Prazer em conhecer. Meu nome é Woody".

Não conseguia olhar Angie nos olhos. Sabia o que lésbica significava, mas eu nunca tinha falado com uma, então realmente não sabia o que fazer com tal informação. A propósito, eu não era homofóbico, apenas estava confuso. Era uma coisa esquisita de se dizer a alguém ao conhecer a pessoa, e além do mais, por que Bowie e Angie se casaram se ela era lésbica? Eu precisava de um tempo para assimilar tudo aquilo!

Angie era algo: falava alto com aquele sotaque americano, era animada, movia os braços e o corpo inteiro o tempo todo. Ela tinha 20 anos, e soube mais tarde que tinha nascido no Chipre – os pais eram americanos – e estudava na faculdade politécnica de Kingston quando conheceu Bowie. Naquela noite, enquanto Bowie e eu conversávamos, ela ficava entrando e saindo da sala como se fosse um mosquito a toda velocidade, interrompendo seja lá o que estivéssemos falando. Se ela gostasse do que ouvia, dava sua opinião não solicitada falando em voz alta.

Bowie olhava com carinho para ela, admirado, todas as vezes. Eles tinham casado pouco antes de eu ir morar lá e pareciam muito apaixonados. Se abraçavam e se beijavam frequentemente e com paixão.

Minha primeira noite na casa de Bowie foi maravilhosa. Embora ele tivesse apenas 23 anos - o que parece muito jovem hoje em dia -, parecia muito sofisticado e seguro de si. Às vezes, ele parecia acolhedor e afetuoso, como meus amigos de Yorkshire: a gente podia contar piadas e conversar sobre o *Monty Python's Flying Circus* que tinha passado na TV apenas alguns meses antes. Ele adorava o senso de humor surreal dos Python, assim como eu.

"E como se chama sua esposa encantadora?", ele dizia, citando uma fala do esquete "Conselheiro Matrimonial".

"É Deirdre!", eu respondia, numa voz aguda e afetada.

"Deirdre..." continuava ele, de forma lasciva. "Que nome lindo, lindo mesmo!"

E assim por diante.

Naquela hora, mesmo enquanto estávamos contando piadas, percebi que havia certo distanciamento por parte dele. Bowie parecia um artista se preparando para um papel: era como se estivesse o tempo todo planejando coisas em sua cabeça, mesmo quando estava conversando e olhando diretamente para você. Não tinha como não sentir certa distância quando isso acontecia.

Enquanto conversávamos, ficou óbvio que, quando a carreira de Bowie não decolou depois de "Space Oddity", ele tinha ficado numa pior e estava tendo dificuldades para encontrar um novo modo de se expressar. Embora ele tivesse feito algumas gravações desde então, estava passando por um período de mudanças significativas. Percebi que havia alguma coisa escrita à mão na parede de Haddon Hall. Dizia "Nada de conformismo, só o radical" ("*Not conformity but radical*"), com o nome Ken Pitt – que logo se tornaria o ex-empresário de Bowie – escrito sobre a palavra "conformismo" numa letra mais corporativa, e junto à palavra "radical" havia a palavra "rebelde" escrita logo abaixo numa letra diferente, mais agressiva. Aquilo era uma síntese do período de caos em que ele se encontrava quando me juntei a ele, pelo menos num certo sentido.

Tony Visconti chegou mais tarde naquela noite, acompanhado de sua namorada na época, Liz Hartley, e eu gostei dele na hora. Tinha 26 anos, portanto era alguns anos mais velho que nós. Era músico e produtor de Nova York, tinha se mudado para Londres em 1968 e teve sucesso trabalhando com Georgie Fame, Procol Harum, The Moody Blues, The Move e a banda de Marc Bolan, Tyrannosaurus Rex. Em 1969, Tony foi convidado para produzir o segundo álbum de Bowie, e eles se entenderam logo de cara. Eu sabia que ele havia trabalhado com muitos caras de sucesso, e nós cinco nos sentamos em torno da mesa de jantar de Bowie. Perguntei a Tony Visconti o que ele tinha em mente para o novo disco de Bowie.

"Vamos reunir as músicas nos próximos meses", disse Visconti. "Já viu a sala de ensaios? Não? Vamos lá embaixo depois do jantar."

Visconti era seguro, confiante e bastante animado, do jeito que os americanos geralmente são quando comparados aos contidos britânicos. Sua presença me fez sentir como se eu realmente tivesse dado um grande avanço profissional ao me juntar à banda de Bowie. O que eu mais adorava em Tony é que ele compreendia perfeitamente o senso de humor inglês, que era meio incomum naquela época para quem fosse de outro país. Ele podia falar sobre Monty Python ou sobre os Goons tão bem quanto o resto de nós.

Depois do jantar, Bowie nos levou para conhecer o lugar. Haddon Hall era dividida em oito apartamentos. A maior parte do andar térreo estava alugada, e David usava o hall de entrada principal como uma área que pertencia ao seu apartamento, então a mansão inteira parecia pertencer a ele quando fazia sessões de fotos e outras coisas lá. Entrando pela porta da frente, havia uma cozinha pequena à esquerda, um banheiro à direita e depois a sala de estar principal logo à frente. Na outra extremidade, havia uma escadaria enorme que levava a um patamar com uma janela de vitral onde originalmente ficavam as entradas para os outros apartamentos. Parecia exatamente a escadaria imponente da mansão de Tara no filme *...E o vento levou*.

No topo da escadaria havia um espaço do outro lado do patamar onde Mick e eu dividíamos um colchão. Tony e Liz tinham um quarto no andar de baixo, Bowie e Angie também tinham um quarto no piso inferior, e havia ainda um lounge. A outra pessoa que morava lá era Roger Fry, um australiano que trabalhava para Bowie como roadie e motorista. Ele dormia num colchão debaixo da escada.

O apartamento era mobiliado de forma esparsa, porque fazia pouco tempo que os Bowie, Visconti e Liz haviam se mudado para lá, em dezembro. Não havia nada a não ser uma cômoda no hall, uma cama e um gaveteiro no quarto de Bowie, onde o teto havia sido pintado com spray prata. Ele também tinha comprado num antiquário uma linda mesa de jantar e cadeiras, que ele pintou de vermelho acrescentando detalhes em dourado nos entalhes. A primeira vez que me sentei à mesa de jantar, reparei como era artística. Esse lugar seria meu lar pelos próximos 18 meses.

As contas da casa eram simples. Mick e eu recebíamos sete libras por semana cada um. Angie seria a responsável por entregar o dinheiro para nós. Bowie pagaria o aluguel, e nós todos contribuíamos para um caixa destinado às despesas da casa. Era meio parecido com uma comunidade hippie, e eu achava tudo isso muito bom: a estética progressiva daquilo combinava com o modo como eu me sentia na época.

Bowie não parecia um cara rico de jeito nenhum. Ele estava recebendo royalties de "Space Oddity", assim ganhava um dinheiro, embora não muito, pelo que se via. Na época, não assinei um contrato com ele, houve apenas um acordo verbal. Nem me importava com dinheiro desde que tivéssemos um teto, roupas e comida – era tudo o que importava para mim. Eu simplesmente estava feliz em ser um músico profissional em Londres com chance de fazer sucesso.

Obviamente, Bowie e Angie estavam acostumados a um nível de luxo mais elevado do que Mick e eu, principalmente com relação à comida. Isso se tornou motivo de irritação semanas depois da minha chegada. Nós colocávamos nosso dinheiro no caixa, e eles gastavam tudo numa única refeição, então, pelo resto da semana, quase não havia nada para comer na casa. Por exemplo, eles compravam ingredientes caros, às vezes o suficiente apenas para uma única refeição, e depois nós perguntávamos onde estavam as batatas, e não havia nenhuma – porque não tinham comprado.

Pelo que recordo, eles realmente não tinham jeito para administrar o orçamento de uma casa. Quando a comida acabava, Angie reclamava: "Não se consegue comprar mais nada com esse dinheiro hoje em dia".

E eu dizia: "Eu sei. Nem batatas! Só sobrou uma!".

A gente comia torradas ou qualquer outra coisa que conseguisse comprar com o pouco dinheiro que sobrava, e ninguém passava fome, mas quando há cinco pessoas famintas dentro de uma residência, as brigas são inevitáveis.

Certo dia, Tony, Mick e eu tivemos uma discussão bem séria com Bowie e Angie, e encerramos o assunto dizendo: "Nós é que vamos comprar a porra dos ingredientes!". Mas o problema é que Angie tentava cozinhar com o que nós comprávamos e acabava queimando a comida. Ela era uma cozinheira de merda, e talvez essa fosse a razão de Bowie ser tão magro. Ele nunca cozinhava e raramente comia alguma coisa. Depois de um tempo, Mick e eu decidimos preparar nós mesmos a nossa comida e deixar que os outros se entendessem.

Mas nada disso era realmente importante, porque nós tínhamos a música. Os planos de David Bowie eram bem básicos – gravar um álbum e depois sair em turnê –, mas pareciam possíveis de executar. Havia um contrato com o selo de rock progressivo Vertigo para gravar seu novo álbum, e Tony ia tocar baixo e produzir o disco. Vertigo era uma ótima escolha para o álbum: o selo, uma subsidiária da Phonogram, tinha sido criado no ano anterior e lançou álbuns de Rod Stewart e Manfred Mann. Estavam dispostos a romper limites, e nós tínhamos grandes expectativas quanto ao novo disco.

Assim que Bowie chegou com as músicas novas, fomos ensaiar na antiga adega de Haddon Hall. Tony, Mick e eu transformamos a adega num estúdio de ensaio à prova de som. Construímos uma estrutura de madeira entre o teto e as paredes e a revestimos com tábuas à prova de som feitas de madeira compensada. Depois preenchemos as frestas entre a parede e as tábuas com areia. Era sólido, o que era bom, porque fazia um barulho ensurdecedor lá dentro.

O lugar era realmente muito pequeno, tinha a largura da minha bateria e talvez umas três baterias de comprimento. Era escuro e tinha cheiro de mofo, como todas as adegas têm, mas nós não nos importávamos porque adorávamos tocar lá embaixo. Passamos muito tempo tocando vários trechos das músicas, experimentando algumas coisas. Era muito bom. Eu realmente gostava do ambiente que Bowie, Mick, Tony e eu criamos. Estávamos nos conhecendo musicalmente, e quando Bowie não estava lá, nós três embarcávamos em jams improvisadas que fluíam sem parar.

Nós, os três músicos de apoio, éramos igualmente bons no que fazíamos, e não havia instruções por parte de Bowie a não ser direções pontuais, como "Há três compassos aqui, e então entra esta outra parte; a bateria vai aqui", e assim por diante. Aprendíamos o arranjo e seguíamos a partir daí.

Às vezes, Bowie comentava que gostava da levada que eu estava tocando, ou do groove, mas ele obviamente só esperava de mim que eu fosse um bom baterista, então praticamente não falava nada. Estava claro que ele era o líder da banda, mas nunca tomava a frente, se é que isso faz algum sentido. Basicamente, Bowie deixava para nós organizarmos tudo: ele esperava que descobríssemos o que era necessário fazer para que as músicas ficassem tão boas quanto possível. Para início de conversa, se não fôssemos capazes disso, sequer estaríamos em sua banda.

Bowie e Tony eram muito bons no que faziam, mas à medida que ensaiávamos confirmei mais uma vez o que eu já sabia: Mick conseguia tocar literalmente qualquer coisa na guitarra. O cara era um gênio. Quando ele tocava uma música do Jeff Beck, por exemplo, ele não chegava perto do jeito de Jeff tocar: ele tocava exatamente como Jeff Beck. O mesmo acontecia com Jimi Hendrix ou Paul Kossoff, do Free, ou com qualquer outro guitarrista que ele escolhesse; não havia na verdade um som como o de Mick Ronson naquela época, porque ele conseguia fazer qualquer coisa. Não importava quem ele estava copiando, ele era perfeito, essa era sua reputação.

Sem querer parecer prepotente, comigo acontecia a mesma coisa: eu podia tocar qualquer virada que Ginger Baker fez em certas faixas do Cream, porque era um dos meus ídolos e eu tinha estudado os mínimos detalhes de como ele tocava. O pessoal chegava para mim e dizia: "Cara, se eu fechasse os olhos, podia jurar que estava num show do Cream, porque você toca igual ao Ginger". Era um grande elogio, é claro, mas depois de um tempo comecei a querer alcançar meu próprio som em vez do som de outra pessoa, assim como Mick, e nós dois trabalhamos duro para atingirmos nosso objetivo.

Às vezes, durante os ensaios, Bowie nos dizia: "Vamos lá, vamos tirar uma folga e ir a um clube", e é claro que dizíamos sim. Ele nos levava a um lugar chamado El Sombrero, no número 142 da Kensington High Street. A primeira vez que Mick, Bowie, Angie e eu fomos lá, fiquei espantado. Havia uma pista de dança no formato de estrela, e a música era fantástica: soul, R&B das antigas e rock. O lugar estava lotado de gente bonita, bem vestida, e as mulheres eram maravilhosas. Mick e eu não fazíamos ideia de que lugares assim existiam.

Estávamos lá tomando uma bebida quando um cara veio até mim e colocou um bilhete na minha mão.

"O que é isso?", perguntou Mick.

"Provavelmente um bilhete que uma garota pediu para entregar", eu disse, meio presunçosamente. Naquele tempo, sempre atraía a atenção das garotas. Então alguém entregou um bilhete para Mick, e outro cara se aproximou e colocou mais um bilhete no bolso da minha camisa.

Isso aconteceu durante toda a noite, até que contamos uns 10 bilhetes cada um. Parecia meio grosseiro abrir e ler enquanto estávamos ali diante de todos, então fomos para um canto escuro. Todos os bilhetes diziam coisas como: "Estou no bar ao lado da loira, venha até mim" ou "Meu nome é John e achei você muito legal".

"São todos caras!", disse Mick. Ficamos pasmos, porque presumimos que eles estavam fazendo um favor para todas as garotas maravilhosas que havia na boate.

Angie veio até nós.

"O que está acontecendo?", perguntou ela.

Contamos tudo sobre os caras dos bilhetes, e ela começou a rir.

"Vocês não sabem que este lugar é uma boate gay?", perguntou ela.

"Não!", respondemos. Que decepção. Mas ainda havia estilo e criatividade lá, na música e nas roupas. Aquela boate reunia frequentadores muito talentosos.

Nossa convivência era muito civilizada em Haddon Hall. Não havia muita libertinagem, não antes de irmos para os Estados Unidos, em 1972. Nunca vi Bowie usando drogas, ele nem mesmo bebia muito. Até tomava uma cerveja lager de vez em quando, mas era isso. E com o resto de nós a mesma coisa. Como já mencionei antes, Mick cresceu numa família mórmon, assim, quando o conheci em Hull, ele não bebia nem fumava, nem mesmo tomava chá ou café. Em Londres, contudo, isso foi mudando pouco a pouco: certo final de semana, eu o vi enrolando um cigarro e depois ele até chegou a tomar um pouco de café. Quando me dei conta, ele estava experimentando uma lager. Finalmente, acabamos fumando um pouco de erva, mas era isso. Sabíamos da existência de drogas mais pesadas, como cocaína, e que muitas bandas de rock usavam, mas pareciam tão distantes de nós, e não tínhamos planos de deixar isso entrar nas nossas vidas.

Contudo, nós todos fumávamos muitos cigarros. Mick me acordava no meio da noite e dizia: "Woods! Tá acordado? Quer um cigarrinho?". Obviamente que eu não queria um cigarrinho, então eu fingia que estava dormindo, mas ele não parava de me chamar até eu levantar, fumar um cigarro, tomar uma xícara de chá e conversar com ele sobre nossos planos para o futuro.

Os shows foram aparecendo mais raramente do que eu gostaria, já que eu era acostumado a tocar ao vivo com os Rats e com os Roadrunners antes disso. Não fizemos uma turnê para valer, com datas marcadas e tudo mais, em 1970, mas Bowie e eu apresentamos vários pocket shows em pubs aqui e ali, só por diversão, na verdade. Eu não recebia cachê por essas apresentações: estava sobrevivendo com meu salário de 7 libras por semana, mas eu não me importava. Às vezes, Bowie me chamava lá no andar de cima e dizia: "Woody, vamos tocar no Three Tuns hoje à noite".

O Three Tuns era um pub que ficava na Beckenham High Street. Em 1969, Bowie tinha criado, juntamente com sua namorada na época, Mary Finnigan, um clube de folk nas noites de domingo. O clube teve curta duração e depois foi transformado num Laboratório de Artes. David tinha se inspirado no influente Arts Lab da Drury Lane – onde se podia assistir a todo tipo de apresentações vanguardistas, incluindo mímica. Nós praticamente nem ensaiávamos para nossos shows no Three Tuns. Eu sequer sabia o que iríamos tocar, porque ainda não tínhamos canções novas prontas, mas eu levava um tapetinho de pele de cabrito comigo e entrávamos no carro. Chegando ao pub, eu me sentava no tapetinho no palco e tocava bongôs, totalmente de improviso, enquanto Bowie tocava violão e cantava. De vez em quando Mick vinha junto e tocava o baixo que pegava emprestado do Tony. Quase sempre éramos apenas Bowie e eu. Às vezes, nós fazíamos dois ou três desses shows em pubs por noite.

Todas as noites, Bowie dizia sempre a mesma coisa: "Roubamos a ideia da pele de cabrito de Marc Bolan!", porque o percussionista de Bolan, Mickey Finn, também se sentava numa pele de cabrito ao lado do seu chefe. Certo dia, contudo, esqueci o tapetinho num bar, então, quando Bowie fez o comentário sobre Bolan, eu fiquei lá sentado no chão, sem a pele de cabrito, parecendo um idiota.

Bowie era muito bom nesses shows tocando violão e lendo trechos de poesia, mas quando eu me juntei a ele não havia realmente uma identidade com relação ao que ele fazia. Era apenas um cara que sabia cantar, compor e juntar as duas coisas, e a meu ver, era improvável que atraísse o interesse de muita gente.

Mas em poucas semanas tocando com ele, passei a entender sua visão sobre música com mais clareza. De maneira alguma David Bowie era um músico de rock'n'roll arquetípico. Muitos roqueiros, por exemplo, sabem fazer jams, mas ele sequer conseguia fazer isso, nem mesmo se quisesse. Era um bom guitarrista, contudo, e era fantástico ao juntar dois acordes incomuns. Há guitarristas hoje em dia que ouvem suas músicas e dizem: "O que é isso que esse cara tá tocando aí?".

Bowie não era apenas um músico habilidoso: ele sabia cantar, atuar, fazer mímicas, pintar e criar designs. Havia tantas opções para ele que, num primeiro momento, teve certa dificuldade em organizar todas as suas ideias e escolher o melhor caminho a seguir.

Frequentemente, David Bowie falava com sotaques diferentes; às vezes conversava com a gente com nosso sotaque de Yorkshire, não que estivesse tirando sarro da nossa cara. Se houvesse um cara da Austrália conosco, ele falava com sotaque australiano. Ninguém o importunava com isso, era apenas o jeito dele. Ele não conseguia evitar - personagens diferentes pareciam fluir através dele. E Bowie era assim com tudo: se ele visse alguma coisa de que gostasse, ele experimentava. Parecia ter a habilidade de assumir uma *persona* - Neil Young, por exemplo, ou outro artista - e então passava a compor canções naquele estilo ainda melhores do que o artista original, sendo totalmente autêntico, sem parecer forçado.

Ficou óbvio depois de um tempo, contudo, que mesmo se Bowie não tivesse tomado o rumo que estava prestes a seguir, ali adiante teria sucesso na indústria musical. Ele agia como uma estrela, parecia uma estrela do rock, falava como um *rock star*, embora ainda apenas ficássemos dando risada com ele. Parece estranho, eu sei, mas naquele tempo eu o via como uma espécie de Marilyn Monroe ou James Dean: ele era muito mais do que um *rock star*! Não era como Paul Rodgers, Robert Plant, Roger

Daltrey ou qualquer um dos roqueiros que cresci ouvindo. Ele não se encaixava nesse padrão de jeito nenhum. Suas músicas genuinamente não eram como o trabalho de ninguém mais, e eram boas – muito boas, na verdade.

Rapidamente descobri que Angie era uma importante catalisadora para Bowie tomar decisões. Ela o empurrava para as direções que achava que o marido deveria ir, e ele obviamente valorizava as opiniões dela.

A gente sabia de onde as influências de Bowie vinham: algumas canções tinham um sabor do começo dos anos 1960, mas quando se dá um passo atrás para analisar melhor, percebe-se que a intenção era dar às pessoas alguma coisa familiar, o que era a coisa certa a fazer. David Bowie tinha a habilidade de replicar as coisas e expressá-las de um jeito que era único.

Essa é a forma correta de um artista trabalhar. Mais tarde, para apresentar suas músicas, Bowie buscava referências na moda, no teatro e em elementos de tudo com o que ele tinha se deparado até aquele momento.

Nossa chance de subir de nível veio quando gravamos nosso primeiro álbum juntos. *The Man Who Sold the World* foi gravado nos estúdios Trident e Advision, em Londres, em abril e maio de 1970. Houve muitos relatos conflitantes sobre como as canções foram escritas, então vou esclarecer tudo.

Bowie escreveu todas as músicas, mas nós, os três músicos da banda – Mick, Tony e eu –, criamos os arranjos da maioria delas. Algumas canções eram apenas sequências de acordes quando Bowie as apresentou para nós. Ele dizia: “Esta é a estrofe”, “Aqui vai o refrão” ou “Talvez possamos usar isso como ponte”, e assim por diante. Depois nós pegávamos o que Bowie tinha criado num violão de doze cordas e adaptávamos para uma banda de rock enquanto ensaiávamos na adega de Haddon Hall.

Nos álbuns posteriores, trabalhamos de um jeito diferente: Bowie quase sempre trazia canções prontas para nós, com pelo menos uma sequência de estrofe, refrão, ponte e assim por diante. Em *The Man Who Sold the World*, as estruturas básicas das seções individuais estavam lá, mas nem sempre elas se juntavam, então Tony e Mick faziam o trabalho deles nesse aspecto.

Durante a gravação de *The Man Who Sold the World,* Tony se tornou mentor de Mick, que estava bastante interessado em como gravar, como fazer o arranjo das cordas, como ele podia ajudar o Tony a compor os arranjos finais. Afinal, Tony era um produtor de sucesso, totalmente maduro, e dessa forma Mick seguia suas instruções.

Todos nós aproveitamos muito a experiência de Tony e sua disposição em compartilhá-la conosco. Bowie teve muita sorte em contar com ele na banda, e não fiquei surpreso de que continuassem amigos e colegas pelo resto da vida.

Tony tinha ótimas ideias e as usou para tornar o som de *The Man Who Sold the World* aquilo de que o álbum precisava – embora ele também pedisse conselhos a Mick. Ele perguntava: "Que tipo de baixo devo apresentar neste álbum?". E Mick dizia para ele: "Aprenda a tocar como Jack Bruce e ficaremos bem!".

Lembro o dia em que Tony me trouxe um guiro, um instrumento de percussão latino-americano que ele queria que eu tocasse. Obviamente, ele presumia que eu soubesse tocar percussão, mas olhei para aquele cilindro oco, com arestas de um lado e um buraco no final, e pensei: "Que porra devo fazer com isso aqui?".

"Tenho que soprar no buraco?", perguntei.

Ele respondeu: "Não, seu burro!", e me entregou uma baqueta para esfregar ao longo dos sulcos, produzindo um som de catraca. Dá para ouvir o guiro na faixa-título. Depois, ele me deu blocos de madeira, castanholas, tímpano e outras coisas que eu nunca havia tocado antes e me mostrou como fazer; ele realmente expandiu meu repertório, e comecei a me sentir como um legítimo instrumentista.

Enquanto tudo isso acontecia, Bowie passava bastante tempo ao lado de Angie. Quando ele aparecia no estúdio, geralmente se sentava no sofá da recepção ao lado dela. O fato de que Bowie estava lá fora sem fazer nada deixava Tony muito frustrado, porque ele não trabalhava desse jeito; ele queria o artista principal participando de tudo o tempo todo. Acho que eles tiveram uma briga por causa disso. Quando Bowie chegou e completou as canções com os vocais, o climão foi dissipado.

Não era difícil para nós tocar as músicas, mesmo que algumas fossem complexas. Contudo, algumas partes da bateria do álbum eram bem complicadas. Quando eu estava me preparando para gravar, tentava tocar as partes na minha cabeça, pensando: "Tenho que fazer esse rulo específico nesse lugar". Hoje em dia, ouço algumas partes e penso: "Como é que eu consegui tocar aquilo?".

Nós fazíamos muitas jams com o álbum; sabíamos do que tratavam as canções, então tocávamos sem parar até encontrar alguma coisa que desse certo. Tudo era muito solto, como as músicas de que eu gostava nos anos 1970, do Led Zeppelin e do King Crimson. Falavam que o Led Zeppelin era muito rígido, preciso, mas se escutar bem dá para ouvir John Bonham saindo do tempo de vez em quando. No entanto, isso não importava: era o que o rock'n'roll sempre representou para mim. Hoje em dia há mais regras, o que a meu ver fodeu com o que o rock deveria ser.

Quando nós três estávamos gravando aquelas faixas, era divertido trabalhar em equipe para encontrar as partes certas. Nós montávamos nosso equipamento no estúdio como se fosse uma apresentação ao vivo: a bateria no meio, Mick à esquerda, Tony à direita e Bowie na frente. Como havia muitas partes para criarmos, essa parecia a melhor posição. Tínhamos a missão coletiva de criar todas as músicas da forma mais sensacional que pudéssemos. Era, afinal de contas, minha primeira vez gravando num estúdio de verdade, então foi um momento único para mim, e havia muito o que aprender. Foi ótimo ter Tony trabalhando conosco, com toda sua experiência.

Durante a gravação do álbum, basicamente bebíamos chá e café. Talvez Mick tomasse uma lager de vez em quando. Ele era totalmente disciplinado e muito focado no trabalho. Depois que o álbum foi concluído, de volta a Haddon Hall, as coisas mudaram totalmente: era festa todo final de semana.

Marc Bolan apareceu lá algumas vezes. Ele tinha a mesma idade de Bowie, e os dois eram amigos desde 1964, quando foram contratados para pintar as paredes do escritório do empresário deles na época, Les Conn. Assim como Bowie, ele estava passando por um período de transição. O Tyrannosaurus Rex já tinha gravado alguns hits menores com os singles "Debora" e "One Inch Rock", e seu quarto álbum, *A Beard of Stars*, havia sido lançado pouco antes de eu me juntar à banda de Bowie, chegando ao posto 21 nas paradas. Naquela época, Marc também estava saindo de um folk meio hippie acústico para um som mais roqueiro, e naquele verão Visconti ia produzir e tocar baixo no disco.

Bolan adotava o comportamento de um *pop star* e por isso adorava ser o centro das atenções, mas devo dizer que não fazia isso de um jeito irritante. Ele era parecido com Bowie nesse sentido, embora fosse um pouco mais afetado quanto a tudo. Lembro que certa vez ele chegou a Haddon Hall vestindo uma capa preta, um chapéu *floppy* e sapatilhas de balé.

Um dia perguntei a ele sobre seus métodos de composição, e ele me disse: "Eu tenho um gravador em cada cômodo da casa, assim não perco nenhuma ideia. Tenho um até mesmo no banheiro".

Achava que era meio exagerado, mas fiquei impressionado quando ele me disse que fazia aulas de guitarra com Eric Clapton.

Bolan e Bowie eram bons amigos, embora fossem um tanto competitivos, mas não de um jeito que fosse um obstáculo à amizade deles. Na cabeça dos dois, ambos estavam rumo a se tornarem o próximo grande sucesso.

Naquele ano, também conheci Arthur Brown, embora ele parecesse meio perdido na minha opinião. A banda dele, The Crazy World of Arthur Brown, conquistou as paradas dois anos antes com um hit impressionante, "Fire", mas quando perguntei o que ele estava fazendo, parecia que ele não tinha ideia.

"Minha banda acabou ano passado", ele me contou.

"Então o que você vai fazer agora?", questionei.

Ele só encolheu os ombros e não me disse mais nada.

Tive uma interação melhor com o cantor e compositor Roy Harper, que tocou uma vez em Haddon Hall. Seu quarto álbum, *Flat Baroque and Berserk*, tinha saído dois meses antes de nos conhecermos e havia se tornado o maior sucesso dele até o momento, chegando ao número 20 das paradas. Na noite em que ele tocou, Mick e eu fumávamos um baseado no apartamento do porão, onde o amigo de Bowie, Tony Frost, morava. Acho que ele trabalhava como segurança e leão de chácara num clube noturno de Londres, mas é tudo o que eu consegui saber. Ele tinha o mesmo sistema de som no porão que se podia encontrar num clube noturno, então costumávamos descer até lá para ouvir música. Frost também tinha a melhor erva de Londres, então nós ficávamos chapados ouvindo reggae com ele.

Naquela noite, nós fumamos um baseado com Tony Frost e depois subimos para a festa com todos os amigos de Bowie, e soubemos que Roy Harper ia tocar. Não era uma coisa particularmente simples de acontecer. Em torno do hall principal, havia apartamentos com aposentados e famílias, e nós tínhamos que manter a música bem baixinho, principalmente tarde da noite. Pedimos a Roy que mantivesse o volume baixo, então num primeiro momento ele tocou desse jeito. A plateia ficou sentada em silêncio, ouvindo a música e passando baseados uns para os outros.

Em certo ponto, porém, Roy se incendiou e começou a tocar inesperadamente alto, no volume máximo. Eu e Mick enlouquecemos imediatamente, estourando de rir, e acabamos rastejando para debaixo da mesa porque não conseguíamos controlar o riso. As pessoas achavam que estávamos debochando de Roy, e nos mandaram calar a boca, mas não era falta de respeito: apenas estávamos completamente chapados e achávamos que a qualquer minuto os moradores do prédio iriam descer e expulsar todo mundo.

Em outras ocasiões, Bowie exibia no projetor filmes de Lindsay Kemp, o artista mímico e dançarino que tinha ensinado a ele a arte da mímica. Eu achava a imagem de Kemp meio estranha, contudo, dava para ver que era interessante do ponto de vista artístico, mesmo nesse estágio inicial. Eu só não conseguia entender como sua arte era relevante com relação às coisas que estávamos prestes a fazer. É claro que, desde então, eu evoluí, e à medida que o tempo passou, meus horizontes se ampliaram.

Tudo o que eu sabia naquele tempo era que eu queria que nossa banda tivesse sucesso, porque eu era muito ambicioso. Me dei conta de que queria fazer parte da próxima grande banda de rock – e não apenas de uma banda importante, mas a mais importante de todas. Eu esperava que Bowie escolhesse o caminho certo para isso acontecer, e queria ajudá-lo a alcançar o sucesso.

Lembro que, quando *The Man Who Sold the World* foi concluído e a mixagem finalizada, Bowie tocou o disco na íntegra em Haddon Hall, e nós nos sentamos em torno do aparelho de som, escutamos o álbum e ficamos muito animados. Como mencionei anteriormente, tinha sido nossa primeira vez dentro de um estúdio com um produtor de verdade, e agora nós tínhamos a chance de ouvir o que havíamos criado. Eu não fazia ideia de como minha bateria ficaria no álbum, e Mick não sabia como sua guitarra encaixaria em tudo.

Enquanto eu escutava o disco, soube que tínhamos feito um ótimo trabalho. Minhas habilidades ainda estavam se desenvolvendo, mas eu tinha uma boa percepção quanto ao momento de recuar e quando impor o som da bateria. Muitas bandas que cresci ouvindo geralmente apresentavam partes improvisadas nas canções que davam uma sensação de liberdade, mesmo que ainda seguissem um arranjo estruturado, e foi assim que fizemos com *The Man Who Sold the World.* Cream e Led Zeppelin eram particularmente bons nisso. Para nós, era a forma natural de pensar, porque não estávamos encarando nossas músicas como algo particularmente estruturado.

Bowie já tinha escrito quase toda a primeira faixa, "The Width of a Circle", antes de entrarmos no estúdio. Era uma das poucas faixas que estava quase pronta quando começamos a gravar. Quanto à bateria, era apenas uma questão de eu encontrar a batida certa. A segunda parte da música, que tinha um compasso diferente, não existia até que a criamos depois de fazer uma jam no estúdio. Mais tarde, Bowie acrescentou uma melodia e os vocais àquela parte.

Em "All the Madmen", Tony lançou a ideia de uma seção de bolero, em que ele me encorajou a tocar no sino do prato de condução e criar uma pequena melodia com os pratos. Quanto a "Black Country Rock", nunca entendi sobre o que era aquela música. Apenas sabia que, depois que se escutava aquele riff, ele grudava na sua cabeça dias a fio. Algumas músicas boas tinham saído da região de Midlands; talvez fosse esse o tema da música.

"After All" foi um dos primeiros exemplos do jeito ímpar com que Bowie enxergava a vida. A ideia por trás da música era que todos nós envelhecemos, mas que ainda continuamos crianças em nosso coração. Para uma música suave como essa, a bateria tinha que ser sutil; basicamente, usei o chimbal, apenas mantendo o acompanhamento, e às vezes um pouco de prato de condução e tom-tom.

Em "Running Gun Blues", já de cara, toquei os tom-tons com eco, e é possível me ouvir tocando tamborim. Era um tema sombrio: um soldado que voltava da guerra, ainda com sua arma, e queria matar pessoas. Parece ainda mais relevante hoje do que nunca. "Saviour Machine" é uma música de ficção científica sobre um presidente que criou uma máquina para controlar todas as coisas do mundo, do clima às doenças. Infelizmente a máquina ficou entediada e estava implorando para ser desconectada, pensando em começar uma guerra ou criar uma praga para aliviar o tédio. Havia algumas mudanças de compasso bem interessantes, e musicalmente era bastante desafiadora. Também ainda é relevante, porque o mundo está se transformando um pouco nisso, não é? Mais e mais controle está sendo delegado às máquinas.

Há uma bateria pesada em "She Shook Me Cold". Nessa música buscávamos algo absolutamente bruto e sexual – bem, pelo menos eu buscava! Ainda acho que a introdução de guitarra do Mick nessa música é provavelmente a guitarra mais suja e rude já gravada na história. "The Man Who Sold the World" é uma música tão descolada e provavelmente é a faixa mais conhecida do álbum, que mais tarde ganhou versões de Lulu e do Nirvana. Também estou tocando guiro e maracas nessa música. Finalmente, o tema de "The Supermen" foi inspirado em Friedrich Nietzsche; eu queria me sentir um super-homem quando tocasse, quase um Thor com seu martelo. E de fato me senti assim. Também incrementei o som da bateria com tímpano harmonizado, que eu adorava tocar.

Esses assuntos – Nietzsche entre eles – apareciam em conversas com Bowie, mas eu não perdia muito tempo com isso.

David dizia que essa música era sobre o futuro do homem, quando as máquinas já teriam desenvolvido sua própria consciência. Eram conceitos radicais.

The Man Who Sold the World é um álbum interessante porque não havia uma atitude comercial por trás dele. Nós tocamos o que estávamos inspirados para tocar, ao contrário de ter alguém nos dizendo que uma música seria um single e que precisava ter três minutos e meio de duração. Isso não fez parte da produção desse álbum, portanto realmente pude me expressar.

Era nosso *Sgt. Pepper*, por bem dizer, pelo menos em termos de rock progressivo. Estou fazendo essa comparação porque nessas músicas fomos capazes de nos desenvolver e fazer aquilo que achávamos certo. Nós três entregamos tudo nos nossos instrumentos e depois nos reunimos e acertamos algumas seções. Tínhamos também um sintetizador Moog – que ocupava uma sala inteira com o que parecia mil fios –, tocado pelo amigo de Bowie, Ralph Mace.

Era um grande álbum, e bastante esquisito de certo modo, mas nós todos confiávamos em Tony, ele sabia o que estava fazendo, portanto nós podíamos ser intensos e simplesmente deixar rolar, se assim quiséssemos. É ótimo ter essa sensação quando se está gravando – uma sensação de segurança porque o produtor sabe o que faz. Se chegasse a um ponto estranho demais ou fôssemos longe demais, Tony nos diria. De vez em quando, ele me dava alguma orientação quanto à bateria, mas ele era guiado por sua intuição, até porque esse tipo de música também era novidade para ele. Se Tony identificasse alguma coisa de que gostava, pedia para nós repetirmos.

A maior parte do álbum *The Man Who Sold the World* foi guiada por intuição. Quando olho para trás, posso ver que Bowie estava fazendo experiências com um novo tipo de som. Para mim, esse álbum representa Bowie mergulhando fundo no rock'n'roll.

É incrível que ele ainda pudesse compor músicas tão boas em meio a toda aquela confusão. De certo modo, todo o ano de 1970 foi uma bagunça. Nossa banda era nova e estava com todos os motores ligados, mas nenhum de nós – e muito menos Bowie – sabia qual direção seria a melhor a seguir. Estávamos nos divertindo, mas diversão não era o suficiente.

4. OH! YOU PRETTY THINGS

OH! SUAS COISAS LINDAS

Depois da gravação de* The Man Who Sold the World*, nós quatro queríamos pegar a estrada e tocar as músicas ao vivo, mas não foi possível porque não havia grana para comprar uma van e o equipamento. Até onde eu sei, não havia um agente para marcar nossos shows. Bowie estava prestes a romper com o empresário dele, Ken Pitt, e seu camarada na Vertigo, Olav Wyper, tinha saído da gravadora. Parecia que estava sozinho.

Começamos a sentir falta dos shows. Afinal de contas, chega um momento em que só ensaiar cansa. Talvez Bowie sequer tenha sido contratado para tocar ao vivo, apesar do fato de "Space Oddity" ter chegado ao Top 5 no verão anterior. Mas, naquele momento, parecia que pouquíssima gente sabia quem ele era, o que era possível de se comprovar com nossos pocket shows como um duo para públicos pequenos em pubs.

Assim, naquele verão, nada estava realmente acontecendo, e começou a ficar difícil sobreviver com 7 libras por semana, já que não havia o dinheiro extra dos shows. Mick e eu estávamos começando a nos desiludir, e Bowie nos deixava meio putos quando cantava "Black Country Rock". É uma ótima música, mas, por alguma razão, ele achava que tinha que cantar como se fosse uma imitação de Marc Bolan. Nós não éramos fãs do jeito como Bolan cantava "ou-ou-ouu", então quando David começava a cantar daquele jeito, Mick e eu falávamos um para o outro: "Puta merda, que inferno! Não tem como subir no palco com ele cantando desse jeito". Mesmo que fosse só uma música, aquilo realmente nos irritava por alguma razão.

Sabíamos que Bowie tinha planos para nós, porque ele nos contou que queria criar duas entidades musicais – nós, como The

Hype, e ele mesmo como artista solo. Angie foi até a Phonogram e os convenceu a assinar um contrato de 4 mil libras com a Hype para gravar um álbum, então a partir disso passamos a vislumbrar não apenas uma, mas duas carreiras possíveis.

Em agosto, Bowie estava com um show marcado na Universidade de Leeds. Ele iria até lá com o carro dele, um Riley – chegamos até mesmo a fazer uma música sobre esse carro chamada "Rupert the Riley" –, e Mick e eu iríamos num outro carro com o equipamento. A caminho de Leeds, paramos num cruzamento com placas sinalizando Hull ou Leeds, e ficamos nos encarando.

"No que você está pensando, cara?"

Nós dois começamos a rir e falamos para o motorista: "Nos leve até Hull!"

E foi o que aconteceu: voltamos para Hull e deixamos Bowie na mão. Naquela noite, ele fez o show sozinho, só com um violão. Suponho que ele tenha ficado meio puto com a gente, mas nunca nos disse nada. No ano seguinte, Angie até mencionou o fato de passagem – "o tal show que vocês não apareceram" –, mas com bom humor, e ficou claro que tudo já tinha sido esquecido.

Em Hull, fiquei com June, que estava morando numa casa alugada. Não voltei para Driffield; na verdade, naquela época eu mal falava com meus pais. Sabia que eles achavam que minha carreira como músico tinha fracassado, mas eu não tinha intenção alguma de desistir do Hype. Convidamos nosso velho vocalista Benny Marshall, da época do Rats, para se juntar a nós, rebatizamos a banda de Hype Ronno – por causa do apelido de Mick – e contratamos um empresário. Ele marcou alguns shows, portanto precisávamos de um baixista. Geoff Appleby, do Rats, nos deu uma mão em alguns shows, mas precisávamos de alguém que pudesse se comprometer em tempo integral.

A escolha óbvia era um cara chamado Trevor Bolder, que tinha tocado conosco uma vez quando o baixista do Rats na época, Keith Cheeseman, levou um choque durante um show num clube. Havia alguma coisa errada com a fiação, e Keith não parava de levar choques, então ele se recusou a tocar. Trevor, que era amigo de Keith, tinha ido com ele para assistir ao show. Sabíamos que ele tocava baixo, então pedimos que assumisse o posto, o que ele fez com bravura. Naquela ocasião, percebemos que ele tinha presença de palco e tocava muito bem. Então o convidamos para tocar baixo conosco na Ronno, e ele topou.

Trevor usava barba quando o conhecemos; mais tarde, ele deixou crescer costeletas quando nós adotamos um visual mais glam.

Assim, houve dois baixistas na Ronno, porque Tony Visconti ainda tocava baixo com a gente. Há fotos da banda com os dois, mas nunca tocamos ao vivo com ambos no baixo ao mesmo tempo. O contrato para gravar um álbum nos possibilitou comprar equipamento e ter Tony como nosso produtor, mas nenhum de nós sabia compor de verdade e sequer tínhamos material suficiente para um disco inteiro. Em janeiro de 1971, chegamos a lançar o single "4th Hour of My Sleep", escrito por um americano chamado Tucker Zimmerman, que tinha contrato com o Fly, selo de Bolan. Tony tinha produzido o álbum dele de 1969, *Ten Songs*. O lado B do single era "Powers of Darkness", uma música bem pesada, no estilo do Black Sabbath. Chegamos até mesmo a filmar um clipe promocional no Marquee, embora tenha sido exibido apenas na Escandinávia, assim o single não chegou a lugar algum.

Tony teve muito mais sucesso com Marc Bolan, cujo single "Ride a White Swan" tinha saído em outubro e já no final de janeiro havia alcançado o segundo lugar nas paradas. O álbum *T. Rex* também foi um sucesso, e parecia que Bolan iria conhecer o estrelato antes de Bowie. *The Man Who Sold the World* foi lançado em abril de 1971 no Reino Unido e, apesar de todo o trabalho que colocamos no álbum, não vendeu muitas cópias entre os britânicos, mas se tornou razoavelmente popular nos Estados

Unidos (onde foi lançado em novembro de 1970). Não chegou às paradas em nenhum dos dois países até que foi relançado dois anos mais tarde. Talvez na época do lançamento esse álbum fosse obscuro demais, com as letras falando de soldados à beira da loucura ou de temas nietzchianos. Talvez o público preferisse ouvir bandas de blues rock como Led Zeppelin em vez desse tipo de abordagem mais pesada e mais artística. Contudo, até hoje amo esse álbum.

Grande parte da atenção recebida ficou concentrada na capa, que exibia Bowie usando um vestido feito para ele pelo estilista Michael Fish. Lembro quando ele desceu as escadas em Haddon Hall com aquele vestido, falando que estava indo para uma sessão de fotos. Fiquei meio surpreso, porque eu ainda não estava muito acostumado com as ideias de Bowie. Um cara usando vestido não era algo normal, da forma como eu via naquela época, então fiquei me perguntando se ele estava falando sério mesmo. Quando me dei conta de que era para valer, ajustei minhas expectativas e passei a tentar apreciar o que ele estava fazendo. À medida que o tempo passava, sem dúvida eu estava mudando... De qualquer maneira, mais parecia um tipo de robe do que um vestido, longo, fluido e muito bonito. Na minha cabeça parecia algo tirado de uma pintura renascentista.

Embora eu achasse que Bowie tinha ficado bem com aquele vestido, também penso que uma capa diferente para *The Man Who Sold the World* teria ajudado o álbum a vender mais. Não consigo imaginar os fãs do Led Zeppelin com esse álbum debaixo do braço – não combinaria muito, não é? Por outro lado, a capa americana tinha a imagem de um caubói com uma arma que foi tirada diante da fachada de um hospício, e achei que não ficou muito boa.

Enquanto isso, a Ronno continuava se apresentando ao vivo, tocando covers em universidades. Nosso setlist incluía uma faixa de Bowie, "Queen Bitch", que ele tinha escrito quando estávamos em Haddon Hall, e, depois que saímos, ele nos disse: "Podem pegar essa, é de vocês". Pensando melhor agora, foi muito legal da parte dele. Nós gostamos da música, mas o problema é que Benny parecia um cara do Hell's Angels. A imagem dele combinava com a maior parte do setlist, mas quando ele cantava versos como "*In her frock coat and bipperty-bopperty hat*" – "Em seu casaco de pregas e chapéu bipperty-bopperty" – não encaixava muito bem, embora a música funcionasse bem no palco e fosse ótima de se tocar.

Em 14 de maio de 1971, a Ronno tocou no Cavern Club in Liverpool, o que foi um dos pontos mais altos da minha carreira. Lembro que pensei: "Estou montando meu kit exatamente onde ficava a bateria de Ringo Starr!". Era um lugar abafado e completamente lotado. Havia prateleiras de cima a baixo numa parede curva, e reparei que, à medida que a noite avançava, havia canecos de cerveja empilhados lá. Alguns estavam cheios, ou quase cheios, o que parecia bizarro, porque não parecia que os frequentadores estavam bebendo suas cervejas. Mas então me dei conta de que não tinha como sair do clube, então, se alguém precisava mijar, tinha que mijar nos canecos de cerveja e depois colocá-los nas prateleiras. O resultado é que o lugar fedia pra cacete.

Naquela noite fomos a banda de abertura de uns caras chamados Tear Gas, que mais tarde formaram a banda Sensational Alex Harvey Band. Lembro que o baterista Ted McKenna tocou uma virada que fez minha cabeça rodopiar. Eu pensei: "Que porra foi isso?", porque era realmente inacreditável. Fui falar com Ted depois do show e perguntei sobre a tal virada. Quando ele me explicou, era como se ele estivesse falando outra língua.

"Estou apenas usando rudimentos básicos da bateria, Woody", disse ele.

Eu não fazia ideia do que ele estava falando.

"Que porra é essa de rudimentos?"

"Técnicas, cara, os tijolos das fundações da bateria", continuou. "Você nunca aprendeu isso quando era garoto?"

Era óbvio que eu não tinha aprendido, então Ted me mostrou alguns rudimentos e explicou por que eram úteis. E assim foi minha introdução à teoria da bateria. Antes disso, tudo o que eu sabia tinha aprendido de ouvido escutando Hendrix, Cream, Stones, e assim por diante. Aquilo realmente criou meu lado técnico, embora tenham sido anos e anos até eu aprender a ler e a tocar os tais rudimentos, já que eu não sabia ler partitura. Minha maneira de tocar melhorou muito com a Ronno, e consequentemente o modo como toquei nos álbuns seguintes de Bowie acabou sendo melhor.

Não muito tempo depois, Mick recebeu uma ligação de Bowie. David disse que estava com um novo empresário e perguntou se Mick voltaria e se juntaria a ele levando junto um baixista e um baterista.

Ao que parece, Mick escolheu primeiramente Rick Kemp e Ritchie Dharma, da Michael Chapman Band, com quem ele havia tocado antes. Só muitos anos depois soube que Mick tinha feito testes com esses caras. Acho que Mick havia escolhido Rick e Ritchie porque Bowie já tinha começado a compor algumas das faixas de *Hunky Dory,* explicando para Mick que não se tratava de músicas tão "roqueiras" quanto as de *The Man Who Sold the World*, mas é só meu palpite. Contudo, os testes não deram muito certo. Além disso, Bowie não tinha ficado muito contente com o fato de que faltava "cabelo" nos caras, segundo o próprio Mick.

Pouco tempo depois disso, Ronson perguntou se eu queria voltar para Londres com ele.

"O que você acha, Woods? Bowie está com um novo álbum na linha de montagem."

Dei de ombros e disse: "Até que é uma boa ideia. A Ronno não tá indo pra lugar nenhum, não é?"

Assim, nove meses mais tarde, nós dois voltamos para Haddon Hall. O contrato da Ronno com a Phonogram havia expirado em algum momento, embora ainda houvesse uma conta bancária com um pouco de dinheiro depositado. Nunca conseguimos colocar a mão naquela grana porque nós três nunca estávamos no mesmo lugar para assinar a retirada. Até onde eu sei, a conta ainda está lá.

Desta vez não contávamos com Tony Visconti, que tinha ido embora para trabalhar com outros artistas: a carreira dele como produtor do T. Rex estava decolando, e acho que ele recebia muitas outras propostas. Há pouco tempo, ele me contou que tinha sido demitido pelo novo empresário de Bowie, Tony Defries, algo que nem Mick nem eu sabíamos na época. Tony e a namorada dele, Liz, tinham se mudado para Penge, no sul de Londres, e Mick e eu ficamos com o quarto deles em Haddon Hall. Por volta dessa mesma época, Bowie tinha escrito algumas músicas de *Hunky Dory* e iríamos apresentá-las no programa de rádio de John Peel, que gostava de Bowie e tinha feito algumas sessões com ele nos primeiros álbuns. Mais uma vez, nós nos concentramos nos ensaios dentro da velha adega do subsolo.

Dessa vez, o astral de Bowie era totalmente diferente: ele parecia mais dinâmico e mais focado. Estava com muitas ideias novas e não parava de falar nos planos que tinha para nós. Muito disso se devia a Tony Defries, que aconselhou Bowie por um tempo e recentemente tinha firmado uma parceria de negócios com Laurence Myers na GEM. Defries era o oposto do empresário anterior de Bowie, Ken Pitt, que entendi como um cara que tentava direcionar Bowie para rumos que ele não queria seguir – como musicais, por exemplo, ou outro tipo de entretenimento leve, o que é bastante engraçado pensando agora. Bowie havia dito para ele: "Não quero, porque sou mais radical do que isso". Assim, cada um seguiu seu rumo.

Defries não era exatamente o que se pode chamar de um cara afetuoso. Na verdade, tivemos pouquíssimo contato: ele aparecia durante as sessões de gravação, ouvia, fazia um sinal com a cabeça e conversava socialmente, mas não estava na mesma sintonia. Na verdade, soube mais tarde que Defries disse a Visconti que queria se livrar de mim e de Mick assim que terminamos de gravar *The Man Who Sold the World.* Para Defries, tudo se resumia a negócios, e realmente ele fazia o tipo de cara dinâmico, de pouca conversa. Sem dúvida, Bowie achava que Defries seria um parceiro de negócios muito útil para nós – e realmente Defries acabou fazendo muitas coisas boas por ele, incluindo conseguir recursos para a gravação de *Hunky Dory* e um novo contrato com a gravadora.

O mais importante, no entanto, é que no começo de 1971, enquanto estávamos fazendo shows com a Ronno, David Bowie tinha ido para os Estados Unidos para promover *The Man Who Sold the World*. Enquanto estava lá, Bowie assistiu a um show do Velvet Underground e descobriu The Stooges. A viagem revolucionou totalmente seu modo de pensar. Como era bastante comunicativo, Bowie absorveu todas essas influências e as incorporou em suas músicas novas. Na volta, suas composições pareciam diferentes – um pouco mais soturnas, um pouco mais decadentes, mas muito mais expressivas quanto às letras. Antes de *The Man Who Sold the World*, e agora com *Hunky Dory*, a postura de Bowie quanto à composição parecia bastante antiquada e inglesa. A partir desse momento, passou a ter forma e estrutura. Acho que observar como Lou Reed e Iggy Pop estavam escrevendo música a partir de seu próprio ponto de vista, sem se importarem se os outros iriam ou não gostar, realmente o ajudou. Lou Reed, por exemplo, cantava sobre heroína e sadomasoquismo, o que nos fez ver as coisas de outra maneira.

Bowie passou para nós no projetor um filme de Iggy Pop com os Stooges tocando ao vivo em Cincinnati que era inédito na

Inglaterra. No filme, Iggy circulava sem camisa como um selvagem no meio da plateia, atirando manteiga de amendoim nos fãs. Parece algo inofensivo, mas era uma coisa bem impressionante, porque mostrava o poder que ele tinha sobre o público, um poder que Iggy Pop não tinha medo de exercer. Bowie também tocou algumas músicas do Velvet Underground, e ficamos enlouquecidos com a decadência de tudo aquilo. Também ouvimos Neil Young and Crazy Horse, outra influência indiscutível do novo álbum.

A musicalidade dessas bandas que Bowie estava nos apresentando era às vezes um pouco primitiva e geralmente muito simples, mas o ponto crucial era que, sem dúvida, havia alma naquilo – e esse espírito nos influenciou profundamente.

De volta a Haddon Hall, Bowie conversou muito com a gente sobre o novo direcionamento. Na opinião dele, a indústria do rock'n'roll tinha se tornado opaca; o que os garotos queriam, e do que precisavam, era entusiasmo. David já havia contado sobre James Brown e outros artistas dos anos 1960 que tinham uma produção de verdade, e bem planejada, quando tocavam ao vivo. Mesmo que parecesse um pouco tosca, quase um teatro de variedades, ainda assim era criativa e animada. Bowie foi jogando essas ideias, e nós dizíamos para ele o que achávamos, segundo as experiências que já tínhamos vivido.

Sempre gostei de uma banda de R&B chamada The Artwoods, que teve uma carreira de cerca de três anos em meados dos anos 1960, depois se separaram em 1967. Eles incluíam Jon Lord, que havia saído para formar o Deep Purple, além do irmão de Ronnie Wood, Art, e Keef Hartley na bateria. Não eram muito conhecidos ou grandes, mas com certeza tinham algo a mais.

Falei para Bowie que os Artwoods simulavam uma briga, como parte do show deles, que parecia real: o vocalista fingia se enfurecer com o guitarrista, e o guitarrista dava um soco na cara dele e o expulsava do palco. Era incrível, uma legítima atitude punk rock em sua essência. Conversei sobre isso com Bowie; nós tivemos muitas conversas sobre esse assunto. Acontece que Bowie também era fã dos Artwoods.

Outra grande mudança que tinha acontecido quando Mick e eu retornamos a Haddon Hall foi Angie, que estava com a gravidez num estágio bem avançado. Bowie parecia ansioso em se tornar pai, e talvez isso tenha contribuído para a energia renovada que demonstrava na época. Contudo, não tenho certeza se ele era o que se pode chamar de um marido atencioso: às vezes, Angie permanecia deitada na cama, sentindo bastante desconforto porque estava perto de ganhar o bebê, e eu era o único na casa que cuidava dela. Eu não fazia muita coisa, admito, mas pelo menos levava uma xícara de chá para Angie e dava uma olhada para ver se estava tudo bem.

Embora Angie obviamente tivesse outras coisas mais importantes com que se ocupar, ela foi uma grande incentivadora dessa nova confiança de Bowie. Insistia o tempo todo para que ele desse andamento às ideias, e não creio que houvesse muitas pessoas assim ao redor dele naquela época. Eram dois intelectuais na forma como discutiam sobre essas coisas.

Enquanto observávamos Bowie na criação de mais músicas de *Hunky Dory*, reparamos que algo havia mudado nele. As canções eram mais comerciais, e sem dúvida melhores. Você as escutava uma única vez e se lembrava delas, porque eram mais diretas. De certa forma, esse foi o período em que Bowie declarou: "Foda-se, eu sei compor música! Me dá um uquelele, me dá um trompete, qualquer coisa – e eu vou compor uma música pra você". Ele agarrou aquele clima da cena cult americana e o adicionou à equação. O resultado foi boa música.

Olho para trás agora e me dou conta de que Bowie estava apenas se libertando do que se pensava que aconteceria com o rock'n'roll. Outras bandas estavam presas ao modo como o rock tinha sido nos anos 1950 e 1960, e o sonho dos anos 1960 havia acabado porque esses artistas achavam que o mundo inteiro iria mudar, e não mudou. Apenas entrou em colapso. Todo o entusiasmo pela vida das bandas dos anos 1960 e todas aquelas mensagens sobre como seria a vida para essa nova geração iluminada já tinham desaparecido em 1971. Pelo menos era essa a nossa percepção.

Houve um tempo em que tudo isso parecia possível, que a minha geração – os primeiros jovens depois da Segunda Guerra Mundial que não queriam ter nada em comum com o que existiu antes – mudaria o mundo para melhor. Contudo, as drogas ofuscaram esse impulso de melhorar o mundo, entre outras coisas.

Em resposta, nossa atitude foi: "Então, deixa com a gente: nós vamos levar essa porra pra algum lugar". Não iríamos deixar a apatia nos abater, mas era arriscado, porque estávamos nos colocando sob os holofotes com algo diferente, com uma bagagem que nunca tinha aparecido no rock'n'roll antes. O ideal seria conferir melhor o território para ver no que dava. Música boa era o que sempre esteve por trás da nossa atitude, e quando se tem isso é impossível fracassar. Nós acreditávamos nisso.

Sabíamos que *Hunky Dory* seria diferente dos outros álbuns que Bowie já havia gravado – mais acessível e definitivamente mais direto. David se sentava no lounge e compunha as músicas no violão, ou ficava em seu quarto, onde havia um piano.

Bowie gritava: "Woody, terminei uma música". Então eu ia até lá para ele tocar a música para mim, e eu geralmente dizia "Ficou bom, gostei" se eu tinha gostado, o que naquele momento acontecia quase sempre, porque ele estava criando ótimas canções. Raramente, Bowie tocava alguma coisa não muito boa, então eu dizia: "Esta ficou meio complicada pra transformar numa música de rock". Mas, na maioria das vezes, as músicas me deixavam impressionado, eram muito boas de verdade.

Quando Bowie estava compondo no teclado, a música reverberava pela casa, porque o som era muito alto, então a gente acaba se familiarizando um pouco mais com as canções dessa forma. Circulávamos por Haddon Hall cantarolando uma música antes mesmo de tocá-la lá no estúdio da adega. Dessa vez, diferente do álbum anterior, a maioria das músicas chegava pronta quando Bowie as mostrava para nós, embora nós obviamente acrescentássemos depois nossas próprias partes.

Em 30 de maio, Zowie Bowie – que agora é conhecido como Duncan Jones – nasceu. Bowie não estava lá na hora do nascimento (naquela época, os homens geralmente não ficavam na sala de parto); ele estava com a gente em Haddon Hall. Quando Angie voltou para casa com Zowie, o bebê ficou aos cuidados de sua babá, Susie Frost, esposa de Tony, no apartamento do primeiro piso, então nós não o víamos com muita frequência. A vida seguiu normalmente, ao menos para Mick e para mim, mas para David o nascimento do filho foi um momento crucial de sua vida.

Ainda precisávamos de um baixista, então pedimos que Trevor Bolder se juntasse a nós. Ele chegou um dia antes de uma apresentação na rádio que estava agendada, o programa *In Concert,* de John Peel, na BBC Radio 1, em 3 de junho. Seria ao vivo, e Bowie não queria que aparecesse apenas ele cantando, queria algo bem solto e meio teatral. Ele chamou Mark Carr-Pritchard na guitarra e três de seus amigos, Geoffrey MacCormack, George Underwood e Dana Gillespie, que tinha sido namoradinha de adolescência de Bowie e era também cliente de Tony Defries. O coitado do Trevor teve que aprender 12 músicas – numa única noite. Acho que ele nunca mais se recuperou daquele suplício. Depois disso, toda vez que a luz vermelha do estúdio de gravação acendia, ele se lembrava daquela noite. Ele admitiu que recordar aquilo sempre o deixa nervoso.

As músicas que tocamos no programa foram "Queen Bitch", "Bombers", "Supermen", "Looking For a Friend", "Almost Grown", "Oh! You Pretty Things", "Kooks", "Song For Bob Dylan", "Andy Warhol" e "It Ain't Easy". Os vocais em algumas dessas músicas foram compartilhados com os amigos de David. Esse show foi a primeira transmissão que fizemos diante de uma plateia ao vivo, e a primeira vez que Trev, Mick e eu tocamos juntos como a banda de David Bowie. Foi um momento emocionante, e eu liguei para June e disse a ela que estávamos no ar e que era para ela escutar o programa, o que ela fez.

Em Haddon Hall, Trev dormia no patamar da escada – obviamente aquele era o lugar dedicado aos novatos. Ele era um excelente baixista, e raro: tocava de um jeito mais melódico que a maioria dos baixistas da época, e saiba ser realmente vigoroso quando tocávamos as faixas mais roqueiras.

Trevor se encaixou perfeitamente ao nosso grupo; era um cara gentil e tranquilo, embora falasse bastante e muito alto quando tomava uns drinks. Lembro quando ele visitou o Sombrero pela primeira vez. Certa noite, Mick e eu estávamos em Haddon Hall, e Bowie estava dando uma festa em que muitos convidados eram gays. Quando Trev voltou para a mansão vitoriana, ele se aproximou de nós e falou em voz alta como se fosse uma sirene: "Hoje fui a esse clube, e vocês não vão acreditar, mas todo mundo lá era gay!".

"Vem cá e pega uma bebida, camarada", disse eu, arrastando-o para um canto antes que ele passasse vergonha na frente dos amigos de Bowie. Mas David ouviu o que ele disse e achou tudo hilário.

Na época em que voltamos a tocar com ele, Bowie estava trabalhando num projeto paralelo, uma banda chamada Arnold Corns, cujo nome foi inspirado pela música "Arnold Layne", do Pink Floyd. Era liderada por um estilista amigo de Bowie chamado Freddie Burretti. Mais tarde, nos demos conta de que Freddie era uma espécie de proto-Ziggy Stardust. O selo B&C tinha lançado o péssimo single da Arnold Corn – versões de "Moonage Daydream" e "Hang On To Yourself" – em maio de 1971, depois o projeto desapareceu sem deixar vestígios. Aquilo tinha sido gravado em fevereiro. Agora Bowie queria que a gente tocasse no novo single. Mick e eu permanecíamos céticos, mas encontramos Freddie algumas vezes e achamos que ele era gente boa – talvez meio ingênuo – e sem dúvida era um cara muito bonito, praticamente um deus grego! Então concordamos que, no dia 17 de junho, Mick, Trevor e eu gravaríamos "Man in the Middle" e (o lado B) "Looking For a Friend". Foi quando nos demos conta de que, embora Freddie tivesse a aparência de um frontman de rock perfeito, ele não sabia cantar nada. O cara não tinha voz para isso, de jeito nenhum. Ele tentava cantar enquanto Bowie fazia as harmonias, mas as gravações ficaram horríveis.

Basicamente, Bowie estava tentando criar um *rock star* enquanto se mantinha observando o conceito do lado de fora, até que decidiu fazer tudo sozinho quando viu que não tinha dado certo. O personagem do *rock star* que ele havia criado lhe deu o ponto de partida, na minha opinião, embora ele não tivesse ideia de como esse conceito poderia evoluir.

Ao mesmo tempo, Tony Defries tinha conseguido que a demo de uma nova canção de Bowie atraísse a atenção da RCA para assinar um novo contrato de gravação, assim gravamos uma cover de "It Ain't Easy", de Ron Davies, nos estúdios Trident. Dana Gillespie fez os backing vocals nessa faixa, e também gravamos com ela uma versão mais pegada de "Andy Warhol". Defries tinha, de um lado, Bowie com a fita demo, e de outro havia Dana, já que estava prospectando contratos para ambos.

Mas isso não passava de uma distração para a questão mais importante: gravar o novo álbum. Foi muito divertido: Tony Defries realmente nos mostrou o que era comida boa, isso eu tenho que admitir. Depois das sessões de gravação, seguíamos até um restaurante pequeno que ficava atrás de uma porta em Oxford Street. Ninguém diria que havia um restaurante lá, mas era um restaurante familiar que ficava no andar superior da casa de alguém. Nós subimos as escadas e deparamos com cerca de oito mesas com toalhas brancas. Começamos com um prato gigante de camarões no gelo, depois havia costeletas à vontade, dava para morrer de tanto comer. Defries também sabia tudo sobre vinhos. Ficávamos lá até a madrugada; era sempre uma ocasião especial.

Mick e Bowie criaram a maior parte dos arranjos dessa vez, e Bowie e Ken Scott compartilharam os créditos da produção. Mick tinha acompanhado de perto Tony Visconti em *The Man Who Sold the World*, o que acabou despertando nele um desejo real de se tornar produtor e de fazer os arranjos das cordas. Durante as sessões de gravação, ele observava seu mentor, Tony, como um gavião e perguntava: "O que você está fazendo?", "Como se faz isso?", "E aquilo, como é?". Durante essas sessões, Bowie ajudava Tony a compor as partes de cordas.

Como músicos, estávamos evoluindo rápido. Mick, Trevor e eu ouvíamos as músicas de *The Man Who Sold the World* e conversávamos sobre os detalhes das canções; da perspectiva de um baterista, comecei a pensar que menos era mais. Mais tarde, "menos é mais" se tornou um lema na indústria musical, mas naquela época isso não era tão simples de se colocar em prática. Compare as partes de bateria dos dois álbuns, gravadas com menos de um ano de intervalo: as diferenças são como o dia e a noite.

Qualquer trabalho de um baterista numa gravação envolve descobrir uma batida que faça sentido dentro de uma determinada música. Afinal de contas, geralmente a primeira coisa que se ouve quando escutamos uma música é a batida. Batemos o pé acompanhando o ritmo antes mesmo de nos darmos conta de que a música começou. Essa foi a linha que escolhi.

Minha tarefa era encontrar as partes de bateria que se encaixavam com o significado da música, e isso fez com que eu tivesse mais concentração no que eu estava fazendo e no que Bowie precisava. Percebi que alguns bateristas tocavam o prato apenas uma vez, bem no final de uma canção, e o efeito parecia tão certo e tão exato que me levou a assimilar uma postura totalmente diferente de tocar bateria. Fez com que eu voltasse a colocar ênfase em como uma música ficaria no piano ou na guitarra, quando claramente já havia um ritmo, mesmo que ainda sem a marcação da bateria.

Bowie nunca me falou o que queria durante as gravações de *Hunky Dory*; a única vez que eu fui excessivamente hard rock, David me interrompeu imediatamente. Ficou entendido. Eu não precisava das orientações dele, e Bowie de bom grado me deixava fazer meu trabalho e confiava em mim.

Parece engraçado, talvez até mesmo arrogante, embora essa não seja a intenção – mas é assim: você pergunta às pessoas o que elas querem e elas falam, depois a decisão é sua, baseada no seu conhecimento sobre ritmo, se a opinião estava certa ou não. Se você gravar o que pedem para você gravar e não fica bom para aquela música, não tem como culpar todos os outros depois, não é? Era exatamente assim que funcionava com Bowie. Eu tomava minhas próprias decisões quanto ao que era necessário e o que era certo para as músicas. Os mesmos princípios se aplicam para a vida como um todo.

As músicas de Bowie realmente precisavam de um groove que não ofuscasse as melodias e a voz e que tivesse o som certo da bateria. Se eu pudesse criar algumas viradas bem bacanas que servissem de ganchos para as músicas, ótimo - e assim meu trabalho estaria concluído.

Quando eu estava gravando com Bowie, às vezes ficava tentado a me fazer de louco e me sobressair, mas isso seria desnecessário e talvez destrutivo ao tom do álbum, mesmo se Bowie tivesse permitido. Eu poderia ter encaixado algumas partes mais extravagantes aqui e ali, mas elas não trariam qualquer contribuição para a música, e é isso que importa. Não passaria de exibicionismo e de mostrar o que eu era capaz de fazer. Assim, em *Hunky Dory,* descartei tal postura completamente.

Mick e Trevor entenderam muito bem o que eu disse quanto a garantir que tudo estivesse certo segundo o astral da música. Geralmente, Bowie não participava dessas conversas: ele se entediava rapidamente no estúdio, então nós não tínhamos muito tempo para gravar nossas partes ou aperfeiçoá-las. David era meio avoado e nunca estava a fim de participar de longas discussões sobre as músicas, então nós tínhamos que acertar nossas partes rápido.

Não quero deixar implícito que Bowie não era muito focado na música; sem dúvida ele era. Angie não estava por perto nessas sessões, e Bowie parecia muito empenhado em deixar tudo certo. Ele e Mick criavam os arranjos das músicas. Eles diziam: "Vamos fazer introdução, estrofe, refrão, estrofe, estrofe, ponte, estrofe, *outro*", e era isso. Colocar as músicas em ordem era simples, mas alguém tinha que ficar responsável por isso, e não estou desdenhando essa tarefa. Quando se tratava das notas em si, era nosso trabalho.

Passamos muito tempo para acertar tudo. Trevor e eu ficamos horas ensaiando juntos a seção rítmica, para que o baixo e a bateria se encaixassem como se fossem uma coisa só. Quando isso acontece, dá para sentir o groove entrelaçado. Como músicos, nós adorávamos essa sensação. No estúdio, pode-se levar alguns takes antes que esse encaixe aconteça para ficarmos sincronizados no groove perfeito – mas nós nunca tivemos esse luxo com Bowie.

Na maioria das vezes, chegávamos perto o suficiente, e na verdade acabamos nos acostumando com o jeito de trabalhar de David, e conseguimos nos sincronizar um com o outro rapidamente. Nos primeiros dias de gravação, queriam que a gente fizesse isso num determinado take, o que dificultava nosso trabalho durante as primeiras sessões. Tínhamos que tocar uma música juntos duas vezes, e Bowie dizia: "OK, é isso. Próxima". E a gente ficava perdido: "O quê?".

Eu falava: "Nós só tocamos duas vezes, e nenhuma delas ficou certa, então se nós fizermos de novo, provavelmente vamos conseguir uma versão melhor". Mas Bowie dizia: "Não, ficou perfeito!". Num primeiro momento, quando isso acontecia, Mick, Trevor e eu dizíamos uns para os outros: "O cara é louco – será que ele não se dá conta do quanto sabemos tocar bem de verdade?". Mas então Bowie gravava a voz numa música e depois gravava de novo com seu violão de doze cordas, e a gente dizia: "Puta merda, ele tinha razão".

Comecei a perceber que, em vez de Bowie querer as partes tocadas com perfeição, era mais importante para ele que parecessem originais. Quando se gravam múltiplos takes de uma música, automaticamente acabamos tocando mecanicamente o que foi trabalhado no take anterior, e assim a gravação perde muito em originalidade e espontaneidade. Você acaba copiando a si mesmo em vez de criar algo novo.

Bowie estava resoluto, e não tolerava nenhuma outra opinião externa a não ser a nossa. Lembro que, durante uma das sessões de gravação, um dos operadores de estúdio novato se arriscou a opinar sobre uma parte de música que estávamos discutindo. Houve um silêncio sepulcral; ninguém levou em consideração a opinião dele, e 10 minutos depois o rapaz foi substituído.

Hunky Dory foi uma abordagem totalmente nova para todos nós; de certa forma, todos nós passamos por um processo de amadurecimento, não apenas Bowie. Mick Ronson era um mestre em encontrar riffs que grudavam na cabeça, e Trevor era um baixista raro porque jamais tocava linhas óbvias. As partes de baixo dele traziam ideias para Mick compor as partes de guitarra, então nós todos tínhamos uma conexão verdadeira. Minha postura, como já expliquei, era tocar para servir à música; muitos músicos dizem isso, mas nós fazíamos melhor do que a maioria.

Quase todos os domingos de manhã, durante esse período, a mãe de Bowie, Peggy Jones, vinha nos visitar em Haddon Hall. Ela parecia bem normal - de modo algum era quem se esperava que fosse a mãe de Bowie. Ela aparentava ser qualquer senhora de quase 60 anos, com o cabelo cuidadosamente penteado e casaco comprido. O pai de Bowie, John, havia morrido de pneumonia em 1969, apenas dois anos antes; o Riley de Bowie era o carro que tinha pertencido ao seu pai.

Lembro que Peggy certa vez subiu até o patamar da escada, onde Mick e eu dormíamos, e nos levou uma xícara de chá e um biscoito. Mick acordou de repente, achando que era dia de gravação.

"Que horas são?"

"São nove e dez", disse ela.

A sessão do dia seguinte estava marcada para as nove, então Mick pulou para fora do saco de dormir, totalmente pelado. Peggy deu um grito, derrubou a bandeja e desceu correndo escada abaixo.

"Porra, Mick! Hoje é domingo, não é segunda!", gritei, mas ele estava tão agitado que sequer entendia o que eu estava falando. Nos dois meses seguintes, nós o chamamos de "Flasher Ronson" - "Ronson Peladão".

Peggy era ótima pessoa; ela implicava com Bowie por isso, por aquilo, por mais aquela outra coisa.

“Está se alimentando direitinho?”, perguntava todas as vezes que vinha nos visitar. “Você nunca esteve tão magro.”

“Sim, mãe”, ele dizia, como um filho obediente. “Angie cuida bem de mim.”

Nós todos ficávamos nos olhando. Era engraçado ver Bowie se sentir constrangido para variar.

Aos domingos, nós todos nos sentávamos à mesa para o almoço com carne assada preparada por Peggy e Angie, a banda e a família, todos juntos. O meio-irmão de Bowie, Terry Burns, que era 10 anos mais velho que ele, também aparecia às vezes. Ele era esquizofrênico e não tinha filtro nenhum no que falava. Alguém perguntava: “Terry, o que você anda fazendo?”. E ele respondia: “Batendo punheta”. A mãe dele então dizia: “Não creio que as pessoas queiram saber disso à mesa de jantar”, enquanto nós tentávamos não cair na gargalhada.

O pobre Terry cometeu suicídio em 1985, e de certa forma sempre achei que sua influência sobre Bowie lhe concedeu certa imortalidade. Todas as músicas a respeito de loucos e de loucura que Bowie escreveu naqueles anos em que estive com ele definitivamente tinham raízes na esquizofrenia de Terry.

Depois do nosso domingo com os Jones, era hora de voltar ao trabalho com *Hunky Dory*. Ken Scott, que ficou conhecido por trabalhar como engenheiro de som com os Beatles em *Magical Mystery Tour* e *White Album*, e que também tinha trabalhado com Bowie nos dois álbuns anteriores, era muito detalhista quando se tratava de chegar a um som. Ken tinha a oportunidade única de mostrar do que era capaz, porque *Hunky Dory* foi seu primeiro trabalho como produtor.

Anos mais tarde, Ken me contou que aceitou trabalhar com David pensando que não teria importância caso a produção de seu primeiro álbum não ficasse muito boa, já que o disco, de qualquer maneira, não teria tanto sucesso. Mas, quando Bowie tocou para ele as faixas do álbum, Ken pensou consigo mesmo:

"Puta merda! São músicas excelentes. Esse cara realmente tem algo aí".

Ken passava metade do dia buscando um som para a bateria. Às vezes um tom-tom parecia meio esquisito, zunindo de um jeito estranho, então ele colocava embalagens de cigarro nas peles para que eles produzissem um som perfeito. O resultado ficou formidável. Ken queria que os sons se integrassem como se pertencessem uns aos outros, e ele atribuía muita qualidade a isso. Definitivamente, tinha o perfil certo para produzir o álbum. Era um cara legal, e o mais importante era que Bowie o respeitava e ouvia suas sugestões. Ele admirava a atitude de Ken, um produtor que trazia um pouco de sua própria personalidade e carisma para as gravações em vez de apenas ficar acionando faders no console.

Acho que as contribuições de Ken tiveram um papel importantíssimo para o sucesso desses álbuns, não apenas pela qualidade do som e por sua habilidade de mixagem impecável, mas porque ele conseguia tornar as faixas atemporais. Ken e eu nos dávamos muito bem. Eu ia jantar na casa dele e de vez em quando saíamos juntos para algumas festas. Eram sempre noites maravilhosas. Foi na casa de Ken que provei fondue – uma novidade na época – pela primeira vez.

Tínhamos trabalhado em algumas canções no estúdio de ensaio em Haddon Hall. A intenção principal era dar a Bowie e Mick um tempo para pensar nos arranjos. A gravação em si nem sempre acontecia com tanta leveza. Na sexta-feira, Bowie nos dizia quais músicas iríamos gravar na segunda seguinte, assim nós trabalhávamos nessas faixas durante o final de semana inteiro. Porém, na segunda, quase sempre Bowie nos pedia para tocar outras músicas completamente diferentes, então todo o trabalho do final de semana era desperdiçado. Explicávamos para ele que não conhecíamos as músicas, então ele as tocava para nós duas vezes e rodava a fita de gravação. Pouco antes de a luz vermelha acender, eu perguntava desesperado: “Como termina essa?”. Era realmente crucial acertar no terceiro take, porque Bowie se entediava rapidamente e o clima podia ficar muito pesado quando isso acontecia. A gente sempre dava um jeito de acertar na terceira tomada.

O resultado disso é que estávamos sempre com os nervos à flor da pele dentro do estúdio, era muito estressante. Tínhamos que dar um jeito de fazer o que era necessário, porque, como eu disse, Bowie raramente dava qualquer tipo de orientação para nós. Ele não sabia falar de acordes e ritmos específicos, então tínhamos que descobrir por nós mesmos - e rápido - , o que nos fazia tocar com muita concentração para acertar de primeira.

Nós tocamos meio intuitivamente nas músicas de *Hunky Dory*. Por exemplo, nós tínhamos ouvido Bowie tocando “Oh! You Pretty Things” em Haddon Hall quando ele recém havia terminado a música, e Mick disse naquela hora que nós precisávamos de uma bateria mais discreta no refrão. Eu trabalhei numa combinação de caixa, bumbo e chimbal peculiar que deu certo e não atrapalhava o refrão.

Havia muita coisa acontecendo ao mesmo tempo. “Quicksand” é um bom exemplo do que estou descrevendo aqui, porque todo o astral dessa música podia ser resumido como apatia. Tudo era desesperança, e nós tínhamos que chegar à emoção certa.

Aprendemos música tocando blues, e não é possível tocar blues a menos que você sinta a música. É necessário se concentrar no lado emocional da música, e quando eu toquei com Bowie resgatei esse lado que havia em mim. David não era um músico de blues, mas eu tinha que amparar a emoção que estava sendo despertada pelas letras e pela música. Bowie revisitou essas emoções em todos os álbuns em que toquei, de *The Man Who Sold the World* a *Aladdin Sane*. Todas as vezes,

Bowie tentava dizer coisas parecidas, mas de uma forma mais direta e diferente.

Na época em que gravamos *Hunky Dory,* achei que a voz de Bowie tinha melhorado muito em comparação a *The Man Who Sold the World*. Quando ele gravou a voz, fazia tudo muito rápido porque queria manter os vocais com um ar original e descomplicado. Tinha a propensão de construir a música e concluir a gravação, depois gravar a voz de modo que já ficasse perfeita na primeira tomada. Ele perguntava a Ken: "Ficou boa?". E Ken fazia um sinal afirmativo com a cabeça.

"Vou cantar mais uma vez, e você pode mixar tudo junto", dizia Bowie.

Depois que ele terminava, um Ken aturdido permanecia em silêncio, porque conseguir duas tomadas perfeitas como aquelas era praticamente impossível. Mas David era capaz de fazer isso, e Ken alisava o bigode dizendo: "Que foda! Acertou em cheio". Ele colocava ambos os takes para tocar simultaneamente, mas não se ouviam duas faixas de voz separadas, apenas uma versão mais encorpada da primeira tomada.

O que mais me impressionava era que toda essa habilidade musical não passava de apenas uma pequena parte do talento de Bowie. Havia tantas outras coisas, e tudo se interligava de um jeito que não era tão evidente quando o conheci. Por exemplo, a primeira vez que vi Bowie fazendo mímica, pensei: "Que porra isso tem a ver com rock'n'roll?". Mas então eu me dei conta de que era uma abordagem para além da música, por assim dizer. Ele conseguia ver de fora, para depois enxergar bem dentro dela, e usava o que estivesse a seu alcance para surtir o efeito desejado.

A faixa de abertura do álbum foi "Changes". Sempre pensei que o verso "*Every time I thought I'd got it made, it seemed the taste was not so sweet*" ("Toda vez que achava que tinha concluído, não parecia tão maravilhoso") se referisse a "Space Oddity". Bowie pensava que tinha alcançado o sucesso com essa música, só para depois descobrir que não era nada daquilo que imaginava. Estava praticamente admitindo que tinha sido um falso começo. A música encapsulava os altos e baixos que ele tinha vivido, e deixava claro que ele ia continuar mudando até acertar.

Musicalmente, *Hunky Dory* também foi um passo adiante. Com "Changes" é possível ouvir que estávamos mais experientes como músicos, graças a tudo que tínhamos vivido. Ao mesmo tempo, as músicas de Bowie ficaram mais acessíveis, mesmo que ainda expressassem seus pontos de vista. Agora, parecia mais seguro sobre como se expressar.

Fiquei particularmente satisfeito com o som da bateria de "Changes", porque dei um jeito de alcançar o equilíbrio entre economia e expressividade com essa música. Meu objetivo era encontrar um astral que permitisse à voz de Bowie respirar. Ele precisava de espaço e de tempo para se expressar, e minha bateria tinha que fazer isso acontecer. Por essa razão, há muitos espaços nessa canção em que eu não toco absolutamente nada.

Com muitas de suas músicas, eu me questionava que pulso era necessário para conduzir a canção. Um dos segredos para uma música ser um sucesso é a batida. Não importa o estilo, o pulso rítmico é a onda que conduz a música, enquanto a letra conduz a mensagem. Se a canção vai impactar ou não uma pessoa, isso continua sendo verdade. Também é possível deixar as pessoas deprimidas só com a bateria: basta tocar um pouco mais devagar para deixar as pessoas em posição fetal no chão. Dá para fazer as duas coisas na mesma música; na verdade, é possível despertar qualquer emoção que quisermos com o ritmo.

Em "Oh! You Pretty Things" a bateria só aparece no refrão. Isso foi algo planejado. Dessa vez, quanto aos arranjos, ou Bowie já tinha tudo pronto antes ou ele e Mick trabalhavam juntos. Meu trabalho era servir à canção, eu tinha que manter o tempo com precisão e não me meter a besta. Por exemplo, tentamos gravar com a bateria em "Eight Line Poem", mas pareceu exagerada demais para essa faixa. Tudo se resumia a oferecer às músicas o que elas precisavam.

Para mim, o ponto alto de *Hunky Dory* - na verdade, de todas as músicas que gravei com Bowie - é "Life on Mars?", que acho magnífica. Conseguimos Rick Wakeman para tocar piano. Rick, que é um virtuoso absoluto, tinha trabalhado com Bowie em "Space Oddity" porque ele era o único músico de estúdio que tinha um Mellotron naquela época. Dessa vez, Bowie disse para ele: "Faça seu trabalho de tecladista, mas trate a música como se fosse uma peça para piano".

Nós só tínhamos ouvido "Life on Mars?" antes com Bowie dedilhando ao piano; ele até podia mudar os acordes, mas não acrescentava nenhum floreio ou embelezamento, então quando Rick começou a tocar ficamos todos embasbacados. Casualmente, o piano do estúdio Trident usado por Rick era o mesmo que foi de "Hey Jude", dos Beatles, e mais tarde tocado por Freddie Mercury em "Bohemian Rhapsody", do Queen.

Rick em "Life on Mars?" é a melhor gravação de piano numa canção de rock da história, na minha opinião, e é a faixa de que tenho mais orgulho na minha carreira toda. A música só ganhou vida totalmente dentro do estúdio. Mick e eu trabalhamos nas partes de bateria com antecedência, já que Bowie queria um arranjo de cordas bastante elaborado. Mick tocou para mim um esboço do arranjo na guitarra, então eu pude pensar melhor em como a bateria se encaixaria. Na época, lembro que pensava no conceito de "John Bonham tocando música clássica".

Esse foi o primeiro grande arranjo de cordas de Mick e foi muito estressante para ele. Ronson era um cara muito ansioso, às vezes as mãos dele não paravam de tremer. Ele realmente não era o cara seguro de si mesmo que se via nos palcos. Era ainda mais difícil para ele porque naquele tempo usávamos os músicos de estúdio da BBC para os arranjos de cordas, uns caras bem conservadores. Eram músicos muito bons, mas parecia impossível criar qualquer tipo de conexão com eles porque habitávamos mundos completamente diferentes.

Mick sabia que ia ter que lidar com eles – e até mesmo conduzi-los. Certo dia, os músicos chegaram ao Trident e assumiram seus postos, prontos para a sessão. Bowie e eu ficamos olhando para a cena diante de nós pelo vidro enorme que separava a sala de controle. Observamos Mick entrar no estúdio e se apresentar.

Eles não pareceram muito impressionados; na verdade, pareciam quase ressentidos.

Mick então ficou parado em pé diante deles e enrolou um cigarro cuidadosamente, como forma de assumir o controle da cena. Achei aquilo um golpe de gênio. Os músicos então tocaram os arranjos duas vezes. Bowie e eu achamos maravilhoso e fizemos sinal de positivo para Mick com os polegares para cima. O líder da seção de cordas então disse para Mick: "Nós adoramos este arranjo, mas gostaríamos de repetir. Acho que podemos tocar melhor". Nunca tinha ouvido falar em nada parecido. Músicos de orquestra geralmente querem apenas entrar no estúdio e sair o mais rápido possível. A tomada seguinte foi a que entrou no álbum. Foi maravilhoso poder testemunhar tudo isso.

Quando gravamos a base de "Life on Mars?", Ken não queria ficar com muitas tomadas para ter que repassar tudo depois, então ele simplesmente gravava por cima dos takes anteriores. Fizemos uma tomada, que ficou boa, e uma segunda, que ficou realmente ótima – mas bem no final, durante o *fade out*, um telefone tocou bem no meio da gravação.

O telefone ficava num banheiro bem ao lado do estúdio. Estava lá para receber ligações de músicos de estúdio, que costumavam telefonar para saber se havia algum trabalho agendado, mas quase ninguém ligava para aquele número. Foi bem bizarro que tenha tocado justamente durante o *fade out* da música. Mick disse: "Puta merda!". Nós então fizemos outro take – e ficou excelente.

Quando ouvimos a faixa gravada, a música foi terminando, e então o telefone tocou, e dava para ouvir no final do take anterior porque a nova tomada tinha começado antes na fita. Bowie gostou do resultado, então mantivemos desse jeito. Foi inteligente da parte dele, achei que deu um toque classudo.

Lembro que Ken terminou a mixagem de "Life on Mars?" e ligou para nós quatro nos convidando para ir ouvir o resultado no estúdio de mixagem. A qualidade de som é muito boa nesses locais, e quando ele tocou, lembro de dizer: "Minha nossa!". Foi a primeira vez que quase esqueci que éramos nós que estávamos tocando, de tão bom que ficou. Éramos as pessoas a quem a música estava comovendo; estávamos sentindo o impacto do que havíamos criado. Quase esqueci o que vinha depois enquanto escutávamos.

Bowie havia nos dito antes que o conceito de "Life on Mars?" tinha se originado em 1969, numa canção chamada "Comme d'Habitude", de Claude François e Jacques Revaux. Bowie foi convidado por seu empresário na época, Ken Pitt, para escrever uma letra em inglês para aquela música. Contudo, a versão dele – chamada "Even a Fool Learns to Love" – foi rejeitada. A versão em inglês escrita por Paul Anka foi lançada um ano depois por Frank Sinatra. Se chamava "My Way".

Aquilo deixou David Bowie furioso, então ele decidiu escrever sua própria versão, sem copiar a original, mas usando sequências de acordes parecidas. Ele disse que se tratava da visão de uma garota sobre o mundo moderno e o quanto era confuso. Na canção, ela está assistindo a um filme e se sentindo incapaz de estabelecer uma conexão, nem com a realidade, nem com o filme. O filme diz para ela que há uma vida melhor em algum lugar – mas à qual ela não tem acesso.

Os fãs adoraram "Life on Mars?". Quando foi lançada como single em julho de 1973, chegou ao número 3 das paradas no Reino Unido e lá permaneceu durante 13 semanas. Naquele momento, Bowie já tinha se tornado um *superstar*. De volta a dezembro de 1971, quase ninguém deu a mínima para nós ou para *Hunky Dory*. É engraçado como as coisas mudam...

"Kooks" é obviamente sobre o filho de Bowie, Zowie. Achei que foi um jeito bem moderno de um casal cantar sobre seu filho, assim como John Lennon tinha cantado sobre o filho dele. Havia uma fofura na música que não precisava de enfeites; exigia apenas uma batida simples.

Em contraste, "Quicksand" era uma faixa bastante sombria. Versos como "*I'm sinking in the quicksand of my thoughts*" – "Estou afundando na areia movediça dos meus pensamentos" – levavam a lugares onde muitos outros artistas jamais tinham chegado antes, ao menos quanto a mensagens pessoais sobre eles mesmos. Na verdade, gerava certo desalento. A bateria primeiro se destacava e depois recuava; era um arranjo bem complicado, porque não trazíamos as partes nos lugares onde eram esperadas. Deliberadamente, nós conduzimos o fluxo tão obliquamente quanto possível, porque era o que a música exigia.

O som mais introspectivo dessa faixa foi inspirado, ao menos da forma como percebo, por artistas como Jacques Brel. Bowie tinha começado a ouvir esses cantores, juntamente com Scott Walker e outros compositores experimentais, depois de sua incursão pela música da subcultura norte-americana, como o Velvet Underground. Ele tocava esses discos para nós, e nós prestávamos atenção ao que aqueles caras estavam tentando dizer.

Hunky Dory continua com "Fill Your Heart", com um arranjo similar ao original de Biff Rose e Paul Williams, com vassourinhas. Geralmente não uso vassourinhas, mas usei naquela ocasião. "Andy Warhol" é acústica, portanto não há bateria nessa faixa. Então finalmente chegamos a "Song For Bob Dylan".

Obviamente, como cantor folk, Dylan teve certa influência sobre David Bowie. Para mim, essa música era David falando: "Você jogou todo mundo na merda, Dylan, não está fazendo o que se esperava de você. Você sacudiu tudo. Disse, isto está errado, aquilo está errado, mas não apresentou solução nenhuma". Acho que isso ajudou Bowie a ele mesmo se tornar a solução, a dizer: "Por isso vou falar para todo mundo para onde devem ir". Parecia meio insolente da parte de Bowie, entendam, pois Dylan tinha sido uma influência gigantesca para nossa geração.

Bowie escreveu "Queen Bitch" depois de se inspirar nos fãs de Lou Reed e Andy Warhol. A versão que fizemos com a Ronno tinha uma guitarra diferente, mas claro que era familiar para nós, porque tínhamos tocado muito essa música ao vivo. Na minha opinião, ele estava dizendo que era capaz de sintetizar a atitude numa única música de um jeito melhor do que 50 músicas deles. Queríamos capturar esse sentimento dos americanos sem perder nossa identidade inglesa.

No final do álbum, há "The Bewlay Brothers", que eu acho sensacional. David gravou essa música enquanto nós todos tínhamos saído para comer; ele ficou para trás, e quando voltamos, ele já tinha terminado, e eu achei o resultado incrível.

"Sobre o que é essa música?", perguntou Ken.

"Não faço ideia", disse David, "mas aguardem - quando os americanos se derem conta, vão ficar loucos. Vão me chamar de Messias. Vão compreender nessa música muito do que eu represento".

E foi o que de fato aconteceu. As imagens que a letra evoca em nossas mentes são incríveis, e a faixa parece repleta de conhecimento. Bowie mais tarde se referiu a essa música como um "palimpsesto", em outras palavras, um manuscrito sobreposto num pergaminho de modo que a escrita anterior mal consegue ser vista. Isso resume tudo perfeitamente.

Hunky Dory é um álbum clássico e sempre é citado nas listas dos melhores álbuns de todos os tempos. E é exatamente o que é: lindamente tocado e gravado, e absolutamente cheio de ideias. Enquanto Bowie estava compondo sua obra, surgia com novas ideias e nos dizia: "Vamos acrescentar cordas em 'Life on Mars?'" ou "Vamos mudar 'Changes' colocando um saxofone lento no final". E a gente dizia: "Porra, vai ficar incrível". Ele estava mudando o tempo todo, e embora não soubesse na época, esse seria seu *modus operandi* pelo resto de sua vida. Foi dessa forma que ele sobreviveu.

Assim, *Hunky Dory* ficou pronto em agosto, mas não sabíamos quando seria lançado. Defries tinha usado algumas faixas para ajudar a garantir um contrato com um importante selo norte-americano, a RCA, mas não tivemos qualquer envolvimento nisso. Nós, a banda, sequer havíamos assinado qualquer tipo de contrato. Gravar boas músicas e fazer bons shows sem ter que nos preocupar com o aluguel já nos bastava; ainda éramos jovens e ingênuos.

O mês de agosto foi memorável por outro motivo, já que apresentou Bowie a um elenco de personagens excêntricos que se tornariam parte de nossas vidas. Em agosto de 1971, a infame peça teatral *Pork*, de Andy Warhol, estreou em Londres. Ao que parece, a peça era baseada em conversas e atividades gravadas no apartamento do próprio Warhol em Nova York, o Factory. Embora eu mesmo não tenha assistido à peça, mais tarde um dos membros do elenco a descreveu como uma "orgia com diálogo artístico". Das fotos que vi, pareceu uma boa descrição. Bowie, Angie e Defries foram assistir à peça teatral, conheceram os atores *superstars* de Warhol e descobriram que tinham algo em comum com a cena artística e musical underground de Nova York. Tony Zanetta, que interpretava o papel de Warhol no show, apresentou Bowie ao próprio Warhol em setembro, quando Bowie esteve em Nova York para assinar o contrato com a RCA. Na mesma viagem, finalmente Bowie conheceu pessoalmente Lou Reed e Iggy Pop.

Assim que o contrato foi assinado e Bowie voltou a Londres, soubemos que a RCA queria que ele gravasse três álbuns. Não posso imaginar se os executivos faziam ideia da rapidez com que esses álbuns chegariam.

5. HANG ON TO YOURSELF

AGARRE-SE A SI MESMO

Há uma lista de atributos que qualquer bom álbum tem que ter, e é possível verificar um a um. *Hunky Dory* tinha boas músicas? Sim. As músicas passavam uma mensagem? Sim. O vocalista se comunicava com o ouvinte? Sim. Os músicos sabiam tocar? Sim. Eles tocavam com sentimento em vez de mera precisão? Sim. O álbum foi mixado e equalizado corretamente? Sim. E assim por diante.

Mas nós não podíamos tocar essas músicas ao vivo, ou pelo menos não todas elas. Fora "Queen Bitch" e "Life on Mars?", elas simplesmente não se traduziam para o formato de banda de rock. Mick, Trevor e eu estudamos as faixas de *Hunky Dory* e nos demos conta de que não se podia realmente fazer uma turnê com aquele álbum, que era o que se esperava fazer em seguida. Precisávamos de músicas novas se fôssemos partir para uma turnê e conquistar nosso público dessa maneira. Acontece que Bowie tinha escrito muito material ao longo de 1971 e havia acumulado canções suficientes para fazer outro álbum. Com a RCA no pé dele e Defries exigindo outro álbum para cumprir o contrato com a RCA, logo estaríamos de volta ao estúdio para gravar o sucessor de *Hunky Dory.*

Um dia, Bowie nos disse: "Tenho um título para o novo álbum. Vai se chamar *The Rise and Fall of Ziggy Stardust and the Spiders From Mars*".

Pensei: "Putz, que nome comprido".

Mas antes de começarmos a ensaiar para o novo álbum, tiramos duas semanas de folga, e Bowie falou: "Querem viajar com a gente nas férias para o Chipre?". Estávamos todos exaustos, e Bowie em especial precisava descansar, então ele, Angie, Trevor e eu pegamos um avião para o Chipre. Zowie ficou em Haddon Hall com a babá, e Mick foi para o Canadá trabalhar de produtor para uma banda chamada Pure Prairie League, então seríamos só nós quatro.

Um amigo de Angie nos emprestou sua casa – que tinha poucos móveis, mas era confortável – e alguém que Angie conhecia vinha cozinhar para a gente. Cada um tinha seu próprio quarto, e levou um tempo até nos acostumarmos com as lagartixas rastejando pelo teto. A casa também tinha uma praia particular – ou pelo menos eu achava que fosse privativa, porque andava peladão por lá de vez em quando. Acordava mais cedo que os demais, me despia sem ficar com vergonha e ia nadar no mar. Fazer parte da banda de Bowie deve ter causado certo impacto em mim: eu jamais teria feito tal coisa dois anos antes.

O Chipre era um lugar lindo. A ilha estava completamente intocada, e foi poucos anos antes de ser dividida entre territórios grego e turco, então era possível circular em qualquer lugar. Não havia muitos outros turistas lá.

Aluguei um carro, mesmo que eu jamais tenha passado no meu teste de direção. Fiz algumas aulas com meu pai, então eu tinha uma carteira de motorista provisória, mas, adivinhem, as aulas não foram muito boas. A loja de aluguel de carros ficava ao lado da delegacia de polícia, e os dois guardas sabiam que eu não tinha uma carteira de motorista apropriada, mas nem davam bola. Não havia muito trânsito na área onde estávamos hospedados, embora algumas estradas ficassem junto a penhascos com mais de 60 metros de altura. Depois de dar uma olhada num penhasco, Trevor disse: "Sai fora, Woods, deixa que eu dirijo neste trecho".

Visitamos algumas feiras e compramos tecidos para nossas roupas, também fizemos mergulho com snorkel e fomos dar uma volta com as lanchas dos amigos de Angie. Tomávamos *ouzo* e *retsina*, bebidas alcoólicas típicas do local, e saíamos para jantar à noite, quebrando os pratos após cada refeição bem ao estilo dos gregos. Foram férias excelentes.

O tempo todo em que ficamos lá, Bowie escrevia novas músicas; ele não descansou tanto quanto a gente. Nunca mais ouvi algumas daquelas músicas, o que é uma pena, porque eu as achava ótimas. Bowie era um cara bem normal num lugar tranquilo como aquele, embora não conversasse sobre futebol, carros, política ou qualquer assunto trivial de que as pessoas normais falam; ele gostava de conversar com propósito. Também era um bom ouvinte.

No voo de volta para a Inglaterra, perto da metade do trajeto, um raio atingiu a ponta da asa do avião, que balançou de um lado para o outro. Bowie ficou apavorado. De fato, o avião sacudiu com tanta força que nós chegamos a pensar que era o nosso fim. Foi um daqueles momentos de encomendar a alma e dar adeus.

Olhei para ele e pude enxergar todos os vasos sanguíneos de seu rosto, porque ele estava muito pálido. Bowie não era uma pessoa muito saudável e em boa condição física naquela época porque ele mal comia. Ele quase desmaiou no avião. Para ele, naquele dia, a morte chegou perto demais. Bowie ficou tão traumatizado que só voltou a entrar num avião no final dos anos 1970.

Bowie parecia mais normal quando saíamos para a noite no Sombrero ou no Speakeasy, lugares que nós frequentávamos em Londres. Ele adorava dançar com as músicas da Tamla-Motown, soul e R&B que as boates tocavam antes da disco music. Ele era um ótimo dançarino - singular, talvez, mas ainda assim muito bom. Sem dúvida ele se destacava numa pista de dança.

Meu relacionamento com Bowie era meio esquisito, suponho, porque ele era meu chefe, mas também era meu amigo. Ele me apresentou a uma visão da arte que eu não havia percebido antes. Bowie dizia para Mick e para mim: "Vamos sair e ver tal ou tal exposição?". A resposta usual de Mick era: "Não. Por que sair pra ver isso?". Quanto a mim, geralmente aceitava o convite, porque eu me interessava por esse tipo de coisa.

Passamos parte de outubro ensaiando as novas músicas de *Ziggy* no estúdio improvisado da adega, depois, em novembro, voltamos para os estúdios Trident e gravamos a maioria das faixas. É engraçado pensar agora que a maior parte daquele álbum já tinha sido gravada antes mesmo de *Hunky Dory* ser lançado, até porque avançamos um longo caminho num curto espaço de tempo – Bowie como compositor, e nós como músicos.

Ken Scott novamente estava produzindo o álbum; ele era o melhor em conseguir os sons certos e fazer com que uma parte específica se encaixasse numa determinada música. Mais uma vez, todos os arranjos foram criados por Mick Ronson e David Bowie.

Como sempre, se as coisas fossem bem no estúdio, era fácil de se trabalhar com Bowie. Se não fossem, tudo ficava meio sombrio, porque David não conseguia explicar em termos musicais quando alguma coisa não parecia certa para ele. Faltava vocabulário musical. Ele sabia quando eu tinha chegado à batida certa ou quando Mick tocava alguma coisa corretamente, mas não conseguia explicar para nós quando alguma coisa parecia errada. Nesse caso, ou ele ficava de mau humor ou simplesmente ia embora.

Isso criava um ambiente tenso para nós todos, então cada um ficava pensando: "Porra! Será que o problema sou eu? Estou fazendo algo errado?". Quando isso acontecia, nós três continuávamos tocando e trabalhando em coisas diferentes, até que chegássemos a alguma coisa de que Bowie gostasse.

Nessas ocasiões, David Bowie se comportava como uma criança. Ele raramente erguia a voz, contudo, a não ser em certa ocasião, no começo das sessões de *Ziggy*, quando estávamos tocando de um jeito que ele não gostou.

"Porra, vocês não aprenderam isso ainda?!", gritou.

Fez-se um silêncio horrível. Ninguém sabia o que dizer, e nenhum de nós - nem mesmo Ken Scott - era bom em dissipar a tensão, então simplesmente abandonávamos o que tínhamos feito e recomeçávamos do zero. Talvez Bowie apenas estivesse num dia ruim, ou talvez fôssemos nós. Nada disso é importante, de verdade. Nós todos éramos propensos às frustrações usuais que acometem as pessoas criativas. Bowie até podia não saber nada sobre como funcionava um estúdio, ou que controles executavam dada operação, mas ele estava sempre certo quanto ao seu julgamento.

"Vamos tocar esse refrão duas vezes aqui", ele dizia para Ken.

"Tem certeza?", perguntava o produtor.

"Sim, só tenta fazer desse jeito."

Bowie sempre acabava provando que estava certo. Não quero dizer *às vezes*; era *sempre* mesmo. Era sinistro. Depois de vários takes de um solo de guitarra, ele dizia: "Este é o take correto", e ele acertava na mosca.

O estúdio Trident tinha dois níveis, então, se alguém estava gravando sua parte, tinha que sair da sala de controle, descer as escadas e cruzar um andar inteiro até o estúdio inferior onde os instrumentos e o equipamento estavam. Ken e eu ficávamos assistindo Mick gravar o solo dele, sabendo que havia sempre uma chance de que ele entrasse num território desconhecido, e estávamos dispostos a lhe dar um voto de confiança, pois sabíamos do que ele era capaz. O próprio Mick nunca sabia quando acertava. Ele apenas admitia para si mesmo que sabia tocar guitarra. Ele era muito modesto.

Mick descia lá para o estúdio e conseguia acertar o som enquanto Bowie ficava lendo a revista *Melody Maker*. Ele gravava alguns takes, e Bowie falava: "Ken, use o primeiro", e sequer erguia os olhos da revista. Mick tocava outros seis takes, tentando superar o primeiro, e tecnicamente pareciam melhores, mas não ficariam tão bons no álbum porque eles não tinham o astral certo. Ronson sequer lembrava como tinha gravado o primeiro, mas Bowie sabia que era o melhor. Isso aconteceu várias vezes. Só um exemplo da intuição incrível de Bowie que nos deixava impressionados.

Uma coisa engraçada: Ken Scott contou que levou um ano para se dar conta de que *Ziggy* não era um álbum-conceito, mas que a coisa certa a fazer era trabalhar o disco como se fosse, de modo que os próprios ouvintes contribuíssem para o conceito. Nunca conversamos sobre a existência de um conceito. Bowie jamais mencionou isso, e talvez ele não soubesse se era necessário ou não, porque quando nós terminamos de gravar o álbum, ele sequer tinha escrito ou gravado "Starman". Essa faixa foi a catalizadora para todo o conceito do álbum, que se tornou a história de Ziggy, o alienígena que veio salvar a Terra e acabou sendo destruído pelos excessos do rock'n'roll.

A introdução de *Ziggy Stardust* começa com um solo de bateria em "Five Years", uma música sobre o fim do mundo. Ken conseguiu chegar a um som de bateria fantástico; ele foi o George Martin de David Bowie. Havia pequenas nuances aqui e ali que provavelmente ninguém pensaria que pudessem acrescentar muito às músicas, mas faziam toda diferença. Elas ajudavam a construir a dinâmica e mantinham o ouvinte grudado no disco.

Quando começamos a gravar, eu não estava muito contente com o som da minha bateria. Falei para Ken que meus tom-tons pareciam como se eu estivesse batendo em pacotes de cereais e que a caixa parecia um pacote de salgadinhos. Quando cheguei ao estúdio no dia seguinte, Ken olhou para mim fingindo normalidade.

"Você pode dar uma olhada na bateria antes de a gente começar?", disse ele.

"Sim, OK", respondi.

Quando cheguei à sala onde ficava a bateria, dei uma espiada pelo vidro, mas não consegui ver equipamento algum. Intrigado, abri a porta e, lá no chão, no lugar da minha bateria, havia dois pacotes de sucrilhos Kellogg's, um pacote de salgadinhos e copinhos de café de plástico no lugar dos pratos. Todos com os microfones instalados na mesma posição que ficavam na minha bateria. Enquanto eu fiquei lá parado olhando aquilo, ouvi as gargalhadas às minhas costas. Todo mundo desceu as escadas para testemunhar a minha reação! Estavam quase se mijando de tanto rir. Esse era o tipo de coisa que nos mantinha mentalmente sãos, ou relativamente sãos.

Depois desse episódio, trouxemos a minha bateria de volta, e Ken e eu trabalhamos duro para obter o som mais roqueiro de que precisávamos para as músicas de *Ziggy*. Em *Hunky Dory*, eu usava uma afinação mais grave na bateria e colocava bastante fita gaffer, pedaços de esponja e outras coisas para grudar nas peles e criar o som de que precisávamos, mais abafado. Em *Ziggy*, queríamos um som mais aberto, mais cheio de energia, então usei uma afinação mais aguda e quase não empregamos nenhum tipo de abafador.

Ken também era um excelente engenheiro de mixagem. Uma mixagem perfeita demais acaba deixando o som sem alma; embora seja possível com perseverança, a perfeição não era nosso alvo. Nunca é quando se está criando arte. A meta era despertar as emoções certas na hora certa e do jeito certo. Se nós passarmos mais uma hora trabalhando na música, vai melhorar a comunicação e o impacto emocional? Se sim, podemos continuar. Se não, melhor deixar como está. Era assim que trabalhávamos.

Falando parece fácil, mas muitas bandas, durante as gravações, não se dão conta disso e buscam a perfeição em vez da comunicação. Se um som de caixa meio tosco se encaixa maravilhosamente numa canção, não se fica buscando um som melhor para a caixa, fazendo a afinação e gravando de novo, porque assim acaba destruindo aquela coisa especial que se tinha antes.

“Soul Love” vem na sequência. O conceito dessas músicas alienígenas era importante, então, quando escolhi uma batida para a bateria, não quis que ficasse muito estranha. Eu queria alcançar um tom futurista sem usar muitos artifícios. Tentei buscar isso em todas as faixas. Eu sabia como faziam John Bonham ou Ian Paice, do Deep Purple, mas esse não era o ponto. Como já disse anteriormente, eu seguia a linha de que menos era mais e evitava deixar tudo meio congestionado.

A nova versão de “Moonage Daydream”, que tínhamos gravado antes com Arnold Corns, nos deixou boquiabertos quando a concluímos. Era uma música safada, sexy, um rock’n’roll do futuro, e eu tinha que transmitir essa mensagem, então eu precisava encontrar uma batida que não fosse apenas roqueira, mas que mantivesse um pulso rítmico estável que funcionasse até mesmo nas seções de solo.

E depois temos “Starman”, que talvez seja a música mais conhecida de Bowie, juntamente com “Heroes” ou “Space Oddity”. É curioso pensar que, quando terminamos de gravar o álbum *Ziggy*, ela sequer fazia parte dele.

Lembro como tudo aconteceu. Até onde sabíamos, *Ziggy Stardust* estava pronto, mas Defries conversou com Bowie e disse que a RCA precisava de um single. Eles tinham gostado do álbum, mas não sentiam que havia nele uma música que pudesse conquistar o público instantaneamente.

“Vou compor minha própria ‘Somewhere Over the Rainbow’”, disse Bowie quando se sentou com o violão para escrever a música. Voltamos ao Trident entre o Natal e o Ano Novo para gravar “Starman”. Sem essa faixa, talvez o álbum sequer tivesse sido lançado.

“It Ain’t Easy” foi difícil de tocar porque havia um bumbo e as guitarras jangle, mas sem chimbal para me ajudar a acompanhar o tempo. Era complicado seguir essa linha e mesmo assim ficar bom. “Lady Stardust” é direta quando se trata da bateria, e

"Star" foi roubada da pegada de Mitch Mitchell em "I Don't Live Today", de Jimi Hendrix, mas mais acelerada, porque ela é uma pancada. Como uma banda de rock do futuro, pensamos, era possível sermos influenciados por grandes artistas do rock do passado, por isso a referência a Jimi Hendrix.

"Hang On to Yourself" foi em parte "emprestada" para os Sex Pistols. Glen Matlock veio a uma das minhas palestras e me contou: "Você sabia que roubei a parte do baixo, nota por nota, para 'God Save the Queen'"? Eu nunca tinha me dado conta disso antes. Éramos cheios de arrogância juvenil quando gravamos esse álbum. Estávamos dizendo: "Prestem atenção e ouçam isso aqui!".

O som da bateria em "Ziggy Stardust" é influenciado, acredite ou não, por King Crimson. Eu amo "21st Century Schizoid Man" por causa do modo como Michael Giles começa e termina as viradas em lugares incomuns. Achava que todo o astral dessa música serviria bem para essa abordagem.

"Suffragette City" começava com tudo, e tínhamos que dar conta. Era um desses ritmos peculiares: você ouve a música e pensa: "É só isso?". Mas quando eu tentava toques diferentes, a música parecia ficar reduzida. De alguma forma, a batida que está lá mantém o ouvinte ligado e não deixa cair o ritmo. Você fica lá até o final. Falando em finais, "Rock n' Roll Suicide" quase fecha o álbum de *Ziggy* com um tom depressivo, mas perto do final da música erguemos tudo novamente um nível acima.

Enquanto gravávamos *Ziggy*, pouco a pouco percebemos que estávamos capturando algo moderno, original e dentro do espírito criativo correto. Havia certo imediatismo, um ar de novidade que foi parar no vinil, e que hoje em dia aquelas bandas que fazem 30 tomadas em um dia para juntar seis delas com Pro-Tools jamais alcançarão. A produção até pode ser superlativa, mas não há vida naquilo. Foi o que aconteceu nos últimos anos: o rock sentou no próprio rabo e todo mundo se perdeu.

Os garotos hoje em dia estão acostumados a ouvir música vazia e sem vida feita com tecnologia digital.

Naquele momento, nós começamos a pensar que nossa música era realmente especial. Mas ao mesmo tempo que eu sabia que a música era boa, e me dava um orgulho imenso, eu sentia certa preocupação de que talvez fosse um pouco exagerada para o público. Seria esquisita demais? Será que alguém iria entender alguma coisa? Possivelmente, ou talvez não. Uma canção grudenta chamada "Knock Three Times", de Tony Orlando & Dawn, era a número 1 naquela época, e havia muitas músicas medianas parecidas com essa nas paradas.

Bowie estava determinado. Ele realmente dava tudo de si, 24 horas por dia, 7 dias por semana, o que era impressionante. David não tinha qualquer "se" – "se" vamos fazer sucesso ou "se" vamos fazer isso ou aquilo –, mesmo que ele não tivesse tudo ajustado naquele ponto. Ele estava tentando de tudo para fazer as coisas darem certo.

Assim como ele, nós estávamos nessa jornada por uma razão: queríamos dar uma boa balançada na indústria musical. De vez em quando, a indústria precisa levar uma sacudida de alguém com uma abordagem por outro ângulo – alguma coisa que não foi feita antes –, e foi a partir dessa direção que sentimos que estávamos chegando. Queríamos fazer as coisas com mais entretenimento, criar ótimas canções de rock e excursionar pelo mundo. O artista geralmente é rotulado como um rebelde contra o *status quo*, porque ele ou ela percebe que alguma coisa precisa ser dita, ou melhorada, ou mesmo modificada. Esse impulso está lá, e é uma das razões pelas quais eu me tornei artista, um modo pacífico de fazer as coisas melhorarem.

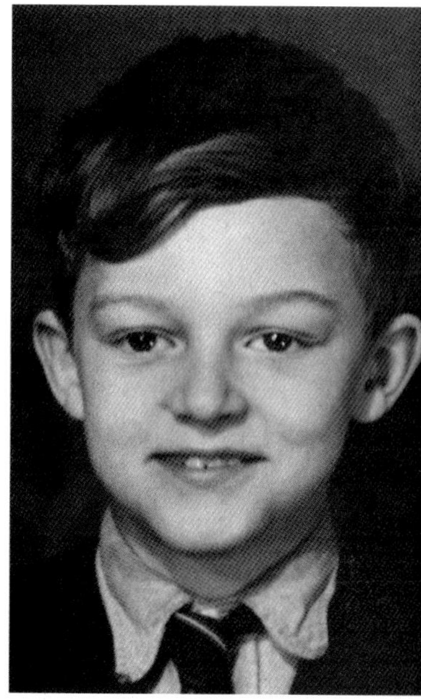

Acima. Com dois aninhos e uma gracinha!

Acima, à direita. Um aluno bem-comportado.

Ao lado. Então tudo deu errado e eu me tornei um baterista cabeludo.

Os Roadrunners.
Da esquerda para a direita: Les Westaway, Brian Wheeldon, eu e Dave Lawson.

O Rats em Burton Constable, abrindo para Free and The Nice.
Da esquerda para a direita: Keith (Ched) Cheeseman, eu e Mick Ronson.

No palco do Hull Arts Centre.

Trevor Bolder e eu no começo da turnê Ziggy, 1972.

De férias no Chipre no outono de 1972, com Bowie, Angie e Trevor.

Mick tentando ignorar minhas tentativas para aprender a tocar guitarra em um dos nossos quartos de hotel idênticos da turnê nos EUA em 1972.

Mick, em algum lugar dos Estados Unidos! Dezembro de 1972.

Suzie Fussey maquiando Trevor.

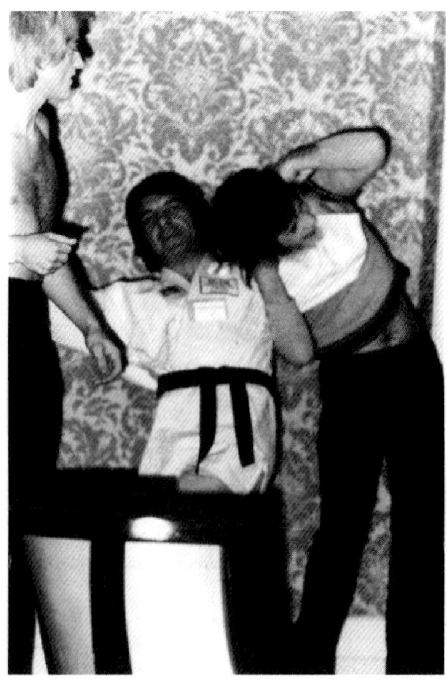

Tony Frost aprontando com Trevor.

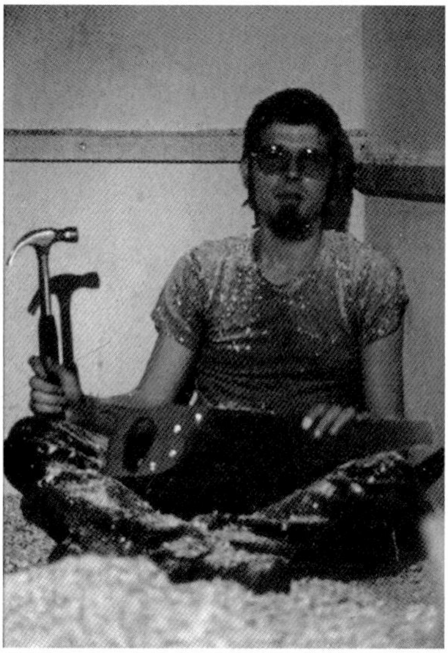

Tony Visconti (à esquerda) e eu em Haddon Hall, construindo a sala de ensaios.

Fazendo uma visita a Stonehenge durante nossa turnê britânica em 1973.

Com June – agora minha noiva – em Stonehenge.

Acima à esquerda, em sentido horário:

Mick nos Estados Unidos.

Voltando de LA para Londres
a caminho de casa.

Com June, que tinha se mudado
para morar comigo no apartamento
da Beckenham Road.

Experimentando a máscara de Ziggy.

Em casa com Trevor, sua esposa
Ann e sua filha Sarah.

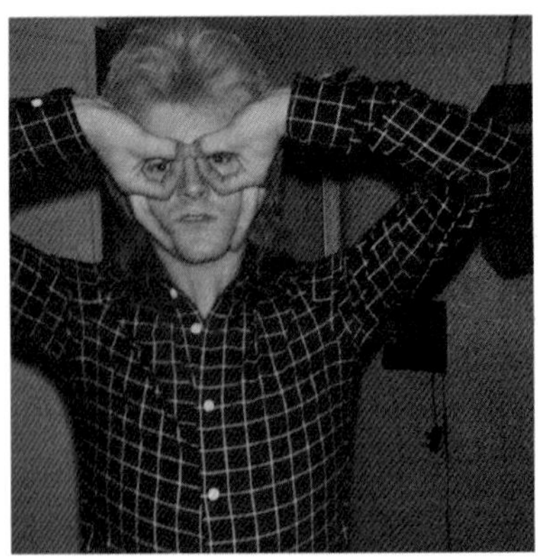

Recém-casados. Com June
no cartório de Bridlington.

Capa do álbum do U-Boat.

Me sentindo um
rock star, 1973.

June com nossos filhos Nicky, Joe e Danny em 1990.

A última vez que vi Trevor, 2013.

Mick, Trevor e eu deixamos Haddon Hall no final de 1971. Tinha sido um lugar divertido para se viver, é claro; certa vez, vi meia dúzia de garotas nuas - modelos de várias revistas de moda - dançando, rindo e gritando no andar de baixo. Eu reconheci uma delas de um comercial de shampoo que passava na TV. Isso aconteceu quando Mick e eu ainda dormíamos no patamar da escada. Eu acordei, espiei pelas grades do corrimão e mal pude acreditar nos meus olhos.

"Mick", chamei. "Acorda!"

Era começo da tarde, então ainda não tínhamos levantado.

Mick abriu só um olho e resmungou: "O que foi, Woods?".

"Olha lá embaixo!"

Ele rastejou até o corrimão, olhou para baixo pra ver o que estava acontecendo e começou a rir. E eu também.

Angie, que estava lá embaixo com as garotas dançarinas, nos viu e gritou: "Guardem seus paus duros, garotos, elas são todas lésbicas".

Mick disse: "Tô com fome, e você?".

Eu disse: "Eu também".

E lá fomos nós escada abaixo. Foi o melhor chá com torradas de nossas vidas.

Mas nem sempre era assim: desculpe desapontar. Ao longo dos anos, houve vários rumores de orgias que supostamente aconteciam em Haddon Hall quando ainda vivíamos lá. Sem dúvida houve momentos estranhos em que eu encontrava pessoas que nunca tinha visto antes no café da manhã e pensava: "Onde será que dormiram noite passada?". Mas, se havia orgias, nossos convites foram extraviados pelo correio.

De qualquer forma, depois de um ano e meio, Haddon Hall parecia superlotado com todos os amigos de Bowie que estavam sempre lá de visita ou fazendo festa. Tínhamos um pouco mais de dinheiro naquela época, porque nosso salário semanal havia aumentado para 50 libras, então procuramos um lugar só nosso e nos mudamos para um apartamento no número 6 da Beckenham Road, a cerca de 1500 metros de Haddon Hall.

Contudo, ainda íamos diariamente até Haddon Hall para ensaiar.

Hunky Dory foi lançado em 17 de dezembro de 1971, uma época muito emocionante para nós. Finalmente podíamos nos ouvir no rádio e começamos a sentir que estávamos no caminho certo.

O álbum tinha uma arte de capa maravilhosa, com Bowie numa pose sexualmente ambígua e cabelo louro comprido. Ele estava com um livro de fotografias de Marlene Dietrich na sessão de fotos, então a pose foi sem dúvida influenciada pelo estilo dela. Um amigo dos tempos de escola de Bowie, George Underwood, contribuiu com a arte da capa – o mesmo George Underwood que vergonhosa e acidentalmente causou um dano permanente na pupila de Bowie durante uma briga quando ambos tinham 15 anos de idade. Foi assim que seus olhos começaram a parecer que tinham cores diferentes.

O álbum foi mais ou menos bem, comparando com os lançamentos anteriores de Bowie. As músicas eram ótimas, e ficou claro que, como banda, estávamos subindo para outro patamar de alguma maneira. Nós quatro tínhamos dado o máximo que podíamos. Mesmo que *Hunky Dory* não tenha um grande hit – "Changes" nem chegou às paradas quando foi lançada como single em janeiro de 1972 –, o álbum recebeu bastante tempo de execução nas rádios, e ficamos com a impressão de que coisas maiores estavam prestes a acontecer.

Só não podíamos imaginar o quanto maiores seriam...

6.
STARMAN

O HOMEM DAS ESTRELAS

O ano de 1972 estava tomando forma para se tornar uma época totalmente insana para nós. Havia uma turnê na Inglaterra agendada de janeiro a setembro; *The Rise and Fall of Ziggy Stardust and the Spiders From Mars* estava com lançamento marcado para junho pela RCA, mesmo que ainda estivéssemos surfando a onda de *Hunky Dory*, que recém tinha sido lançado; e no outono iríamos para os Estados Unidos pela primeira vez como banda.

O que poderia dar errado?

É difícil de imaginar isso agora, mas estávamos mesmo preocupados em sermos ridicularizados e cometermos um suicídio com nossas carreiras. Sabíamos que nossa música era brilhante, mas nossa aparência... Nosso "aprendizado" sobre espetáculo e imagem tinha começado em Haddon Hall por volta da época em que estávamos gravando *Ziggy*. Sempre tínhamos os finais de semana de folga, então David aproveitava esse tempo.

"Há uma peça em Londres que eu gostaria que todos assistissem", anunciou certo dia.

"Como se chama?", perguntei.

"Não dou a mínima para o nome", ele disse. "O diretor de iluminação é muito bom, e eu quero que vocês tenham uma ideia do que podemos fazer com as luzes".

Pensando lá atrás, suponho que, naquele tempo, as bandas usavam vermelho, verde e amarelo e possivelmente alguma luz estroboscópica. Era tudo bem básico. Assim, Bowie na verdade queria que observássemos a iluminação, não a peça em si. Foi um momento revelador quando vimos como as luzes se integravam à música e à cena no palco, ajudando a criar mais impacto.

Certa vez fomos assistir até mesmo a um balé clássico – acho que foi *O Quebra-Nozes.* Foi engraçado porque nós todos achávamos que era apenas mais uma noite comum, então compramos pipoca, salgadinhos e Coca-Cola antes de entrarmos no teatro. Quando a apresentação começou, tivemos que colocar todas essas coisas no chão delicadamente porque faziam muito barulho para comer! Na verdade, eu gostei muito do balé, o que me surpreendeu. E mais uma vez nós observamos como a iluminação fazia toda a diferença na apresentação.

David também estava nos doutrinando no quesito figurino. Tínhamos um pouco de verba para roupas naquele ano, então começamos a fazer compras na rua da moda, King's Road, em Chelsea. Tínhamos preferência pela Alkasura – que era a marca favorita de Marc Bolan – e a Mr. Fish (que pertencia a Michael Fish, o estilista do vestido que Bowie usou na capa de *The Man Who Sold the World*). Freddie Burretti, amigo de David e também estilista, tinha nos mostrado as roupas da Stirling Cooper, de que gostamos muito por causa do corte dos casacos e das calças, que eram mais parecidos com jeans e se ajustavam bem na virilha. Tudo muito rock'n'roll.

Lembro que, na primeira vez que fomos a essas lojas de roupas chiques, Bowie comprou um terno de cetim listrado em preto e verde. Eu comprei uma jaqueta de veludo marrom com um babado e um bordado na frente, e outra jaqueta cor mostarda. Mick pegou uma jaqueta de camurça que tinha lapelas multicoloridas de pele de cobra. Nós também compramos camisetas com design exclusivo.

A feminilidade e o mero visual espalhafatoso das nossas roupas fora do palco, sem falar no que logo usaríamos nos shows, foi um passo muito grande para nós num primeiro momento, devo admitir. Mas, depois de um tempo, ficamos mais tranquilos e nos acostumamos à ideia. Sabíamos que não seria mais possível usarmos apenas jeans e camiseta, seja no palco ou fora dele. Não teria dado certo. Além disso, nós nos acostumamos a nos destacar em meio à multidão, bem rápido, inclusive. Então, sem dúvida, isso tinha certo apelo aos nossos instintos artísticos rebeldes.

Quanto aos calçados, de forma mais prosaica, fomos à Russell & Bromley. Lembro quando as vendedoras olharam para nossas escolhas e disseram: "Vocês sabem que esses são sapatos de meninas?". Sim, nós sabíamos! Pareciam mais bonitos e estilosos que qualquer calçado masculino e combinavam com nossas roupas novas. É bastante irônico que Mick, Trevor e eu escolhemos essas coisas sozinhos, considerando nossa reação inicial ao que usaríamos no palco em pouco tempo.

Começamos a parecer mais com uma banda de rock'n'roll. Pelo menos, era o que nós achávamos.

Num final de semana em Haddon Hall, Bowie começou a conversar sobre nosso figurino de palco. Falou dos filmes *Laranja mecânica* e *2001: uma odisseia no espaço*, que nós todos adoramos. Ele disse que gostava do visual dos Droogs em *Laranja mecânica* - que se vestiam todos iguais, de branco, a barra da calça enfiada dentro das botas de cano curto - e achava que deveríamos parecer uma gangue. David então nos mostrou alguns esboços de jaquetas bomber sem lapela com a frente de zíper e botas com cadarços que subiam quase até os joelhos. Acho que na época nós não demos muita importância, porque era apenas uma "ideia", mas gostamos muito do conceito de sermos uma gangue.

Uma semana depois estávamos no departamento de tecidos da loja Liberty de Londres, seguindo atrás de David e Angie enquanto conferiam as prateleiras. De vez em quando, eles nos perguntavam: "O que vocês acham disso?". Naquela hora, a gente ainda não tinha ligado os pontos, então respondíamos de qualquer jeito: "OK, tá bom". Mas entre nós três, comentávamos: "Isso não parece muito rock'n'roll, né?".

Quando Alice Cooper esteve em turnê no Reino Unido em 1971, nós quatro assistimos ao show no Rainbow, em Finsbury

Park. A banda dele usava um figurino bem parecido com aquele que acabamos adotando, embora a meu ver as roupas deles fossem menos estilosas e não tivessem um caimento tão bom, e eles nem usavam botas (o mais irônico é que a banda de Cooper originalmente se chamava The Spiders antes de se tornar Nazz e depois apenas Alice Cooper).

De volta a Beckenham, as amostras de tecidos que eles escolheram foram expostas. Freddie Burretti tinha ajudado a refinar o conceito de Bowie e foi ele quem sugeriu que as roupas deviam ser de cores diferentes - rosa, azul e dourado -, assim teríamos a imagem de uma gangue, mas menos ameaçadora do que o "branco total" dos Droogs. Ficou decidido que Trev ficaria melhor de azul, porque ele tinha cabelo castanho-escuro. Angie sugeriu que Mick ficaria melhor de dourado, já que ele tinha cabelo louro. Só restava uma cor!

"Não sei não, esse rosa aí!", eu falei.

"Sei o que você quer dizer", disse Bowie ponderadamente, "mas é necessário ser um homem de verdade para usar rosa e ficar bem mesmo assim".

Obviamente caí na conversa dele, porque foi o que acabei vestindo.

Os Droogs também usavam uma braguilha, e Freddie copiou uma ideia do jeans da Stirling Cooper para imitar o visual deles, adicionando um pedaço de tecido cortado em zigue-zague que descia da cintura até cada um dos lados da virilha. (A influência de *Laranja mecânica* também estava presente nos nossos shows, porque tocávamos a versão eletrônica da 9ª Sinfonia de Beethoven, que fazia parte da trilha sonora do filme, na abertura de cada apresentação.)

Tínhamos um segundo conjunto de roupas que eram igualmente ousadas. O meu figurino era camisa marrom e dourada com calça de lamê dourado. Trev tinha outro conjunto azul, mas a parte de cima era feita de um material parecido com malha. Mick tinha uma jaqueta marrom e calça preta. Bowie usava um top de malha branco e preto com calça de cetim branco. Todas as roupas eram costuradas no mesmo estilo: jaquetas bomber sem lapela e calças justas com a barra enfiada dentro das botas. As peças foram feitas por Susie Frost, a babá de Zowie. Freddie também deve ter ajudado a fazer alguns dos figurinos de Bowie.

Os calçados eram um tipo de botas de luta livre estilosas, de salto baixo e com cadarços na frente, feitas de couro envernizado colorido. As botas de Mick eram verdes, as de Trev azuis, e as minhas rosa escuro. Também tínhamos um par de botas pretas envernizadas, enquanto Bowie tinha botas vermelhas.

Durante uma discussão sobre quem iria usar o que, que acontecia de vez em quando, Angie invadiu a sala e falou sem conseguir esconder o pânico em sua voz: "Garotos, vocês têm um problema. Ronson acabou de fazer a mala e foi para a estação. Ele disse que isso tudo é demais para ele e que está saindo da banda!".

Bowie então me disse: "Vai atrás dele e conversa com ele, faça o que precisar para trazer Mick de volta".

Assim, fui até a estação de Beckenham e encontrei Mick sentado na plataforma com cara de poucos amigos.

"Para onde você está indo?", perguntei.

"De volta para Hull", ele disse. "Cansei. Não posso subir no palco usando aquelas roupas. Tenho amigos que vão me ver. É tudo muito exagerado, e eu só quero tocar guitarra."

"Entendo o que você está dizendo", eu falei, "mas não vai dar certo usar apenas jeans e camiseta, né? Eu lembro quando nós estávamos no Rats, você usou botas Apache e um casaco comprido acinturado de franjas e babados nos punhos. Era meio exagerado para aquele tempo. Além disso, eu vi fotos suas vestindo uma camisa cheia de rufos, coisa bem de garotinha, então isso aqui não é muito diferente, concorda?".

Depois conversamos um pouco sobre como aquilo poderia ser genial ou um fiasco total, e que sempre havia a chance de rirem da nossa cara, só que o risco valia a pena.

Finalmente, depois de conversarmos muito, ele me disse: "Acho que você tem razão". Então voltamos para Haddon Hall.

Muita gente declarou que fui eu o cara que disse: "Foda-se, não vou usar isso", mas dessa vez não tinha sido eu.

Além das roupas, dos sapatos, da iluminação etc., nós ainda precisávamos mudar o cabelo para completar a transformação, inclusive Bowie.

Uma jovem chamada Suzi Fussey trabalhava num salão de beleza que a mãe de Bowie frequentava, em Beckenham. A sra. Jones costumava falar do filho dela para Suzi, até que a chamaram a Haddon Hall para arrumar o cabelo de Angie. Enquanto ela estava lá, Bowie perguntou: "O que você faria com o meu cabelo?" – que na época era castanho e comprido até o ombro.

"Eu deixaria mais curto", respondeu Suzi, e foi o que ela fez.

Isso foi o começo do que se tornaria o corte de cabelo Ziggy. A coloração viria mais tarde. Não lembro exatamente quando.

Daniella Parmar, a musa de Freddie Burretti, vinha com frequência a Haddon Hall com ele. Ela pintava o cabelo de cores diferentes; uma vez estava bem curto, louro platinado, com um corte parecido com uma casquinha de sorvete na nuca e tingido em três cores! Isso inspirou Bowie a buscar um cabelo mais sintético para Ziggy. Ele encontrou uma revista feminina com uma modelo na capa que tinha o cabelo tingido de vermelho (ao que parece, era uma das modelos do estilista Kansai Yamamoto, mas na época eu não fazia ideia de quem era). Ele pediu a Suzi que copiasse o mesmo corte e a mesma cor.

Quando o cabelo dele finalmente ficou pronto, perguntou: "O que vocês acharam?".

"Ficou incrível", eu disse. "Nunca vi nada parecido, principalmente num cara".

Meu cabelo naquela época já estava mais curto, mais estiloso, mas ainda era castanho. Dois meses depois do começo da turnê, decidi que queria o corte Ziggy e que também tingiria o cabelo de louro oxigenado. Isso me deixava com um ar meio extraterrestre, bem apropriado para um membro da família de Ziggy Stardust.

Naquela época, não havia a variedade de produtos para cabelo que temos hoje em dia; de fato, o segredo para o penteado Ziggy, que ficava erguido atrás, era uma loção capilar feminina chamada Gard, que passavam no cabelo antes de modelar com o secador. Precisávamos que Suzi se juntasse a nós na turnê para que ela pudesse fazer nossos penteados, e ela também ficou responsável por cuidar do nosso figurino.

Mais tarde, durante a turnê, Trevor pintou seu cabelo comprido de preto, e Angie tingiu as longas costeletas dele com spray prateado. O cabelo louro de Mick foi modelado e recebeu mechas mais claras.

A transformação estava completa.

Em 11 de janeiro, apresentamos Ziggy numa sessão pré-gravada para o programa da rádio da BBC *Sounds of the Seventies*, com John Peel, mas que só foi transmitido em 28 de janeiro. Voltamos à rádio em 18 de janeiro para gravar mais uma sessão para o mesmo programa, dessa vez com Bob Harris, que iria para o ar em 7 de fevereiro. Ambos foram gravados nos estúdios da BBC em Maida Vale.

O setlist contava com "Hang On To Yourself", "Ziggy Stardust", "Queen Bitch" e "I'm Waiting For the Man" para ambas as apresentações. No programa de Bob Harris também apresentamos "Five Years" como número extra. Fomos apenas nós quatro acompanhados de Nicky Graham ao piano.

Depois disso, em 19 de janeiro, começamos uma semana de ensaios para as datas britânicas no Royal Ballroom, em Tottenham High, partindo de Beckenham ao meio-dia de carro e repassando o set inteiro, duas vezes ao dia, sem fazer intervalo. Enquanto eu ficava no fundo do palco, podia ver os outros três caras interagindo logo à frente, então eu sugeria algumas coisas para eles, como ficar um de costas para o outro no começo de "Queen Bitch", e depois se afastarem num impulso quando os acordes mais pesados começassem, porque ficaria mais eletrizante dessa forma. Também fomos ajustando a iluminação à medida que os ensaios avançavam.

Todo mundo contribuía com alguma coisa, embora fosse necessário ter certeza absoluta de que era uma boa ideia antes de sugerir, caso contrário, Bowie simplesmente a ignoraria. O show não foi coreografado rigorosamente, mas a maioria dos movimentos principais no palco foram planejados, juntamente com as luzes, para complementar a música. Eu gostava de fazer parte do processo criativo.

Em meio aos ensaios, tivemos nosso segundo choque no sistema quando lemos uma entrevista de Bowie para a *Melody Maker* em que ele afirmava que sempre tinha sido gay.

Isso era novidade para nós, apesar do ambiente que vivenciamos em Haddon Hall. Ele até tinha esses momentos *camp* e fazia poses efeminadas, mas presumimos que, se ele fosse gay de verdade, teria mencionado isso para nós em dado momento. Nós nos acostumamos com ele fazendo coisas para chamar a atenção, então achávamos que era só mais um exemplo disso. Devo admitir que jamais perguntamos diretamente para ele porque nunca testemunhamos nada que nos fizesse pensar que ele fosse gay.

Depois dessa entrevista, até mesmo Angie falou: "Você poderia ter pensado em sua esposa ou pelo menos ter dito que era bissexual!".

Naquele tempo, as atitudes com relação à homossexualidade eram diferentes, porque fazia menos de cinco anos que havia sido descriminalizada na Grã-Bretanha. Então, fosse verdadeira ou falsa, era uma declaração corajosa de se fazer. Sem dúvida, a entrevista repercutiu no mundo da música e atraiu bastante atenção para Bowie e o Spiders From Mars. Ainda assim, tudo isso – as roupas, a declaração de Bowie – parecia um risco enorme. Quando uma coisa extravagante como essa era totalmente inédita, existia a preocupação de nos tornarmos alvo de zombaria e de nunca mais conseguirmos agendar um show sequer na vida – algo que nós considerávamos, acredite.

Mick deu uma entrevista para uma revista logo depois disso. Sua primeira declaração para o jornalista foi: "Antes de começarmos, não sou gay". Mais comentários como esse teriam acabado com a reputação de todos, então Bowie nos proibiu de dar entrevistas. É claro, o jeito como estávamos nos vestindo naquela fase levou a maioria a achar que éramos gays, de qualquer maneira. Isso foi complicado para três rapazes do norte da Inglaterra como eu, Mick e Trevor, mas encarávamos tudo com bom humor e com os dois pés fincados no chão.

Percebemos que as pessoas ficavam realmente incomodadas com a gente. Entrávamos nos estúdios vestidos do mesmo jeito que Bowie, e os engenheiros de som nos olhavam com certo desconforto. Dava para dizer só de ver a cara deles que eles achavam que éramos gays porque Bowie tinha dito que ele era. Havia certa atitude.

Mas nós achávamos tudo aquilo muito engraçado. Lembro que Mick e eu estávamos sentados no sofá de um estúdio enquanto os engenheiros trabalhavam na mesa de mixagem a poucos metros de nós - dava para sentir o ambiente. Eles se sentiam desconfortáveis, como se não soubessem no que estavam se metendo. "O que será que são?", eles se perguntavam.

Mick fez um sinal com a cabeça em direção a um deles e comentou comigo: "Esse aí tem pernas muito bonitas, não é?".

"Não, as pernas do outro ali são melhores", falei.

Enquanto os engenheiros ficavam constrangidos, nós caíamos na gargalhada. Eles só ficavam lá olhando para nós com o rosto muito vermelho.

"Vocês acham que somos gays, não é?" eu disse.

"Bem, não temos muita certeza", responderam.

Acontecia muito disso, mas a gente só ficava tirando onda.

No começo de fevereiro, gravamos uma sessão para o *The Old Grey Whistle Test*, apresentado por Bob Harris, que era um programa de TV bem importante daquele tempo. Apresentamos "Oh! You Pretty Things", "Queen Bitch" e "Five Years". Nunca vou esquecer o que aconteceu com "Five Years"...

Tínhamos feito a passagem de som, então sabíamos onde as câmeras estariam, por isso fiquei tranquilo. Mas, no final da passagem de som, alguém resolveu que, como "Five Years" termina só com o som da bateria, seria melhor encerrar a gravação com um close-up em mim. Só soube disso quando finalmente começamos a gravar e, no final da música, a câmera principal começou a chegar cada vez mais perto de mim. Foi algo inesperado e fiquei completamente apavorado. Tudo o que eu conseguia pensar era que milhões de pessoas estariam me assistindo. Espero que tenha conseguido disfarçar meu pânico, mas não estou muito certo disso. Quando June me viu na TV, percebeu na hora meu terror suprimido.

Assim, quase dois anos depois que eu fui para Londres e conheci David Bowie, finalmente estávamos levando a música para a estrada. Depois de todas as gravações que fizemos, eu estava muito ansioso para tocar as músicas ao vivo, embora ainda me sentisse meio reticente sobre como seria a recepção do visual do nosso show.

O primeiro show de *Ziggy* na turnê foi no Toby Jug, um pub imenso de tijolos vermelhos em Tolworth, perto de Kingston, em 10 de janeiro. Havia cerca de 60 pessoas lá, e subimos no palco perto das 9 da noite. Antes do show, enquanto vestíamos nosso figurino de palco num camarim minúsculo, podíamos ouvir os frequentadores lá fora bebendo e conversando. Quando subimos no palco, tocamos naquele lugar pequeno como se estivéssemos num estádio. Fiquei assistindo a Bowie, Mick e Trevor lá na frente; estavam cheios de energia, e tive certeza de que a plateia estava prestando atenção totalmente neles. Foi um ótimo começo de turnê.

Estávamos otimistas e sabíamos que nosso ímpeto crescia à medida que o tempo passava – mas alguns desses primeiros shows tinham apenas metade do público permitido. As garotas geralmente gostavam, mas a maioria dos caras não: o show parecia muito exagerado e escandaloso, principalmente em lugares pequenos como aqueles.

Eu não tinha ideia do motivo de estarmos tocando em lugares tão pequenos no começo, embora eu achasse o ideal, já que não estávamos realmente prontos para tocar em lugares maiores porque ainda não havíamos decolado. O público ficava bem perto de nós – na verdade, perto demais.

Misturamos faixas de *Hunky Dory* e *Ziggy Stardust* com outras músicas, como "Space Oddity" e "My Death", de Jacques Brel, com Bowie se apresentando na metade do show no formato acústico. Embora a maior parte do espetáculo tivesse sido trabalhada nos ensaios, tocar noite após noite foi realmente a única oportunidade que a banda teve para ajustar as coisas e se desenvolver como uma apresentação ao vivo, e foi exatamente o que aconteceu.

Ziggy era o rufião cósmico... Posando, fazendo cara feia, dando chutes no ar como Rudolph Nureyev num minuto, e no outro parecendo com um Elvis Presley futurístico.

Bowie encontrava seu personagem noite após noite. Do meu ponto de vista no fundo do palco, ele passava o tempo inteiro experimentando e descartando coisas. Simultaneamente, a ligação entre David Bowie e Mick Ronson estava atingindo uma dimensão totalmente renovada. Mick era um *macho man* do hard rock natural, pisava duro no palco e fazia poses de rock, quase sempre com caretas grotescas, enquanto exibia uma performance incrível na guitarra. Era o contraponto perfeito para o ar efeminado de Bowie, o alter ego alienígena andrógino e, pouco tempo depois, o deus do rock, Ziggy.

Trevor e eu segurávamos a seção rítmica e nunca deixávamos a peteca cair, tocávamos forte e pesado quando era necessário, acompanhando com toda a sintonia que podíamos criar entre nós dois.

A química com a banda estava realmente dando certo, e isso era fantástico, tão perfeito. O rock'n'roll se resume a isso, e foi o resultado de meses de conversas sobre o que queríamos criar. Emocionante e impactante.

Nesses primeiros shows da turnê, a gente saía para se divertir com o público depois da apresentação, vestindo aquelas roupas, porque nós ainda não tínhamos aquela noção de sairmos do palco e nos trancarmos no camarim depois de tocar. Ficávamos conversando com os fãs, a maioria garotas, que tentavam ficar muito amigas da gente, sem nos darmos conta de que os homens da plateia estavam se tornando nossos antagonistas.

"Bichas!", gritavam alguns idiotas do outro lado do pub certa noite.

Nós os ignoramos, mas fez-se um silêncio ao nosso redor e sabíamos que logo haveria problemas, então fomos embora.

Depois, em outro show, o clima ficou pesado de novo, e Bowie disse para Mick: "Você falou que tinha um roadie no Rats que era um cara bem durão, certo?".

"Sim, Stuey George", respondeu Mick. "Uma vez ele colocou a plateia inteira na parede e fez os caras calarem a boca!"

Era verdade. Nosso camarada Stuey era mesmo durão. O Rats fez um show em Cottingham Hall, perto de Hull, em 1969, e houve uma briga no meio do público. Stuey se meteu lá com os caras e fez um por um colar na parede do bar até que os ânimos se acalmassem.

"Por que você não pergunta se ele quer vir trabalhar com a gente?", perguntou Bowie.

Stuey era um ex-boxeador negro. Aquele velho garanhão era um valentão adorável! Sempre que eu o questionava sobre seu passado, Stuey só dava um sorriso de orelha a orelha e me dizia: "Não passam de rumores, Woody, apenas rumores". Ele sempre levava as coisas na brincadeira, e foi muita sorte contar com ele no Rats. Lembro que a namorada dele certa vez o proibiu de ir conosco para um show em Leeds – uma situação que ele levou muito a sério. Stuey embarcou e ficou no fundo da van junto com o equipamento depois de 10 minutos de conversa em que tentamos demonstrar compreensão dizendo coisas como "Tudo bem, Stuey, a gente entende", "Como é estar na palma da mão da garota?" e "Então ela é quem manda".

"Minha namorada vai me esperar em algum lugar ali adiante na estrada", disse ele. "Ela provavelmente vai descer o cacete em vocês, mas não digam absolutamente nada ou ela vai me matar."

Um quilômetro adiante, lá estava a namorada de Stuey. Paramos no acostamento ao lado dela e baixamos o vidro da van.

"Vocês viram o Stuey?", perguntou ela.

"Sim, ele está escondido ali no fundo da van", falamos todos juntos.

Ela começou a gritar impropérios para ele do lado de fora, enquanto Stuey dava socos na lataria. "Vai, vai, só dirige."

Mais tarde ele veio para a parte da frente da van se juntar a nós e disse: "Vocês são um bando de merdas! Me meteram numa enrascada". Mas ele sempre aceitava as brincadeiras.

Então foi assim que Stuey, vindo de Hull, se juntou a nós e se mudou para um apartamento em Beckenham. Ele nos acompanhou em todos os shows que fizemos do Ziggy desde então. Tony Frost se juntou a ele pouco tempo depois, porque fazia artes marciais e era outro cara durão. Ficamos aliviados, porque alguém com certeza acabaria se machucando se continuássemos sem segurança. A mera presença daqueles dois grandalhões com cara de mau foi o suficiente para evitar quaisquer problemas a partir daquele momento.

Bowie me deixou muito impressionado quando a turnê começou. Estava determinado a abalar as estruturas da indústria musical, e sabia como o álbum *Ziggy* e as turnês fariam isso. Ele continuava dando pistas à imprensa de que tudo mudaria completamente no que dizia respeito a shows ao vivo. A ideia de sermos subversivos a partir do rock começou com ele, e Bowie foi o primeiro músico com coragem suficiente de levar isso adiante.

A turnê britânica continuou. Como o próprio Bowie declarou tempos depois, *Ziggy* tinha a ver com começar pequeno. Ele tinha razão quanto a isso, mas não levou muito tempo até nos transferirmos para locais maiores. Saímos de Londres para as Midlands, depois para Glasgow e Sunderland, entre outros lugares, tudo isso em fevereiro, e depois voltamos para o sul até West Country e a região costeira em março.

Bowie estava adorando tudo aquilo. Dava o melhor de si mesmo noite após noite, e da perspectiva de cima do palco, junto com ele, podíamos ver que a multidão estava tão animada quanto ele. No começo da turnê, levava um tempo para aquecer a plateia, e eu ficava preocupado se nossa aparência era demais para assimilar e conquistar o público. De fato, houve vários shows em que mal ouvíamos um aplauso até a quinta música, o que era meio perturbador. Depois de um show assim, Bowie pareceu muito ansioso.

"O que tem de errado com eles, porra?", perguntou. "Não sabem que é para aplaudir? Vão ficar ali sentados de boca aberta nos encarando?"

Um dos caras da equipe tentou explicar: "David, eles estão embasbacados. É como se não quisessem perder nada, não sabem bem como reagir".

Porém, à medida que o tempo passava, o público começou a demonstrar cada vez mais entusiasmo, mesmo no início do show. Sabíamos que estávamos no caminho certo.

Enquanto excursionávamos pelo Reino Unido, Tony Defries entregava o álbum *The Rise and Fall* of *Ziggy Stardust and the Spiders From Mars* para a RCA Records nos Estados Unidos.

Em seguida, "Starman", com "Suffragette City" no lado B, foi lançada como single em 28 de abril no Reino Unido. De repente, estávamos tocando no rádio de novo, e quando o disco *Ziggy Stardust* foi lançado oficialmente em 6 de junho, foi direto para o número 7 das paradas, chegando depois ao Top 5. Finalmente éramos manchete das revistas especializadas em música.

A divulgação do álbum continuou com nossa apresentação de "Starman" num programa chamado *Lift Off With Ayshea* na Granada TV, em 16 de junho. Estávamos vestindo o figurino no camarim antes do show quando Bowie fez uma coisa que não tínhamos visto antes. Pegou uma bolsa cheia de maquiagem!

Observamos incrédulos enquanto ele aplicava várias camadas de substâncias estranhas em seu rosto...

"Vocês não vão aplicar maquiagem?", perguntou ele.

As respostas variaram de "Óbvio que não!" a "De jeito nenhum!".

"Que pena", disse ele. "Vocês serão vistos por centenas de milhares de pessoas e seus rostos vão parecer esverdeados por causa dessas luzes da TV."

Bowie nos enganou direitinho: olhamos uns para os outros e sequer abrimos a boca para rebater. Nenhum de nós queria aparecer verde na televisão!

Então ele perguntou se podíamos nos maquiar também para os shows ao vivo. Num primeiro momento, não gostamos muito da ideia – mas como o próprio Bowie explicou mais tarde, assim que descobrimos o efeito que a maquiagem causava nas garotas, não vimos mais problema nisso.

Afinal, Elvis usava um pouco de maquiagem no palco, então não era como se fosse uma coisa inédita, e eu lembrei que vi Paul Jones, do Manfred Mann, comprando maquiagem numa farmácia em Bridlington certa vez. Mas a coisa toda escalou rapidamente, chegando a um nível ridículo.

"Quem pegou a porra do meu rímel?", gritou Mick certa noite enquanto nos preparávamos para o show.

"Nem olha para mim", bocejou Bowie em resposta.

"Eu não peguei", falei.

Mick encarou Trevor com ar acusador. Foi hilário, e mais uma vez fiquei pensando no quanto as coisas tinham avançado desde que começamos a tocar naqueles pequenos clubes de Yorkshire.

Uma coisa engraçada aconteceu ainda no começo da turnê. Mick tinha o hábito de apertar as cordas da guitarra com tanta força que, quando tocava, às vezes ele desafinava. Então, no meio de uma música, ele atravessava o palco e tentava mudar a afinação do baixo de Trevor para se equiparar à sua guitarra desafinada.

Trevor odiava aquilo porque ficava parecendo para o público que era ele quem estava desafinado. Isso se repetiu por algumas noites até que Trevor se enfureceu e ameaçou dar com o baixo na cabeça de Mick. Mick reagiu fazendo a mesma coisa com a guitarra.

Em termos de teatralidade, achei que aquilo foi ótimo, e lembro que os Artwoods fizeram uma coisa parecida anos antes, então sugeri a Trevor e Mick que eles simulassem uma briga com seus instrumentos durante o solo de "The Width of a Circle". Mick combinou de fazer um sinal para Trevor quando estivesse prestes a atacá-lo, assim Trevor teria tempo de se esquivar. A ideia era que errassem o golpe por um triz.

Depois disse para eles que ficaria ainda mais selvagem se usássemos uma luz estroboscópica na cena, embora isso os impedisse de enxergar claramente, então eles acabavam saindo do palco de vez em quando com alguns arranhões por causa das cordas dos instrumentos que os acertavam na cabeça. Bowie adorava isso tudo, e além disso ainda havia o benefício de ganhar um tempo a mais para a troca de figurino.

Continuamos em turnê durante todo o mês de junho, fazendo shows em Sheffield, Middlesbrough, Leicester e outras cidades. Os shows aconteciam em ginásios e universidades de tamanho médio, então estávamos progredindo.

Bowie foi para Nova York num final de semana de junho para ver Elvis Presley se apresentar no Madison Square Garden. Mais tarde ele nos contou: "Chegamos atrasados e nossos lugares ficavam bem na frente. Cometi o erro de ir com uma das roupas de Ziggy. Era o único no lugar usando roupas glam". Depois acrescentou: "Fiquei com vergonha".

Como um adendo, a cena glam rock do Reino Unido já estava plenamente consolidada naquela época. Bolan tinha se apresentado no *Top of the Pops* com "Hot Love", usando glitter sob os olhos, em março de 1971, dando, segundo muitos, o pontapé inicial no movimento. Bandas como Sweet e Slade vieram na sequência, mas foi Bowie quem elevou o glam para outro patamar... As visões particulares de Bowie sobre o glam foram tema de uma entrevista ao jornal *Telegraph* cerca de cinco meses depois: "Eu gosto como Marc Bolan e Alice [Cooper] trabalham, mas acho que pertencemos a áreas muito diferentes. Alguém sempre será rotulado. Acho que o glam rock é um jeito agradável de me categorizar e é mais legal ainda ser visto como um dos líderes do movimento. Mas eu sempre segui meu próprio rumo. Existe certa segurança em fazer parte de uma tendência. Com um pouco de sorte, se eu continuar me esforçando, provavelmente vou perdurar."

Pianistas chegavam e logo iam embora. Nicky Graham foi quem trabalhou a maior parte do tempo conosco; ele trabalhou na GEM e mais tarde se tornou um bem-sucedido produtor e executivo de gravadora. Ele também trabalhou como contínuo para a banda, mas certa noite ele não conseguiu ingressos para um amigo de Angie num de nossos shows, e depois disso, de repente, ele já não fazia mais parte da banda.

Por essa época, Mick comprou um carro para a família dele em Hull, que foi depredado. Um imbecil escreveu "Ronson é uma fadinha" no carro. E as coisas se complicaram mais ainda quando aconteceu o famoso incidente de sexo oral em Oxford Town Hall, em 17 de junho, poucas semanas depois do lançamento do álbum *Ziggy*.

Mick estava em busca de novos truques para fazer com a guitarra; ele já tinha adotado a técnica de tocar guitarra com os dentes durante um de seus solos. Estávamos conversando no camarim naquela tarde, falando de como Chuck Berry fazia o famoso passo do pato enquanto tocava, e como Hendrix tocava guitarra com os dentes e depois incendiava o instrumento. Dave Edmonds tocava com a guitarra nas costas. Pete Townsend, por sua vez, esmigalhava a guitarra dele, deixando-a em pedaços.

"Precisamos fazer algo parecido no palco", disse Bowie. "Todas essas ideias gastas já foram usadas. Tenho uma vaga noção do que podemos fazer, mas não se desesperem, e Mick, finja surpresa quando acontecer."

Nenhum de nós, muito menos Mick, imaginava o que Bowie tinha em mente.

Quando Bowie se ajoelhou na frente do Mick naquela noite e fingiu tocar a guitarra com os dentes, Ronson estava de costas para a multidão, então o público presumiu que Bowie estava fingindo fazer sexo oral no guitarrista. Compreensível, já que Bowie agarrou o traseiro de Mick com ambas as mãos.

Parte do público deu risada, outros ficaram sem palavras, e ninguém sabia como reagir.

Depois do show, perguntei a Mick como ele se sentia.

"Sei lá, Woods", disse ele. "Realmente não estava esperando aquilo. As pessoas vão me atirar pedras e paus por causa disso, não é?"

Não havia muito mais o que falar, porque Ronson tinha razão.

O ato acabou se tornando parte regular do show e definitivamente um golpe de publicidade gratuita para nós, um dos únicos naquele ano. Sequer sabíamos que o fotógrafo Mick Rock tinha registrado aquela cena, que passou a ser reconhecida como um dos momentos clássicos da história do rock, principalmente quando ilustrou uma página inteira da revista *Melody Maker* pouco tempo depois. Os jornalistas adoraram, mas não tenho certeza se o público tinha gostado tanto assim: era algo muito polêmico para o ano de 1972, que nos tornou infames nos dois lados do Atlântico.

O resultado foi que a banda ganhou ainda mais evidência. Alguns shows depois, estávamos tocando em Croydon Greyhound, com a Roxy Music como banda de abertura, e tiveram que mandar para casa mil pessoas porque os ingressos haviam esgotado. Mil pessoas! Isso dá uma ideia de como estávamos nos tornando populares. Juntamente com essa popularidade toda, vieram as garotas. Gosto de resumir a época afirmando que trabalhávamos muito, tocávamos muito e fazíamos muita festa também. Depois de um show, com a adrenalina ainda pulsando nas veias, era difícil se acalmar. As groupies ajudavam a liberar aquela dose extra de adrenalina! Bowie e Angie tinham um relacionamento aberto, então acho que nós todos seguíamos o exemplo de David. Mais tarde, quando pedi minha namorada June em casamento, tornou-se um assunto para se debater. Eu até que me recuperei daquela conversa... Conto mais tarde o que aconteceu.

Em 6 de julho, as coisas pareciam mais loucas ainda. Tínhamos completado uma turnê de 50 shows e na sequência estávamos prestes a fazer outros 10 no Reino Unido. Era incrível podermos nos apresentar noite após noite com lotação máxima. Todos os nossos medos de como seríamos recebidos se dissiparam; o público era incrível e mais enlouquecido do que jamais poderíamos imaginar. À medida que avançávamos com a turnê, fazíamos ajustes nos elementos da nossa apresentação para melhorá-la continuamente. Por exemplo, identificamos que havia uma distração durante o show quando os roadies atravessavam o palco para consertar alguma coisa usando o visual normal deles, jeans surrado e camiseta. Isso certamente comprometia a ilusão para o público, então se tornou regra que os roadies se vestissem totalmente de preto. Era tudo parte do profissionalismo. Nós todos andávamos de bom humor, nossa confiança estava nas alturas.

O single "Starman" tocava o tempo todo no rádio e subia nas paradas, então fomos convidados para o *Top of the Pops*, que foi gravado em 5 de julho e seria transmitido na televisão no dia seguinte. Esse programa era muito popular nos anos 1970: quem se apresentava nele ficava conhecido por todo mundo. O *Top of The Pops* tinha uma audiência que chegava a 15 milhões de pessoas. Foi um verdadeiro marco para nós.

Desde que decidi me tornar músico com 14 anos de idade, esse era o programa de televisão em que eu sonhava me apresentar - e naquele instante meu sonho estava se tornando realidade.

Os estúdios do *Top of the Pops* contavam com seis palcos, e havia uma plateia formada por convidados que circulavam pelos palcos para aparecer no enquadramento da câmera de cada um dos artistas.

Tínhamos feito uma passagem de som, como todas as outras bandas que se apresentariam naquele dia. A bateria, por algum motivo, estava bem na frente de Mick, Trev e Bowie, que era uma posição incomum para nós, mas ninguém pareceu se importar ou sequer tocar no assunto.

Lembro que havia um corredor que levava do nosso camarim até os palcos principais. O Status Quo também se apresentaria naquele dia, e lá ficamos nós todos frente a frente esperando a hora da apresentação. Estávamos todos vestindo nosso melhor figurino, incluindo a maquiagem completa, e eles usavam jeans, sua marca registrada. Não podíamos ser mais diferentes. Fizemos um aceno com a cabeça e rimos quando Francis Rossi disse: "Porra, vocês fazem a gente parecer muito velhos".

Bowie interpretou seu papel na potência máxima, arrasando no palco, e em dado momento colocou um braço sobre o ombro de Mick. Foi um gesto bastante ousado para se fazer naquele momento, principalmente levando em consideração os questionamentos da imprensa quanto à sexualidade de Bowie.

Durante o verso "*I had to phone someone so I picked on you*" – "Tive que ligar para alguém, então atormentei você", Bowie apontou diretamente para a câmera, e segundo os relatos da época, esse se tornou mais um momento marcante de sua carreira. O impacto dessa aparição na TV foi sentido em milhões de lares do Reino Unido. Também jogou o single no top 10 das paradas britânicas duas semanas depois.

Embora soubéssemos que tínhamos feito um bom trabalho, tenho que admitir que na época essa apresentação na TV em específico não pareceu nada de mais. Mas parece que uma geração de futuras estrelas do rock – muitas para mencionar individualmente – se sentiram inspiradas. Desde então, tive a oportunidade de conversar com inúmeros fãs que me falaram do burburinho que se criou nos parques e nas ruas do país inteiro no dia seguinte.

O que nós realmente percebemos foi que, daquele momento em diante, ficamos famosos. A partir dali, sempre havia fãs acampados em frente a Haddon Hall, homens e mulheres, bem na porta da frente, então tínhamos que desviar deles para conseguir sair. Se havia gente demais, escapávamos pela porta de trás e pulávamos o muro.

Havia garotos que fugiam da escola e chegavam bem cedo de manhã. Quando acordávamos e víamos os garotos lá fora congelando, falávamos para eles: "Vocês tinham que estar na escola". E eles diziam: "Sim, mas a gente precisava vir até aqui". Às vezes convidávamos os garotos para entrar. Mick preparava café da manhã para eles e conversávamos sobre música, sobre a escola e assim por diante.

Às vezes Bowie se juntava a nós e eles prendiam a respiração, depois ficavam encarando ele com admiração. Um grupo de garotos contou a Bowie que estavam fazendo um trabalho de escola sobre ele e sua música e que queriam fazer algumas perguntas. Ele concordou, e então acionou o modo "artista-

-sendo-entrevistado". Às vezes, ele falava umas coisas só para chocá-los, mas, de novo, era só uma tentativa por parte dele para criar impacto.

De fato, até mesmo ir ao mercado ganhou uma perspectiva diferente depois disso. Mick e eu fomos à quitanda comprar frutas e legumes, pegamos o dinheiro para pagar, mas ouvimos no caixa: "Não, não precisa pagar. Vimos vocês no *Top of the Pops*".

Dois dias depois do *Top of the Pops,* tocamos no Royal Festival Hall em Londres. Era um show para arrecadar donativos para a "Save the Whale" – "Salve a Baleia" –, uma das muitas causas sustentadas pela iniciativa Friends of the Earth. O cartaz do evento trazia Bowie montado num arpão de baleeiro. Também faziam parte da programação daquela noite a Marmalade e a JSD Band.

Kenny Everett, o famoso e anárquico DJ, era o mestre de cerimônias, e apresentou Bowie como "alguém que só perde em importância para Deus". As resenhas depois desse show foram maravilhosas: o *Record Mirror*, por exemplo, declarou que Bowie "parece certamente alguém que vai se tornar a figura mais importante da música pop nos dois lados do Atlântico". Mas, para nós, foi uma noite especial, porque havia um convidado surpresa se apresentando conosco. Foi a primeira apresentação solo ao vivo de Lou Reed na Grã-Bretanha. Fizemos um ensaio curto com ele durante a passagem de som, porque, como já estávamos tocando as mesmas músicas no nosso setlist há muito tempo, não precisávamos ensaiar muito.

Achei Lou um cara muito legal. Definitivamente, ele quis fazer jus à ocasião e foi comprar um terno de veludo preto bordado com brilhantes em forma de diamante, parecia um *mariachi* glam. Perto do final do setlist de 70 minutos, Bowie apresentou Lou e nós tocamos "I'm Waiting For the Man", "Sweet Jane" e "White Light/White Heat". Eles dois cantando juntos aquelas músicas foi algo maravilhoso e, nem preciso dizer, os dois arrasaram.

Conversando com Lou naquela noite, ele me disse que tinha se divertido muito. "O público britânico é muito diferente do que estou acostumado - são mais atentos. Tocar em lugares como o Max em Kansas City, onde todo mundo fica louco e drogado, é totalmente diferente."

Ele me perguntou se eu conhecia o trabalho dele. Eu disse: "Claro, conheço tudo", o que o surpreendeu e o deixou muito contente.

Lou Reed também disse que tinha gostado de se apresentar com a gente porque nós tocamos suas composições de forma bem sólida. Falei que ele me lembrava os primeiros poetas beats de Nova York e que eu gostava muito daquela sensação de decadência que ele tinha conseguido capturar em seus primeiros álbuns. A conversa não foi muito longa; na verdade, com Lou nunca era, porque ele parecia ser capaz de tomar uma garrafa inteira de uísque num piscar de olhos. Contudo, eu achei Lou Reed um cara muito gentil.

Naquele tempo, Lou Reed e o Velvet Underground não eram muito conhecidos no Reino Unido, e provavelmente tinham alguns milhares de fãs nos Estados Unidos. A intenção de Bowie era aumentar a popularidade de Lou no Reino Unido e ajudá-lo com o novo álbum. De fato, Bowie e Mick seriam os produtores da gravação que se tornaria o álbum *Transformer*. O plano original era que o Spiders From Mars fosse a banda de Lou nesse trabalho, mas isso mais tarde mudou, já que seria meio confuso demais existir um Lou Reed and the Spiders From Mars.

Nós tínhamos um toca-fitas de rolo no nosso apartamento em Beckenham, então todas as noites depois das sessões, que começaram em agosto, Mick tocava para mim a gravação bruta do que eles tinham feito naquele dia. Eu achava tudo ótimo, principalmente à medida que, dia após dia, ouvia as músicas criando forma. "Perfect Day" era linda, e eu adorava "Walk On the Wild Side". A produção de Mick e Bowie ficou incrível. *Transformer* logo se tornaria um clássico.

Nossa apresentação seguinte seria no Friars Club, em Aylesbury. O que tornou esse momento único, além do público fenomenal, foi o fato de que a RCA tinha investido 25 mil dólares para trazer um seleto grupo de jornalistas norte-americanos para escrever a resenha do show. Defries tinha identificado a oportunidade perfeita para criar um burburinho na mídia antes da nossa chegada aos Estados Unidos, marcada para setembro.

Naquela noite fizemos uma versão improvisada de "This Boy", dos Beatles. Tínhamos tocado essa música apenas uma outra vez, em Liverpool, como uma homenagem aos Fab Four. Dos relatos da época, as críticas foram muito favoráveis.

Bowie tinha divulgado nosso próximo show para os jornalistas da *New Musical Express* que estavam em Aylesbury: "Oi, bonitões, meu nome é David e estarei no Rainbow, no adorável norte de Londres, com o Spiders From Mars, algumas pessoas lindas chamadas Roxy Music e um cantor de blues maravilhoso chamado Lloyd Watson no próximo sábado e no domingo. Seria absolutamente divino se vocês pudessem dar uma passada lá - e se vocês não conseguirem *se passar* lá, apenas estejam lá, que tal? Vai ser o show mais intenso do ano".

A ideia de David era montar uma produção totalmente teatral para o show no Rainbow em 19 de agosto; e um segundo show foi marcado para 20 de agosto, já que para o primeiro os ingressos esgotaram. Aparecíamos no cartaz de divulgação como Ziggy Stardust e sua banda The Spiders - a primeira vez, pelo que lembro, que o show foi divulgado dessa forma.

Como já mencionei, uma grande influência de Bowie enquanto artista foi o mímico Lindsay Kemp. No começo da carreira, Bowie frequentava as aulas de mímica de Kemp e chegou até mesmo a excursionar com ele como parte de seu espetáculo em várias ocasiões. Assim, David Bowie queria incluir Kemp e sua trupe no show do Rainbow, e os dois iriam coreografar a apresentação de modo que embelezasse a música que estivéssemos tocando.

O próprio palco foi projetado com seis escadas que levavam a várias plataformas e andaimes. Em três dessas plataformas ficavam telões e, em diferentes partes do show, fotos de ícones do rock, como Elvis, Little Richard e Mark Bolan, eram projetadas, dando a ideia de que Ziggy já havia feito parte desse seleto grupo. Outras fotos incluíam as latas de sopa de Warhol, as embalagens de cereais Kellogg's e Marilyn Monroe – tudo muito conectado à pop art.

O palco estava coberto de pó de serragem, então qualquer movimento dos pés da banda ou dos dançarinos deixava um rastro visível.

Freddie Burretti costurou o figurino de Lindsay e sua trupe. Havia cerca de seis dançarinos pelo que eu recordo; os figurinos davam a aparência de que eles estavam cobertos de teias de aranha. Todos usavam uma maquiagem bastante mórbida. A certo ponto, Lindsay desceu do teto pendurado por uma corda, todo vestido como um anjo bizarro, fumando um baseado de meio metro de comprimento.

Um dos atores/dançarinos era um cara chamado Jack Birkett, que era quase cego – nós o observamos fazer marcas no palco antes do show para que ele soubesse onde estava e não perdesse as marcações das luzes. Durante o show, ele corria para a frente bem rápido e então parava bem perto da beira do palco. Ficávamos muito nervosos o observando.

Ao longo de todo o setlist, eles apresentavam as coreografias, e do meu ponto de vista, junto à bateria sob a seção do andaime, provavelmente ajudaram a criar a mais bizarra apresentação teatral que já tinha sido vista – duvido que alguém a tenha igualado.

Também era a primeira vez que Bowie usava o figurino do renomado estilista japonês Kansai Yamamoto, cuja modelo tinha influenciado Suzi Fussey para criar o novo corte de cabelo de David. Bowie chamava de sua "fantasia de coelho"; mais tarde, ficou conhecida como o figurino Woodland Creature, Criatura da Floresta. Era um macacão curto de couro vermelho, com as pernas de fora! Mick, Trev e eu usamos o figurino da segunda metade de nosso show normal, que era como os outros, mas com lapela, e estávamos de preto e prateado, evocando uma aparência metálica.

Com exceção dessas duas datas no Rainbow, como o palco completo estava montado, nossos ensaios aconteceram no Stratford Royal Theatre, que não era um lugar de ensaio muito rock'n'roll: era local de atores e apresentações teatrais. Foi muito "apropriado" que tenhamos ensaiado lá.

Havia um bar no teatro que era frequentado por atores, técnicos de iluminação etc., e durante o intervalo nos ensaios, nós quatro íamos até lá tomar uma bebida com nosso figurino "de palco". Um cara que obviamente não fazia ideia de quem éramos veio conversar com a gente.

"Vocês são do elenco de *Jornada nas Estrelas*?", perguntou.

Sem sequer piscar, e em uníssono, nós quatro respondemos: "Sim".

"Que episódio?", questionou.

"É um novo, ainda nem foi gravado", disse Bowie.

"Não estou sabendo dessa gravação", disse ele.

O mais engraçado é que, logo em seguida, naquele mesmo dia, vimos o próprio William Shatner, mais conhecido como Capitão Kirk, no mesmo bar.

Os shows do Rainbow foram um sucesso estrondoso. Mais uma vez Bowie nos surpreendeu, demonstrando que tinha mais cartas na manga do que podíamos imaginar.

O fotógrafo oficial da turnê, Mick Rock, estava presente e gravou em vídeo algumas partes que mais tarde foram incluídas no vídeo de "John, I'm Only Dancing", nosso single seguinte.

A imprensa captou a mensagem. "A noite em sua totalidade pode ser julgada como um sucesso arrebatador", escreveu Chris Welch, da *Melody Maker*, embora tenha acrescentado: "No final, ficou uma leve suspeita de que parte do público estava um pouco atordoada e perplexa pelo *jive* que David estava nos oferecendo". E concluiu: "Por Deus, esse espetáculo trouxe um pouco de glamour a nossas vidas, e digo amém a isso".

"Talvez este tenha sido o maior show de rock teatralizado já apresentado na história", disse Charles Shaar Murray na *NME*. "Contando com provavelmente o trabalho mais requintado de qualquer compositor contemporâneo e os recursos para apresentá-lo empregados em sua vantagem, não há nada que vá superar o atual show de Ziggy", acrescentou. Murray também reproduziu uma citação de Lou Reed dizendo que o show foi "maravilhoso, incrível, estupendo - a melhor coisa que já vi na vida". Obrigado, Lou, isso foi legal demais.

Acontece que custou uma fortuna para produzir esses dois shows, então foram os únicos que fizemos nessa escala.

Conheci Mick Jagger no Rainbow: ele apareceu num ensaio e foi muito legal. Por alguma razão, parecia muito interessado na minha bateria. O mesmo aconteceu com Paul McCartney: ambos comentaram sobre o som da minha bateria. McCartney esteve em vários ensaios e se sentava lá assistindo a gente com sua esposa, Linda. Houve muitas brincadeiras por causa disso, já que nosso roadie ficava se gabando de que se sentia muito à vontade em meio às grandes estrelas. Não era bem assim, mas o roadie fazia toda uma encenação sobre "Eu, Paul e Linda somos melhores amigos". Ele se posicionava atrás de Paul e Linda sem que eles se dessem conta, apontava para eles e fazia sinal de positivo para nós.

Também conheci Ringo, e conversamos sobre bateria. Elton John também esteve lá. Publicaram uma declaração dele dizendo: "O que foi que vi nesta noite? Acho que vi um show impressionante. Tenho acompanhado Bowie desde os primeiros shows no Marquee anos atrás. Me lembro dele com The Lower Third e tudo mais. Acho ótimo". Naquele noite, não consegui conversar com Elton, mas me encontrei com ele no Beverly Hills Hotel durante a turnê norte-americana. Conto mais tarde o que aconteceu. O interesse no nosso trabalho estava inflando nosso ego; afinal, existia uma hierarquia no rock, e eles todos estavam indo nos assistir.

Casualmente, muitos anos depois, quando fui ao casamento de Joe Elliott (do Def Leppard), conheci Brian May e soube que o Queen tinha ido nos assistir várias vezes e se inspiraram muito no visual de Bowie e dos Spiders.

Já que estou citando nomes, perto dessa época passei a conhecer outros músicos de quem eu gostava, como Iggy Pop, que passava bastante tempo com a gente, já que ele e David tinham planos de trabalhar juntos. Iggy parecia um alienígena para mim, o que entendo como um pouco exagerado, já que eu fazia parte de uma banda com David Bowie. Tínhamos muito pouco em comum, mas ele sabia quem ele era, do que gostava e do que não gostava – tinha opiniões muito fortes. Sua performance no palco naquela época era intensa: ele não pensava duas vezes antes de rasgar o peito com o suporte do microfone. Bowie e Iggy pareciam para mim dois opostos, tanto como músicos quanto como artistas. Mas eu realmente gostava dos Stooges, assistimos a filmes de Iggy com eles e eu ficava impressionadíssimo com as apresentações. Iggy Pop sempre teve esse componente de imprevisibilidade, meio parecido com Jim Morrison, quando nunca se sabia o que ele iria fazer em seguida. Talvez isso fosse a coisa em comum que David Bowie e Iggy Pop compartilhavam.

Tive muita sorte em conhecer um dos meus ídolos, o baterista do Led Zeppelin John Bonham – um dos músicos mais famosos do mundo inteiro naquele momento. Saímos para tomar uma bebida no Ship, em Wardour Street, certa noite quando estávamos gravando no Trident. Ele era um grande cara e gostava mesmo de uma cerveja. Eu achei Bonham um sujeito excelente, apesar da temida reputação que ele tinha quando estava bêbado. Obviamente conversamos sobre bateria e nos divertimos muito trocando uma ideia.

Mais tarde, encontrei Jimmy Page e Robert Plant no Crown, em Tottenham. Fui apresentado a Robert Plant no camarim e ele disse: "Woody Woodmansey... Eu conheço esse nome". E eu falei: "Robert Plant... Eu conheço esse nome". Eu recém tinha assistido ao show deles a menos de um metro de distância e ainda estava impressionado com a apresentação, então a maior parte da nossa conversa foi eu dizendo para ele o quanto ele era ótimo.

Naquele momento, já me reconheciam na rua, algo de que eu gostava, a menos que estivesse fazendo compras na Oxford Street ou em algum lugar. Eu me virava e havia cerca de 50 pessoas atrás de mim. Não podia simplesmente dizer: "Tenho que fazer compras". Ficava conversando com os fãs e dava autógrafos até o braço quase cair, e geralmente acabava ficando sem tempo para fazer compras. Mas assim conheci pessoas muito bacanas que me diziam o quanto nossa música significava para elas. Nunca tive problemas com isso.

Então, depois de tanto tempo e de todo o esforço que havíamos investido nos últimos dois anos, estávamos com um single e um álbum nas paradas... Havíamos chegado lá e arrasado pelo caminho, pelo menos no Reino Unido. O sonho estava se tornando realidade.

7.
LET YOURSELF GO

PERMITA-SE

Se achávamos muitas as datas da turnê britânica, tivemos um reajuste completo das nossas expectativas quando fomos para os Estados Unidos em meados de 1972. Era o lugar com o qual sempre sonhamos e estávamos muito animados. Eu só conhecia os EUA pelos filmes. Até aquele momento, no quesito viagens ao exterior, além da viagem ao Chipre, eu só tinha passado uma semana na Bélgica com June quando tínhamos 18 anos. O ponto mais alto daquela viagem foi dançar num clube de Oostende até a madrugada com o DJ tocando as músicas de Sly and the Family Stone. Bowie foi de navio para os Estados Unidos com Angie no *Queen Elizabeth 2*, por causa do medo de avião, e nós pegamos um voo para Nova York.

Ainda lembro as caras do pessoal da imigração quando chegamos. Não estávamos usando nosso figurino de palco, obviamente, mas nossos cabelos e roupas glamorosas sem dúvida nos destacavam em meio a uma multidão de profissionais viajando a trabalho e de turistas que aguardavam ao nosso lado na fila da imigração. Dias antes, Suzi tinha acrescentado mechas vermelhas, verdes e violeta no cabelo oxigenado já chamativo de Mick, o que causava ainda mais impacto.

Uma limusine estava nos aguardando para nos levar do aeroporto ao centro de Nova York. Olhando pela janela, primeiramente achei que amarelo era a única cor de automóvel que os americanos gostavam, até que me dei conta de que eram táxis. Contei 42 táxis um atrás do outro numa linha amarela contínua. Todas as ruas eram retas e pareciam se estender por quilômetros em todas as direções. Quando o trânsito parava, ouviam-se umas 20 buzinas de carros, os motoristas baixavam os vidros dos carros e ouviam-se impropérios com sotaque americano que se somavam à cena já caótica. Lembro de ficar pensando que os nova-iorquinos não tinham muita paciência, mas era empolgante, e aquela cidade parecia viva.

Ou acelerava ou acabava sendo atropelado pelo rush – muito diferente da Londres polida que havíamos deixado para trás poucas horas antes. Parecia que estávamos num filme, mas não tínhamos o roteiro, ao menos ainda não...

Olhando para o topo dos prédios envidraçados que pareciam chegar até as nuvens, não podia acreditar na altura dos edifícios e fiquei pensando quem iria querer viver lá no alto. Acontece que seria eu – meu quarto de hotel ficava lá em cima, no céu!

Hoje em dia, o Reino Unido e os Estados Unidos são muito mais parecidos nos quesitos cultura, comida e gírias – mas naquela época eram muito diferentes. Gostávamos das músicas norte-americanas, mas não conhecíamos muitos americanos, Tony Visconti e Angie obviamente eram exceções.

Tentando compensar a comida de avião do dia anterior, Mick, Trev e eu fomos até o restaurante do hotel tomar café da manhã. O cardápio oferecia "full English breakfast" – "café inglês completo" –, e eu sentia que precisava de alguma coisa da minha terra natal. Quando a comida chegou, não era bem o que eu estava esperando. Juntamente com ovos, bacon, salsichas e tomates, havia um espetinho com morangos, pedaços de melão e uvas! Até poderiam ser minhas raízes nórdicas inglesas falando mais alto, mas servir frutas junto com as frituras no meu café da manhã simplesmente insultava meus sentidos. Tive que remover os itens ofensivos da mesa antes de poder saborear o meu "café inglês completo". Naquela noite, voltamos para jantar no restaurante; eu comi bife com todos os acompanhamentos, e estava excelente. O cardápio de sobremesas era exótico, por assim dizer. Eu queria só sorvete de baunilha, que não estava no cardápio como opção individual.

Então eu disse ao garçom: "Por favor, é possível trazer só um sorvete de baunilha?".

"Certamente, senhor", disse ele. "O que o senhor gostaria de acompanhamento?"

"Nada", respondi, "só o sorvete de baunilha".

"Não acho que isso seja possível, senhor", disse ele. "O senhor tem que solicitar pelo menos um acompanhamento com o sorvete."

Eu disse: "OK, enfia uma salsicha no sorvete. Isso é possível, já que você trouxe morangos e uvas com meus ovos e bacon".

O garçom saiu irritado, mas, no final das contas, voltou com apenas o sorvete de baunilha... Foi meu primeiro momento "diva *rock star*"!

Enquanto estávamos em turnê nos Estados Unidos, nosso novo single, "John, I'm Only Dancing", estava subindo nas paradas no Reino Unido. Em junho, havíamos passado alguns dias nos estúdios Olympic, em Londres, gravando a música. Eu particularmente estava orgulhoso das minhas viradas no tom-tom, que sem dúvidas acrescentaram dinamismo ao arranjo. Estávamos todos no estúdio gravando os backing vocals quando Rod Stewart e sua banda The Faces entraram pela porta. Eles estavam dançando com a música e cantarolando "lá-lá-lás" até que todo mundo caiu na gargalhada. Então um dos caras disse: "Até mais!", e saíram pela porta tão abruptamente quanto tinham chegado.

Lembro que a letra naquela época parecia um tanto ambígua para mim. Podia ser sobre um cara dançando com uma garota e dizendo para o namorado dela não se preocupar, porque ele estava "só dançando", ou ele estava conversando com um amigo enquanto dançava com a namorada dele. Mick Rock tinha filmado a banda tocando essa faixa durante os ensaios no Rainbow e foi essa filmagem que foi usada para o vídeo. A RCA achou essa música arriscada demais para lançar nos Estados Unidos, e o programa *Top of the Pops* baniu o vídeo, pois não era muito do gosto da BBC... A faixa foi lançada em 1º de setembro, e quando chegamos a Nova York, já era número 30 das paradas de singles. Acabou chegando ao número 12 em 8 de outubro. Estávamos ocupados demais nos Estados Unidos para nos preocuparmos com o fato de que não estava indo tão bem quanto "Starman".

Enquanto isso, Tony Defries tinha decidido criar sua própria empresa, a MainMan, e Bowie rapidamente assinou um contrato com ela. Desde que conheceu os atores do espetáculo *Pork* e descobriu quem eram suas conexões, Defries ligava sempre para eles perguntando como poderia promover Bowie and the Spiders From Mars nos Estados Unidos. Chegou até a enviar uma caixa com cópias do disco *Hunky Dory* para distribuir para DJs e artistas underground que conheciam em NY. Naquele ano, recrutou Tony Zanetta para assumir o escritório da MainMan nos Estados Unidos e chamou alguns dos outros membros do elenco para que o ajudassem a organizar a nossa turnê: Cherry Vanilla, que interpretou o personagem título de *Pork*; Jamie Andrews, que tinha interpretado um personagem chamado Pall; e Leee Black Childers, que era diretor de palco. Era cômico porque todos eles eram extremamente *camp*, as pessoas mais salientes e extravagantes que já havíamos conhecido na vida. Isso exigiu um pouco de adaptação para nós, os Spiders. Eu tinha conhecido Cherry Vanilla havia tempos no clube Sombrero, em Londres. Era sexy, sem rodeios, uma pessoa muito boa com quem conversar.

"Seu nome real é Cherry Vanilla?", perguntei.

"Sim", ela respondeu. "Você gosta desse nome?"

"Sim", eu disse. "Parece bacana. Mas por que Cherry?"

Nesse momento, ela desabotoou a blusa e mostrou um dos seios muito voluptuosos, que tinha uma tatuagem de cerejas - *cherries*.

"Entendi", disse eu, meio desajeitado... Se não fosse pela luz fraca no Sombrero, ela teria visto o meu rosto ficar corado.

Os ensaios para a turnê aconteceram nos estúdios RCA em Manhattan, e tendo chegado aos Estados Unidos sem um tecladista, precisávamos encontrar alguém rapidamente, já que Bowie queria que as apresentações ao vivo fossem parecidas o máximo possível com as gravações nos álbuns. Mick sugeriu Mike Garson, que tinha tocado piano num álbum que todos nós estávamos ouvindo, *I'm The One*, de uma artista de jazz americana, ativista de esquerda, chamada Annette Peacock. Tinha algumas batidas muito bacanas de jazz/funk, e em algumas faixas ela cantava com o uso de um sintetizador. Nós todos achamos o álbum incrível. Havia certa preocupação de que Mike Garson não aceitasse tocar numa banda de rock'n'roll, então Bowie telefonou para Annette para ver se ela poderia falar bem de nós. Ela concordou e ligou para Mike dando sua palavra a respeito da musicalidade e da credibilidade da nossa banda. Algumas horas depois, Defries ligou para ele e Mike topou fazer a audição. Ele veio até os estúdios RCA e se sentou ao piano. Mick se apresentou e tocou os acordes de "Changes" para ele.

"O que você pode fazer com isso?", perguntou Mick.

Mike começou a tocar, e imediatamente nós percebemos que estávamos diante de um músico altamente competente que poderia dar conta de canções como "Life on Mars?". Ele tinha a mesma habilidade de Rick Wakeman, mas obviamente com uma pegada jazz. Em Mike encontramos um tecladista que, embora nós não soubéssemos naquele momento, acrescentaria muito às futuras músicas de Bowie. Eu realmente valorizo a visão de Bowie aqui: ao recrutá-lo para nossa banda, ele havia trazido um músico vanguardista realmente talentoso para o campo do rock.

Mike – que tinha chegado à audição usando uma camisa xadrez e calças de sarja – ficou meio apavorado com nossa aparência, pelo que eu me lembro. Mas ele conseguiu assimilar aquilo tudo...

Achei um pouco difícil me aproximar dele num primeiro momento, porque ele não falava nossa língua: ele falava jazz, e nós falávamos rock. Além disso, nós tínhamos nos tornado um grupo meio fechado com nossas piadinhas internas, então levou certo tempo para nos abrirmos para Mike, e do mesmo modo para ele se aproximar da gente. No começo, ele ficava sentado no canto do palco, na penumbra, mas à medida que o tempo passava, ele saiu de seu casulo e passou a adotar uma postura mais ativa no show.

Então, finalmente, tínhamos nosso próprio tecladista. Nós também contávamos com uma equipe técnica própria, com roadies, pessoal da iluminação, do som e da segurança, e alguns estavam trabalhando conosco desde os tempos do Rats. Suzi Fussey era a responsável pelo cabelo e o guarda-roupa. Tínhamos ainda a turma de Warhol: Tony Zanetta, como nosso diretor de turnê, e Lee e Jamie assumindo qualquer outra tarefa que fosse necessária. Estávamos preparados para arrasar em solo americano!

Parecia que tudo estava pronto para a turnê, apesar de uma pequena inconveniência bizarra. Como Bowie se recusava a viajar de avião, nós iríamos nos deslocar durante toda a turnê de ônibus. Mas suas reflexões sobre o estilo de vida dos norte-americanos inspirariam Bowie a começar a compor novas músicas, muitas das quais estariam no álbum seguinte, *Aladdin Sane.*

A turnê começou no Cleveland Music Hall, em 22 de setembro. O local acomodava 3 mil pessoas, e os ingressos se esgotaram em dois dias, graças a Denny Sanders, diretor musical, e Billy Bass, diretor de programação da rádio WMMS, que promoveram faixas tanto de *Hunky Dory* quanto de *Ziggy Stardust* repetidamente, apresentando nossa música àquela região e formando uma base de fãs bastante entusiasmada. Nós já éramos o assunto da cidade quando chegamos a Cleveland.

Começamos o show com "Hang On To Yourself", e o público adorou. Naquele dia, Bowie tinha participado de uma entrevista coletiva mais cedo e tinha sido meio reticente, mas na hora do show ele se despiu de qualquer inibição e dominou o palco como se estivesse possuído. Era mais ou menos a mesma apresentação que tínhamos feito no Reino Unido, e se eu me lembro bem, incluímos "Lady Stardust", sendo uma das poucas vezes que tocamos essa música ao vivo. A experiência que adquirimos na turnê britânica, mais a chegada de Mike Garson, realmente nos ajudou a encontrar o som da banda e a apresentação pareceu subir para outro patamar. Foi eletrizante, e o público nos demonstrava que também se sentia assim. Ao final, recebemos aplausos que duraram cerca de 10 minutos. Nosso primeiro show em solo americano havia acabado e tinha sido incrível, o começo perfeito para a turnê.

Bowie adorou tudo aquilo. Ele ainda estava no controle da *persona* Ziggy nesse início da nossa primeira turnê norte-americana e era capaz de assumir ou descartar seu personagem no palco com relativa facilidade. David queria ser famoso por anos e anos, e tinha dado um duro danado para alcançar o sucesso - e finalmente lá estava ele, a maior estrela do momento.

A próxima parada da turnê era Memphis, terra natal de Elvis Presley, o que deixava tudo ainda mais animado para nós. Foi mais um show com ingressos esgotados, e novamente o público ficou enlouquecido e fez muito barulho. Foi outra injeção de confiança para nós antes de estrearmos no Carnegie Hall em Nova York alguns dias depois. A caminho de Memphis, durante uma jam com guitarras nos fundos do ônibus, as sementes do que se tornaria "The Jean Genie" foram plantadas. Acho que George Underwood estava tocando acordes que eram muito parecidos com a cover dos Yardbirds de "I'm a Man", de Bo Diddley. Mick também estava tocando guitarra. O ônibus inteiro estava cantando "*We're bus, bussing, bussing along*" – "Somos ônibus, busão busando em frente", algo bem idiota assim, e meio que resumia o estado de espírito geral. A melodia e o andamento não eram muito diferentes do refrão de "The Jean Genie".

O show no renomado Carnegie Hall era muito importante para nós. Os Beatles tocaram lá duas vezes em 1964, e para se ter sucesso no mercado do rock nos Estados Unidos era importante ser bem-sucedido em Nova York. Sem dúvida, precisávamos alcançar a perfeição naquela noite. Contra nós havia o fato de que Bowie estava gripado desde a noite anterior e tinha dormido muito mal. Ele não sabia se conseguiria ter energia suficiente para o show ou se sua voz estaria boa para cantar.

Quando nossa limusine chegou ao local do show, vimos um holofote gigante do lado de fora do Carnegie Hall que se movia de um lado para o outro e iluminava as nuvens e o topo dos arranha-céus, criando uma atmosfera de *première* hollywoodiana. O show estava lotado, e a lista de convidados incluía Truman Capote, Todd Rundgren, Andy Warhol, Alan Bates, Tony Perkins e cerca de 100 jornalistas britânicos, além de profissionais da imprensa norte-americana.

Estávamos um pouco nervosos antes do show, mas entramos no palco depois da intro de *Laranja mecânica* para receber aplausos de pé, o que já foi um começo fantástico. Parecia o maior show que já tínhamos feito até aquele momento. Isso poderia ser conferido pelo número de camarotes, cinco no total, bem acima da área principal da plateia. Nós fizemos jus à ocasião, incluindo Bowie, apesar da gripe. Mesmo assim, antes de um dos números acústicos – "My Death", de Jacques Brel – ele avisou o público que talvez não conseguisse terminar porque estava com problemas na voz. Mas, devo dizer, ele apresentou uma versão magnífica dessa música. O show realmente foi extraordinário, e o público nos apoiou o tempo inteiro. Antes de voltarmos para o bis com "Round and Round", fomos aplaudidos de pé por cinco minutos. As críticas foram todas positivas, e por causa do sucesso desse show em particular, mais datas foram adicionadas à turnê nos EUA.

Fomos para Washington e Boston, depois voltamos para Nova York, já que tínhamos alguns dias de folga, para gravar "The Jean Genie", que Bowie tinha terminado de compor. Entramos nos estúdios da RCA em 6 de outubro. Levou cerca de um dia para gravar a faixa-base e acrescentar alguns overdubs, depois gravamos mais overdubs no dia seguinte. É uma ótima música, simples, mas cheia de energia, com aquele riff de guitarra incrível de Mick, que Trevor e eu acompanhamos à altura. Eu adoro o famoso "foda-se" dessa música, quando o Trevor entra no refrão adiantado. Ele mostrou para Bowie na época, e David disse: "Deixa assim, eu gostei". Quando tocamos a música ao vivo, Bowie disse para Trev repetir o mesmo erro. A faixa foi mixada no Estúdio B da RCA em Nashville e seria nosso próximo single.

Nós nos sentíamos como *rock stars*, mas, revisitando o passado agora, a gente mal se dava conta disso, porque, embora alguns shows fossem realmente fenomenais, outros tinham apenas um terço do público estimado. Contudo, esses shows incríveis indicavam um potencial, principalmente quando nos demos conta de que a turnê norte-americana seguinte teria sempre lotação completa.

De vez em quando, reservo um tempo para considerar o quanto tínhamos avançado desde o Three Tuns, um lugar que parecia lotado mesmo com apenas 45 pessoas lá dentro. Tocar em arenas para milhares de pessoas era como estar em outro planeta. De Nova York, nós fomos para Chicago, depois para Detroit e dali seguimos até a Califórnia.

Naquele instante, já estávamos nos achando o máximo. Antes disso, sempre entrávamos no palco pensando: "Espero que eles gostem da gente", "Tomara que gostem da nossa música". À medida que o tempo passou, dizíamos para nós mesmos: "Isso é bom demais, porra! É certo que o público vai gostar". Ao mesmo tempo, bastava um amigo da banda ou um roadie comentar "Vocês tocaram essa música melhor ontem à noite" ou "Não ficou tão bom quando você fez isso hoje", e nossa confiança acabava, assim como nossa visão de como deveríamos tocar num determinado show. Assim como qualquer empreendimento em que há muitas pessoas envolvidas, estávamos sempre cercados de opiniões. Bowie então sugeriu que ninguém deveria se aproximar dele ou da banda antes de um show.

Quando pensamos em como implementar tal ideia – sendo que tínhamos uma equipe de cerca de 40 pessoas –, ficou decidido que levaríamos para a estrada conosco um chef cujo trabalho seria encontrar o melhor restaurante em cada cidade, de modo que pudéssemos jantar fora e ter um tempo sozinhos antes do show, sem distrações. Isso foi uma extravagância, mas nos dava um espaço para respirar, então valeu muito a pena. Ficávamos totalmente isolados, e isso deu muito certo. Raramente, Angie nos acompanhava, mas quase sempre éramos apenas nós quatro em isolamento. Nessas ocasiões, éramos os reis da montanha, ninguém mais poderia nos tocar. De vez em quando, conversávamos sobre o show, e se houvesse alguma ideia de como melhorá-lo, nós debatíamos o assunto. No geral, contudo, a conversa não passava de quatro camaradas fazendo brincadeiras e contando piadas sujas.

Uma das coisas estranhas sobre estar na estrada em turnê é que parece que se está vivendo dentro de uma bolha. Isso se deve basicamente ao fato de que se passa muito tempo viajando por longas distâncias entre as cidades, depois, quando finalmente se chega, é sempre a mesma rotina antes de cada show. Almoço, passagem de som, jantar, vestir o figurino, tocar, voltar para o hotel, dormir, acordar e viajar mais, de novo e de novo... O que torna tudo ainda pior é que geralmente as reservas de hospedagem são em alguma rede de hotéis como a Holiday Inn, então você deixa seu quarto de manhã, passa pela mesma rotina de sempre, abre a porta do hotel na cidade seguinte, e a decoração é exatamente a mesma daquele quarto de onde você saiu um dia antes, até com os mesmos quadros na parede. Definitivamente, parecia o filme *O feitiço do tempo.* E nos anos 1970 não havia celulares, laptops, internet, então basicamente se ficava cortado do resto do mundo durante toda a turnê.

E para completar, na questão financeira, ninguém tinha dinheiro vivo... ou se tinha era muito pouco. Não havia cartões de banco ou cartões de crédito naquela época. Defries conseguiu que a RCA reservasse todos os hotéis para nós durante a turnê; depois instruiu toda a equipe para colocar tudo, incluindo as refeições, na conta como serviço de quarto e disse para todos agirem como "*superstars*" para dar a impressão de que Bowie e os Spiders eram realmente importantes. Tudo parte do grande plano estratégico de Defries! É claro que a equipe logo dominou a arte da gastança e passou a usar todos os serviços que os hotéis tinham à disposição, incluindo salões de beleza, spas e butiques.

Sacudimos St. Louis em 11 de outubro, mesmo que não fosse uma cidade que combinasse muito com "Ziggy and The Spiders". Na verdade, apenas 200 pessoas apareceram no local, que podia acomodar cerca de 10 mil pessoas, mas Bowie transformou o show numa apresentação bem intimista, chamando todo mundo para a frente do palco. Depois foi a vez de Kansas City, onde fizemos o show com roupas normais, já que o nosso figurino de palco não chegou a tempo. Depois disso, tudo mudou novamente.

Chegamos a Los Angeles para tocar em dois shows com ingressos esgotados nos dias 20 e 21 de outubro, no Santa Monica Civic Auditorium.

O lendário e anglófilo DJ Rodney Bingenheimer era dono de um clube de glam rock na Sunset Boulevard chamado Rodney's English Disco. Eu o encontrei pela primeira vez quando Rodney apareceu nos estúdios Trident durante as gravações de *Hunky Dory*. Era um cara muito simpático e fã fervoroso de Bowie e da banda. Ele ficava nos dizendo: "Caras, vocês têm que ir para os Estados Unidos, vocês serão um sucesso imenso lá". Rodney tinha feito o que podia para criar um burburinho antes da nossa chegada, então, na hora em que chegamos a Los Angeles, já tínhamos muitos fãs lá. Sem a ajuda dele, certamente não teríamos dois shows totalmente lotados.

O show de 20 de outubro foi o primeiro transmitido ao vivo pela rádio FM nos Estados Unidos. Virou um álbum bootleg de boa qualidade e, muitos anos depois, acabou sendo lançado oficialmente. Nunca se fez uma boa mixagem desse show, nem no bootleg, nem no lançamento oficial, mas a gravação em si realmente capturava a energia e o poder de David Bowie e dos Spiders.

Depois de tocar tantas vezes durante a turnê, realmente havíamos encontrado nosso ponto de equilíbrio; estávamos no ápice naquela noite e o astral era mágico. Pura sorte, na verdade, porque nós sequer sabíamos que aquele show estava sendo gravado.

Ainda me lembro dele com clareza: a introdução, a versão de "Ode à Alegria", de Beethoven, em *Laranja mecânica* tocando com as luzes da casa ainda apagadas, era de dar um calafrio na espinha, a atmosfera ajudada pela brisa que soprava do oceano. O local do show era um hangar imenso que estava completamente lotado, e o clima era eletrizante.

Durante o show, deu algum tipo de problema com o microfone do Bowie. Parece que o pedestal ficava escorregando, pelo que lembro, e o microfone não parava no lugar. Então um roadie se aproximou com alicates e tentou consertar o suporte, mas o cara estava demorando demais, então Bowie simplesmente disse: "Me dá aqui esse alicate". E o público inteiro urrou. David pegou o alicate, arrumou o microfone e o pedestal, e continuou declamando um discurso em fluxo de consciência. A plateia adorou, porque Bowie não havia dito uma palavra sequer para eles, então acho que o público nem imaginava como era ouvir David Bowie falando.

Depois de Santa Monica, tivemos dois dias de folga. Bowie foi para os estúdios Western Sound com Iggy Pop para remixar o álbum *Raw Power* dos Stooges. Ele ainda conseguiu terminar de compor "Panic in Detroit" enquanto estávamos em LA.

Ficamos hospedados num dos mais icônicos e mais conhecidos hotéis do mundo, o Beverly Hills Hotel da Sunset Boulevard. Havia 200 quartos e mais de 20 bangalôs, num dos quais nós estávamos. Cada bangalô era pintado com as cores do hotel, coral e verde (a silhueta do hotel e as palmeiras que o cercam aparecem na capa do álbum dos Eagles *Hotel California*, de 1976). Para nós, que parecíamos cada vez mais como verdadeiros *rock stars*, esse era o lugar perfeito para relaxar e ficar ao redor da piscina apenas tomando coquetéis. Não nos sentíamos deslocados porque os funcionários do hotel estavam acostumados a lidar com músicos e estrelas de cinema. Alguns dos clientes famosos do Beverly Hills incluíam Marlene Dietrich, Humphrey Bogart, Frank Sinatra e o Rat Pack. O bangalô favorito de Marilyn Monroe era o número 7, e dizem que John Lennon e May Pang se refugiaram escondidos num desses bangalôs por uma semana inteira.

Mick, Trev e eu dividimos um bangalô que era basicamente uma suíte com três quartos, um lounge e uma varanda. Descobri que Elton John estava hospedado num bangalô ali perto quando eu fui dar uma caminhada para fumar um cigarro e apreciar a vista dos jardins exuberantes. A primeira coisa que vi ao sair foi Elton sentado em sua varanda.

"Os britânicos estão chegando", disse ele, e foi assim que percebi que ele havia me reconhecido. Nós então ficamos conversando amenidades sobre o quanto os Estados Unidos eram diferentes do Reino Unido. Elton John disse o quanto tinha adorado *Hunky Dory* e como se tornou fã de Bowie logo no começo da carreira. Eu falei para ele que amava seu álbum *Madman Across the Water*, que tinha saído no ano anterior.

"Você tem que cuidar quando fizer o pedido de serviço de quarto aqui", me contou. "Eu solicitei várias refeições para um grupo que eu estava recebendo e acabei com uma conta de 70 lagostas!". Depois de uma pausa, ele acrescentou: "Se você gosta de lagosta, apareça".

Conhecemos várias groupies quando ficamos hospedados no Beverly Hills Hotel. A equipe da turnê tinha me perguntado: "Que tipo de mulher você quer? Safada? Do que você gosta? Qualquer coisa que quiser, podemos arrumar para você - apenas descreva o que você quer e nós chamamos". Era surreal. Éramos *rock stars* e tínhamos começado a nos comportar realmente como *rock stars*. Tínhamos sexo disponível dia e noite, e eu percebi que havia drogas à vontade, embora tenha usado apenas um pouco de erva e nada mais. Com bebida alcoólica, contudo, a história foi diferente.

Bebi demais naquela turnê, o que foi um grande erro, porque eu me comportava muito mal quando estava bêbado. Eu era um cara bem tímido fora dos palcos, sem ter uma bateria à minha frente. Mas em todos os shows tomava um coquetel rider feito com o melhor brandy e o melhor vinho, e como jogariam fora se ninguém bebesse aquilo, além de ser grátis, eu só pensava: "Foda-se, vou tomar umas". Não que nós bebêssemos muito antes dos shows, cada um tomava no máximo uma taça de vinho. Mas depois do show era outra história: como alguém pode conseguir relaxar depois de tocar diante de milhares de pessoas? A adrenalina ainda fica lá em cima. Com 40 pessoas na equipe, geralmente ocupando um andar inteiro do hotel, sempre havia uma grande festa após o show envolvendo muitos quartos e muitos hóspedes.

Às vezes, nós íamos para um clube noturno, e como o dono da casa tinha ido ao nosso show, ele dizia: "As bebidas são por nossa conta". Para alguém de 22 anos, parecia uma grande vantagem. Depois de alguns drinks, já não havia mais qualquer inibição. Eu ia até lá e sentava nas mesas de estranhos, pegava as bebidas dos caras e conversava com eles, o que não era muito legal se ao mesmo tempo estiver dando uma cantada na esposa de alguém. Tive sorte de nunca ter apanhado. Eu sempre sabia que Stuey estava por perto, o que na verdade me fazia agir pior ainda, já que eu confiava no nosso segurança para resolver as coisas se eu me metesse em enrascada.

Definitivamente, eu estava bebendo demais – eu mesmo reconhecia que me tornava um pé no saco quando estava bêbado. Não fazia sentido nenhum.

Depois de sair do "Pink Palace", como o Beverly Hills era carinhosamente chamado, seguimos para São Francisco, só que sem as flores no cabelo. Lá gravamos o vídeo de "The Jean Genie", que Mick Rock filmou e dirigiu. Ele usou algumas imagens ao vivo de um dos nossos shows recentes, e o resto foi gravado naquele dia num estúdio alugado. O vídeo também apresentava Cyrinda Foxe, uma amiga de David que agora era funcionária da MainMan, interpretando o papel de Marilyn Monroe. Ela realmente se encaixava com perfeição na personagem. Houve rumores entre os membros da equipe de que ela e Bowie estavam tendo um caso e que tinham passado várias noites juntos no Plaza em Nova York. Eu sabia que Bowie tinha uma quedinha por ela, porque ele me falava que Cyrinda era muito divertida e que ele gostava de passar um tempo com ela. Quando eu vi os três juntos - David, Cyrinda e Angie - não pareceu que havia problema algum. Acho que Angie também tinha uma quedinha pela garota.

Pouco antes da gravação do vídeo, eu tinha comprado um livro sobre teatro *kabuki*, havia uma seção com desenhos mostrando algumas das poses diferentes que os atores usavam para expressar emoções. Uma delas - com as mãos fazendo uma espécie de óculos invertido - pareceu bem alienígena para mim e eu a mostrei para David. Ele usou o gesto nesse vídeo e acabou se tornando parte do show ao vivo, o que passou a ser carinhosamente chamado de "A Máscara de Ziggy". "The Jean Genie" foi um dos primeiros videoclipes feitos para um canal de TV.

Na noite seguinte, tocamos no Winterland Auditorium, que não teve um público tão bom quanto Santa Monica. Depois de São Francisco, pegamos um trem até Phoenix, Arizona, onde tiramos mais dois dias de folga. O hotel tinha piscina ao ar livre, e o calor do deserto era insuportável, então ficamos lá fora matando a sede com coquetéis de tequila Sunrise. Fazia tanto calor que Mick e eu decidimos nadar, mas acho que nós, rapazes do norte da Inglaterra, não estávamos acostumados ao sol inclemente do deserto. Na hora em que voltamos para o quarto de hotel, Mick parecia uma lagosta, e eu não estava muito longe disso. Na manhã seguinte, ficamos apavorados: o cloro da piscina tinha deixado nosso cabelo esverdeado! Um desastre... Então Suzi veio ao nosso socorro. A equipe ficou tirando sarro da gente, com comentários do tipo: "*Here come the Green Genies*" - "Lá vêm os gênios verdes!".

Algumas regiões dos Estados Unidos eram perigosas de modos inesperados. Por exemplo, na Inglaterra, eu sempre ficava imaginando como seria entrar num daqueles *diners* clássicos americanos, quando alguém se senta junto ao balcão, toma café e faz o pedido. Em novembro de 1972, estávamos cruzando o estado da Georgia de ônibus e resolvemos ficar de olho para ver se havia algum *diner* na beira da estrada. Logo avistamos um e descemos do ônibus.

Assim que nós entramos – os Spiders e metade da equipe –, o clima ficou tenso: nós parecíamos forasteiros, para dizer o mínimo, com nossos cabelos oxigenados e roupas brilhantes. Nós todos nos sentamos junto ao balcão, o garçom veio até mim, apontou para Stuey e disse: "O que vocês querem? Não servimos *crioulos* aqui".

Eu perguntei: "O que você falou?".

Ele repetiu, mais alto dessa vez: "Eu não vou servir o *crioulo*".

Todo mundo no *diner* ouviu aquilo, mas ninguém disse uma palavra ou sequer ergueu a cabeça.

Nós ficamos nos olhando em choque por alguns segundos. Então levantamos dizendo "Vai se foder!" para o garçom e saímos mostrando o dedo do meio para o cara. Na época, achávamos que a luta pelos direitos civis já tinha terminado; nunca havíamos presenciado uma cena de racismo como essa antes.

Aconteceram outros problemas nos estados mais ao sul dos EUA. Mick, Trev e eu estávamos na nossa suíte do hotel e ouvimos uma batida na porta. Abri, e lá estavam dois policiais parados.

"Vocês vão sair na cidade hoje à noite, senhor?", perguntou um deles.

"Provavelmente", respondi. "Estávamos pensando nisso".

"Viemos até aqui aconselhá-los de que esta não é uma boa ideia. Vocês deveriam ficar no hotel, senhor", disse ele.

"Por que isso?"

"Um hippie levou um tiro dias atrás só porque tinha cabelo comprido. Soubemos que vocês estavam vindo para a cidade, então decidimos alertá-los: se saírem por aí com essa aparência, não vão durar uma só noite."

Eles pareciam bem sérios, e nem preciso dizer que seguimos seu conselho. Sem dúvida esse tipo de coisa nos trouxe de volta à Terra por um momento. Tenho certeza de que também foram até a suíte de David e falaram a mesma coisa para ele.

Agora, uma anedota mais leve: certo dia eu estava sentado no lobby de um hotel com Mick e Trevor. Havia muitos executivos de estilo conservador lá, acompanhados de suas esposas ou secretárias. Reparei que alguns nos davam olhadas condescendentes, mas já estávamos acostumados. Na verdade, algumas das vezes mais engraçadas depois dos shows aconteciam quando saíamos do palco, pulávamos numa limusine e seguíamos direto para o hotel. Nós quatro entrávamos no elevador como versões tecnicolor de Alice Cooper, suados e com o rímel escorrendo pelo rosto. Geralmente havia cerca de outros 10 hóspedes no elevador: dava para sentir o clima pesado instantaneamente.

De volta à história do lobby... Leee Black Childers estava saindo do hotel naquela mesma hora e nos viu.

"Vou fazer compras, rapazes, querem alguma coisa?", chamou de longe com sua entonação *camp* de costume.

Respondi em voz alta, de modo que pudesse se sobrepor às conversas ao nosso redor, perguntando de modo bem inocente: "Pode trazer umas frutinhas para nós?".

O lugar inteiro ficou num silêncio mortal.

"Achei que nunca fosse pedir!", gritou Leee de um jeito travesso, claramente se divertindo com a situação.

Em outra extremidade do mundo, no começo de novembro, o álbum *Ziggy Stardust* foi lançado no Japão e, no final do mês, "The Jean Genie" foi lançada no Reino Unido. Chegaria ao número 2 das paradas – nosso single mais vendido até aquele momento. Nos Estados Unidos, na mesma época, tivemos dois shows cancelados em Dallas e Houston (ao que parecia, o Texas não era um estado muito Ziggy). Havíamos tocado em lugares como Nova Orleans e Flórida, e atravessamos o país inteiro de volta a Cleveland, Ohio. Só que dessa vez tocamos num lugar muito maior, o Cleveland Public Hall, que tinha capacidade para 10 mil pessoas. Graças à nossa crescente popularidade, todos os ingressos foram vendidos para as duas noites. Foi nosso maior público até aquela data. Eu me lembro perfeitamente de ficar espiando pelas cortinas para a plateia lotada ao lado de Mick e de Trevor.

"Puta merda, é muita gente!", disse Mick, com um tom de apreensão na voz.

"Não se preocupe", eu disse a ele, "quando as luzes se apagarem, podemos fingir que estamos em Beverley Regal", numa referência a um local em Yorkshire onde tocamos muitas vezes com o Rats, com capacidade para apenas 200 pessoas.

Cleveland foi um dos públicos mais animados e barulhentos que já tivemos na carreira.

Foi por volta daquela época, perto do final da turnê, que descobrimos que Mick e Trevor estavam cantando errado nos backing vocals de "Changes". Achávamos que Bowie cantava "*Turn and face the strain*" - "Vire-se e encare a tensão" - durante o refrão, até que numa passagem de som ele os interrompeu na metade da música.

"O que vocês estão cantando?", perguntou Bowie. "É '*strange*' ('o desconhecido'), porra! Não *strain*!"

Ele olhou por cima do ombro mirando seu próprio traseiro, para demonstrar o que significava. Todos nós demos uma gargalhada por causa disso, incluindo Bowie.

O famoso Tower Theater na Filadélfia foi um dos nossos últimos shows nesta primeira turnê de David Bowie and the Spiders From Mars nos Estados Unidos. Os ingressos esgotaram nas duas datas, então uma terceira foi marcada, que também vendeu rapidamente. Tocamos três shows extremamente intensos, o final perfeito dos três meses mais incríveis da minha vida até aquele instante...

Mal eu sabia que havia uma nuvem escura no horizonte. As coisas estavam prestes a mudar.

8. IT AIN'T EASY

NÃO É FÁCIL

No nosso retorno a Nova York no final da turnê, seguimos para os estúdios RCA, onde participaríamos de uma coletiva de imprensa. Bowie nos levou para uma sala cheia de jornalistas, e nós tomamos nossos lugares. Ele nos apresentou individualmente e depois disse: "Estes são os Spiders From Mars, e eu sou David Bowie". Lembro que aquilo na verdade foi um evento meio nada a ver. Fica bastante óbvio como estávamos nos sentindo na coletiva pelas fotos tiradas por Mick Rock. O que se seguiu foram perguntas banais como "Que marca de coloração de cabelo vocês usam?" e "É tonalizante ou tinta?", e não lembro se Bowie sequer respondeu. Alguém perguntou a Mick Ronson: "Por que você é o único que está usando chapéu?". Ao que ele respondeu: "Eu não tive tempo de lavar o cabelo hoje de manhã".

Como nenhuma pergunta inteligente surgia, Bowie anunciou que sua segunda turnê nos Estados Unidos começaria no Radio City Music Hall em 14 de fevereiro, Dia dos Namorados, e atualmente estava trabalhando num novo álbum com músicas que ele tinha criado enquanto excursionava pelo país.

Como a turnê tinha sido estendida, estávamos um pouco atrasados com a gravação do álbum, então Ken Scott pegou um avião e se juntou a nós nos estúdios RCA para finalizarmos algumas faixas. Gravamos "Drive-In Saturday", que Bowie tinha escrito em algum lugar na metade da turnê e que já tínhamos apresentado de forma acústica em um dos nossos shows. É uma das minhas músicas favoritas de Bowie daquele período. Fala sobre uma época no futuro em que as pessoas haviam perdido a arte de fazer amor e tinham que se contentar em ler livros e assistir a filmes para lembrar como era. Também gravamos "Prettiest Star" e uma versão de "All the Young Dudes".

Com essas faixas concluídas, nós voltamos para casa em 10 de dezembro. Bowie novamente foi de navio, o *RHMS Ellinis*, juntamente com parte da equipe.

Tive cerca de 10 dias de folga na hora certa, já que June estava de mudança para Londres e ia se instalar no apartamento comigo. Ann, esposa de Trev, e a bebê deles, Sarah, já estavam morando no nosso apartamento em Beckenham.

June estava trabalhando como vitrinista numa grande loja de Hull, e quando fui ao encontro dela na estação de King's Cross, a vi de pé lá na plataforma com um baú com seus pertences e dois personagens da Disney feitos com um tipo de espuma com um metro de altura. Um deles era o coelho Tambor e o outro, Fígaro, um gatinho preto e branco, ambos sobras de uma vitrine que ela tinha criado. Sendo feitos de espuma, eram muito delicados, mas de alguma forma ela conseguiu transportá-los para Londres sem estragar nenhum! June estava voltando para o trabalho de estilista, que – além de um tempo curto como vitrinista – era o que ela fazia desde os tempos de colégio. Ela iria trabalhar com alguns amigos em Londres e vender suas roupas para a Harrods' Way In e outras butiques em South Kensington.

Peguei June, Tambor e Fígaro e os levei para o apartamento, depois fomos fazer nossas compras de Natal, já que sabíamos que estaríamos ocupados no fim do mês, nos preparando para dois shows no Rainbow.

Também planejamos passar o Natal em Yorkshire, já que fazia muito tempo que eu não via a minha família.

"Space Oddity" foi relançada em meados de dezembro, bem a tempo para nossos dois shows no Rainbow, em 23 e 24 de dezembro. Menos impressionante em termos de produção do que os shows anteriores no verão, ainda assim as duas apresentações ficaram lotadas, e os fãs rugiram demonstrando seu apreço quando entramos no palco.

Bowie pediu à multidão que doasse uma quantia em dinheiro à Barnardo's, uma instituição de caridade britânica que cuidava de crianças e jovens em vulnerabilidade. O pai de David tinha trabalhado para essa instituição até falecer, em 1969. Houve também uma matéria na *Melody Maker* fazendo o mesmo apelo. Um anúncio de duas páginas dizia: "David Bowie e os Spiders desejam a todos um Feliz Natal e solicitam que os fãs que participarão do show no Rainbow em 24 de dezembro tragam um brinquedo para ser doado à caridade". Assim, chegaram caminhões cheios de brinquedos que foram distribuídos para a população carente.

A revista também citava Bowie como "O maior nome de 1972", e ele era o assunto principal da edição. Bowie foi eleito o Vocalista do Ano (à frente de Rod Stewart e Elton John), enquanto *Ziggy Stardust* foi escolhido pelos críticos como o melhor álbum pop de 1972.

Depois do segundo show no Rainbow, June e eu entramos numa limusine e seguimos para Yorkshire, chegando à casa dos meus pais em Driffield nas primeiras horas da manhã de Natal. Foi bom revê-los depois de tanto tempo e colocar a conversa em dia com a minha irmã. Eles me contaram rapidamente o que tinha acontecido com o restante da família, enquanto eu contei a eles sobre a turnê nos Estados Unidos e como o público tinha sido ótimo.

Também descrevi como era se hospedar em lugares como o Plaza e o Beverly Hills Hotel, e até mesmo como a comida era maravilhosa. Eu devia ter me tocado antes que tinha ido longe demais. Minha mãe, infelizmente, levou tudo para o lado pessoal. Enquanto estávamos conversando, ela estava ocupada preparando o almoço na cozinha. Assim que saiu de lá com um prato cheio de comida, ela me disse: "Você não vai querer isso então". "Ah, foi mal", pensei. Diplomacia nunca foi meu ponto forte. Tive que ser esperto para conversar e convencê-la de que ninguém fazia uma fritada como ela e que eu sentia falta da comida de casa.

Mesmo que eu recém tivesse chegado de uma turnê nos Estados Unidos, depois te ter aparecido na televisão e nos jornais, não demorou para o rumo da conversa logo se voltar para: "Quanto tempo tudo isso ainda vai durar? Quando você vai arrumar um emprego decente?". E não havia nada que eu pudesse falar que desse respostas satisfatórias para tais perguntas.

Meus pais até foram assistir a um show em Yorkshire, quando tocamos em Bridlington Spa. Depois do show, meu pai veio até mim e disse: "Minha nossa, rapaz, você sabe mesmo tocar bateria", o que foi um elogio e tanto pelos padrões dele. Foi a única vez que eles me viram tocar. Mais tarde, minha mãe me contou que meu pai saiu com seus colegas de trabalho e um deles falou: "Seu filho é aquele gay que está numa banda, não é?". Meu pai pegou o cara pelo pescoço e deu a maior surra nele. Ele raramente me elogiava, mas jamais deixaria alguém dizer algo negativo a meu respeito, e naquele tempo, ser gay era considerado algo negativo (para dizer o mínimo) em lugares como Driffield.

Nós só ficamos três dias em Yorkshire antes de partir para Manchester e fazer mais dois shows em Hardrock, nos dias 28 e 29 de dezembro. Só para variar, abrimos a noite com nossa versão de "Let's Spend the Night Together", dos Rolling Stones. Foi o começo perfeito e passou o recado para a plateia lotada de que aquela seria uma grande noite.

Durante a turnê norte-americana, adotamos um protocolo, por questões de segurança, de encerrarmos a última música e sairmos correndo do palco direto para uma limusine que nos aguardava lá fora, depois seguíamos direto para o hotel. Tivemos vários incidentes na turnê enquanto saíamos do local do show sem pressa para nos depararmos com a limusine cercada por uma multidão de fãs entusiasmados.

Certa noite, tivemos que abrir caminho para entrar na limusine e ficamos aguardando a saída, mas a multidão diante de nós se recusava a dar espaço, mesmo que houvesse um policial lá tentando controlar a situação. Parecia haver centenas de mãos batendo nos vidros da limusine e deu para ouvir o vidro trincando por causa da pressão. Foi muito assustador. Bowie gritou para o motorista: "Vai, vai, vai". Foi o que o motorista fez e, infelizmente, passou por cima do pé de um policial. Mais tarde soubemos que ele fraturou alguns ossos do pé.

A reação da plateia na Inglaterra acabou sendo exatamente a mesma que a do público nos Estados Unidos: era um verdadeiro pandemônio depois dos shows. Assim que saímos do palco em Manchester, nos deparamos com duas fileiras de seguranças controlando a multidão e tivemos que atravessar bem no meio deles. Infelizmente, a linha se rompeu e parecia que estávamos dentro de uma secadora de roupas. Embora eu compreenda que os fãs apenas queriam demonstrar seu amor e apreço, a coisa toda escalou de forma aterrorizante. Vi uma tesoura vindo na direção do rosto de Mick Ronson, até que um segurança conseguiu barrar o braço da garota a centímetros dos olhos dele. Ela queria pegar uma mecha de cabelo de Ronson.

Em seguida, fomos para a Escócia, onde fizemos um show em Glasgow. O Greens Playhouse tinha certa reputação: se gostassem de você, seria uma ótima noite; se não gostassem, sem dúvida deixariam claro seu descontentamento. Embora estivéssemos com a confiança nas alturas, isso nos deixou meio pensativos por uns instantes. Ainda bem que o público de Glasgow simplesmente adorou nosso show. Por alguma razão, não saímos do Greens Playhouse imediatamente naquela noite, e eu voltei para os bastidores para fumar um cigarro e descansar um pouco numa área de acesso restrito ao público. Mike Garson estava comigo e ficamos conversando sobre a turnê britânica, já que aquele tinha sido apenas o quinto show de Mike no Reino Unido.

Sendo norte-americano, Mike ainda tinha certa dificuldade de entender nosso sotaque. Então olhei para cima e fiquei surpreso ao ver três escoceses grandalhões e durões se aproximando de nós. Achei que eram fãs, já que um deles estava segurando um disco do *Ziggy*. Eles vociferaram pelo que pareceu 5 minutos de raiva e antagonismo, movimentando os braços e os punhos furiosamente para enfatizar o discurso. Falavam com o sotaque escocês mais carregado que eu já tinha ouvido na vida. A única palavra que conseguia entender era "Fuckin'", que na verdade foi repetida muitas vezes.

"Eles gostaram da gente?", perguntou Mike, prendendo a respiração.

Respondi também sem conseguir respirar: "Não faço a menor ideia".

Ambos soltamos um suspiro de alívio quando finalmente os caras estenderam as mãos para nos cumprimentar.

Fizemos mais três shows fantásticos para concluir a miniturnê britânica em 9 de janeiro. O primeiro mês do ano tinha tudo para ser bastante agitado. Em 17 de janeiro, nós nos apresentamos no Russell Harty Plus, um programa semanal do canal *London Weekend*, para promover nosso single seguinte, "Drive-In Saturday". Nós levamos um maquiador francês chamado Pierre La Roche, que tinha trabalhado para Elizabeth Arden, e Freddie Burretti, que cuidaria do figurino. Eu tinha uma jaqueta nova criada por Freddie, com um corte de alfaiataria, listras pretas, brancas e vermelhas combinando com calças vermelhas. Ficou linda, mas era praticamente impossível tocar bateria vestindo aquilo, porque era apertada demais nas mangas. Ainda bem que estávamos apenas fingindo tocar! Também usei camisa e gravata; já Mick estava com sua nova jaqueta preta de cetim. Bowie usou um terno multicolorido com lapelas de veludo vermelho, ombreiras, uma camisa verde e echarpe metálica, além do que pode ser descrito como um brinco em formato de "candelabro" numa orelha. Ele também raspou uma das sobrancelhas para este show, então ele parecia ainda mais alienígena do que de costume.

Tocamos "Drive-In Saturday", e Bowie fez uma versão acústica de "My Death". Entre os dois números, David foi entrevistado por Russell Harty, que segundo a perspectiva dos dias de hoje não podia estar mais equivocado como entrevistador sobre o tipo de música que os adolescentes gostavam. Lembro que Bowie estava sendo provocado o tempo todo. Harty claramente tentava deixar Bowie numa saia justa, fazendo perguntas muito pontuais sobre o conteúdo das cartas que ele recebia dos fãs, o que para mim se tornou desagradável e desviava do objetivo, que era trazer entretenimento aos telespectadores.

Apesar disso, Bowie manteve o controle da situação. Mas quando Harty perguntou sobre os sapatos e as meias-calças que David estava usando, Bowie se saiu com uma frase que ficou famosa: "Não seja tolo...".

Assistimos ao Bowie interpretando "My Death" num dos monitores do estúdio, e para mim essa foi a melhor versão da música de todos os tempos. Infelizmente, a produção do *London Weekend* perdeu a gravação. Mesmo assim, nossa apresentação neste programa provavelmente foi a responsável por manter "Drive-In Saturday" nas paradas durante 10 semanas depois de seu lançamento em abril, chegando ao posto número 3.

Naquele mesmo mês, voltamos aos estúdios Trident com Ken Scott para concluir as gravações de *Aladdin Sane*. Em termos mais abrangentes, o álbum era um Ziggy nos Estados Unidos. "Panic in Detroit" foi escrita em Los Angeles durante o período em que Bowie estava remixando *Raw Power* com Iggy Pop. Foi a única vez que David apareceu com uma noção bem concreta do que ele queria para a bateria. Ele tinha tocado essa música para nós durante a turnê, então eu tinha uma ideia da estrutura e havia trabalhado a música com uma batida quase hard rock, muito influenciada por John Bonham. Quando começamos passar a música no estúdio, e eu toquei no ritmo em que estava trabalhando, Bowie parou tudo.

"Woody, toca aquela batida do Bo Diddley, nos tom-tons", disse ele.

"Qualquer um pode tocar isso, não é simples demais?", retruquei.

"Não quero uma porra de Buddy Rich!", ele respondeu.

Isso me deixou puto, já que eu tinha criado algumas viradas bem bacanas que eu ainda não havia tido a oportunidade de tocar. Começamos a tocar a música novamente e usei uma batida estilo Bo Diddley, e na hora percebi que Bowie tinha razão. Era muito bom de tocar e encaixou perfeitamente na canção. Essa foi a única vez que ele me disse como tocar bateria.

"Watch That Man" e "Cracked Actor" lembravam as músicas dos Stones. Meio que uma versão mais pesada de algumas músicas de *Exile On Main Street*, apenas um rock bom e direto com um piano honky-tonk e os backing vocals plangentes de Linda Lewis. As letras eram puro Bowie; contudo, "Watch That Man" sugeria para mim uma festa decadente do tipo "tudo pode acontecer", e "Cracked Actor" falava de um astro de Hollywood no ostracismo que conseguiu conquistar uma jovem garota porque ela o confundiu com um traficante de drogas. Assim, eu mantive uma abordagem sem firulas para essas músicas: nada de adereços, apenas uma boa batida de rock que fosse animada.

Como um aceno genuíno aos Stones, tocamos novamente nossa versão de "Let's Spend the Night Together". Como consequência da nossa temporada nos Estados Unidos, o som geral da banda tinha ficado mais pesado e o som da guitarra de Mick Ronson, naturalmente, ficou ainda mais sujo do que antes. Isso realmente nos ajudou a dar vitalidade a essas faixas.

A influência de Mike Garson aparece principalmente em "Aladdin Sane", "Lady Grinning Soul" e "Time". Em "Aladdin Sane", Bowie queria um solo de piano na seção instrumental, que consistia de apenas dois acordes. Estávamos tocando rock'n'roll puro e direto nessa seção. Primeiro, Mike fez um solo mais blueseiro, e ao ouvir o resultado, Bowie disse: "Não, não é isso que eu quero". Ele então tentou uma abordagem mais latina.

"Não, também não é isso", disse Bowie. "Tenta aquele jazz de vanguarda, faça isso".

"Tem certeza?", perguntou Mike. "Pode ser que você nunca mais arrume trabalho." Então Mike se soltou completamente. Ficou estranho e amalucado, beirando o "insano", e no final da música, tudo o que pudemos falar foi: "Puta merda, ficou incrível!". Esse primeiro e único take foi a versão que acabou saindo no álbum.

"Time" traz Mike novamente com um tipo de piano de cabaré vanguardista. Quando Bowie gravou a voz nessa música, ele parou o estúdio inteiro com o verso "*falls wanking to the floor*" – "cai no chão batendo punheta". Ficamos todos atônitos, perguntando uns aos outros: "Ele falou mesmo 'batendo punheta'?" e "Pareceu 'batendo punheta' pra mim!". No final, quando David terminou a música, alguém perguntou se tinha sido mesmo aquilo que ele havia cantado, e Bowie só respondeu daquele jeito descolado: "Sim". Na hora, nós pensamos: "Será que dá para cantar isso numa música?".

"Certo que essa música não vai tocar no rádio, né?", disse eu.

"Lady Grinning Soul" era uma canção de amor que Bowie havia escrito para alguém. Sempre achei que era dedicada a Cyrinda Foxe, mas não tenho como confirmar isso. Essa faixa sem dúvida significava muito para Bowie, já que era a única em que ele insistiu em ficar no estúdio enquanto Ken a mixava para garantir que ficasse exatamente como ele queria.

Assim, juntamente com as faixas que tinham sido gravadas nos EUA durante a turnê, nós agora tínhamos o álbum pronto. O título *Aladdin Sane* era um trocadilho com a expressão "a lad insane", ou "um cara insano".

Para a capa do álbum, a RCA contratou uma empresa chamada Duffy Design Concepts, com o lendário fotógrafo Brian Duffy e Celia Philo, que dirigiu a sessão de fotos para a capa. Ambos haviam trabalhado nos calendários da Pirelli, e é possível perceber essa influência no encarte do álbum. Duffy chamou Pierre La Roche para a sessão de fotos. Tenho certeza de que a inspiração para o "raio vermelho", que mais tarde se tornaria uma das imagens mais icônicas de Bowie, surgiu do fato de que esse símbolo sempre estava presente em maquinários de alta voltagem. Foi ideia do Pierre pintar o raio no rosto de Bowie.

Mesmo antes do lançamento, havia pedidos de 150 mil cópias do álbum, o que significava a maior venda antecipada desde os Beatles. Seria lançado em 13 de abril de 1973 e se tornaria o álbum número 1, permanecendo 72 semanas nas paradas britânicas e chegando ao número 17 nas paradas norte-americanas.

A gravação foi seguida pelos ensaios para a segunda perna da turnê nos Estados Unidos. Voltamos ao Royal Ballroom em Tottenham e ficamos lá até 25 de janeiro. Bowie estava disposto a mudar um pouco as coisas. Ele queria mais uma pessoa para tocar violão, porque isso o deixaria livre para se ocupar mais da parte visual do espetáculo. David tinha começado a incorporar mímica no final da turnê britânica: era algo único de Bowie, que jamais havia sido visto numa banda de rock'n'roll antes. Mesmo que eu nunca assistisse ao show do ponto de vista do público, eu podia ver a reação da plateia. A mímica os pegava de surpresa, e eles adoravam. Foi outra forma de arte na qual Bowie alcançou a excelência e se encaixava perfeitamente nas partes selecionadas do show. Ele também queria acrescentar camadas extras ao som e incluir novas músicas de *Aladdin Sane*, portanto, precisava de mais músicos no palco. Como nosso nome tinha crescido muito nos Estados Unidos, tocaríamos em locais maiores, e o público esperava mais do nosso show – e Bowie deu conta do recado. Contudo, tão logo os músicos extras foram anunciados, a imprensa ficou entusiasmada e disse: "Bowie adiciona novos membros aos Spiders!". Numa entrevista concedida a Charles Shaar Murray para a *NME* em 27 de janeiro de 1973, David refutou tais especulações: "Gostaria de deixar uma coisa bem clara: não há novos Spiders. Os Spiders ainda são Trev, Mick e Woody. Temos alguns músicos de apoio no sax tenor, no piano e nos backing vocals... São três Spiders, os músicos de apoio e eu".

Assim, contratamos mais dois músicos de estúdio: Ken Fordham, um saxofonista, e Brian Wilshaw, que tocava sax e flauta. Também se juntaram a nós um antigo amigo dos tempos de colégio de Bowie, Geoff MacCormack, nos backing vocals e na percussão, e John "Hutch" Hutchinson, que tinha tocado guitarra rítmica com ele nos anos 1960. Os ensaios foram bem, e depois de algumas passagens de som, ficou óbvio que não precisaríamos de muito trabalho para deixar o som perfeito.

Bowie saiu de Southampton e partiu para os Estados Unidos a bordo do *Queen Elizabeth 2*, acompanhado de Geoff MacCormack, e chegou a Nova York em 30 de janeiro. O resto do grupo chegou aos Estados Unidos no começo de fevereiro para mais ensaios marcados nos estúdios da RCA, do dia 6 ao dia 12 de fevereiro. Nosso primeiro show seria no Radio City Music Hall em 14 de fevereiro, bem no Dia dos Namorados. Certa noite, depois dos ensaios, Mick, Trev e eu decidimos dar uma volta pela cidade. Tínhamos ouvido falar a respeito dos clubes do Harlem e da música excelente que havia lá, então decidimos que era o lugar para onde queríamos ir. Acho que Hutch e outro cara da equipe nos acompanharam naquela noite. Chamamos dois táxis para nos levar até lá, e a resposta dos taxistas foi a mesma – "Não vamos para o Harlem". Achamos que eles estavam apenas sendo esquisitos, como normalmente são os taxistas de Nova York, mas quando um terceiro disse a mesma coisa, ficamos alarmados. Contudo, esse taxista concordou em nos levar até um lugar que ficava a poucas quadras do Harlem, e de lá seguimos a pé pelo resto do caminho.

Quase imediatamente avistamos o luminoso de um clube e ouvimos, vindo de um porão, uma música que parecia muito boa. Descemos as escadas, sem pensar duas vezes que estávamos usando roupas bem fora do contexto e, o mais importante, que éramos todos brancos. Enquanto entrávamos no clube, todo o lugar ficou em silêncio; a banda parou de tocar e todo mundo se virou para encarar a gente. Éramos os únicos caras brancos naquele lugar. Estávamos acostumados com pessoas nos encarando, é claro, mas escutamos alguns impropérios dirigidos a nós, e o clima definitivamente ficou tenso e perigoso. Parecia que jamais sairíamos de lá vivos.

Um cara veio até nós e resmungou: "Que porra vocês acham que estão fazendo aqui?".

"Nós ouvimos a música lá de fora e decidimos entrar", respondi.

Ele obviamente reparou no meu sotaque e perguntou: "Que porra vocês estão fazendo aqui em Nova York?".

Contei que estávamos tocando no Radio City Music Hall e que éramos a banda de David Bowie, chamada Spiders From Mars.

Ele se virou e gritou para todos os outros: "Tudo bem, eles são de uma banda", e nos fez sinal de positivo. Depois nos disse: "Se vocês não estivessem numa banda, poderiam ter morrido. Caras brancos não entram neste clube". Nunca soubemos se ele estava brincando ou não...

Mais tarde, saí da minha mesa e fui tocar bateria com a banda residente, só para provar que não estávamos mentindo. Acho que foi a atitude certa, e o público demonstrou seu apreço. Portanto, apesar da nossa chegada tensa, acabamos curtindo uma ótima noite.

A turnê já estava totalmente organizada, sob ordens da RCA para incluir apenas shows em áreas nas quais as vendas dos álbuns tinham sido boas, o que resultou em 16 datas. Achei uma boa ideia, já que tocaríamos certamente apenas para plateias lotadas em todos os lugares. O que obviamente influenciou essa política foi a quantia de dinheiro que havia sido investida na primeira turnê, e que a RCA tinha bancado.

Para incorporar visualmente os músicos de apoio ao show, Freddie Burretti se manteve ocupado desenhando e costurando os figurinos para eles. June tinha criado o figurino de Mike Garson antes da turnê. Era uma casaca de cor clara, calças e uma camisa brilhante, para complementar seu estilo *flamboyant* de tocar piano. Todos esses músicos adicionais ficavam praticamente fora dos holofotes nos fundos do palco, mas ainda assim precisavam estar bem-vestidos.

Os novos figurinos de David tinham sido criados por Kansai Yamamoto. Dois carregamentos de roupas novas estavam aguardando por ele quando chegou ao hotel e se tornariam parte integral do conceito de Bowie para os shows subsequentes. O figurino em si era sensacional, além do bônus extra de fazer parte de um show de rock'n'roll. Uma das roupas era um macacão de uma perna só, de malha multicolorida com franjas enormes nos punhos e no tornozelo. Sobre o macacão, Bowie usava uma capa de cetim branca gigante com figuras japonesas pintadas em vermelho e preto. Durante o show, duas figurinistas, vestidas de preto, entravam no palco e tiravam a capa para revelar o macacão que ficava por baixo. Havia cerca de dois figurinos no estilo de quimonos japoneses com o comprimento até as coxas para Bowie, um deles em cetim branco com um símbolo japonês bordado. Com esse quimono, Bowie usava uma legging na altura do joelho feita de cetim branco.

Freddie também estava ocupado criando várias roupas no estilo de Ziggy, uma delas costurada em plástico vermelho com ombreiras enormes no formato de "asas". Freddie tinha criado muitas coisas novas para a banda, mas dei um jeito para que June me fizesse algumas roupas que me dessem mais liberdade de movimento para eu tocar bateria. Uma delas parecia uma roupa de Hell's Angels espacial aberta na frente com correntes cruzando o peito. Outra era um terno de duas peças feito de um tecido verde com estampa de couro de crocodilo, jaqueta bomber e calça justa. Lembro que pensava durante os ensaios: "Se o público não gostar da música, certo que vão adorar o desfile de moda".

Desde que Bowie começou a trabalhar com Pierre La Roche, a maquiagem dele se tornou mais conceitual para combinar com o figurino exótico. Ele era especialista em aplicar cosméticos, que dizia ser em parte uma consequência do tempo que passou com Lindsay Kemp. Para essa turnê, Bowie aderiu ao estilo de maquiagem *kabuki*. Um amigo dele, Calvin Lee, professor americano descendente de chineses que eu conheci na época em que gravamos *The Man Who Sold The World*, estava envolvido na criação de um papel com estampas holográficas bem popular nos anos 1960. Ele usava o papel para aplicar um círculo de uma polegada na testa que parecia um "terceiro olho". Bowie aderiu à ideia e passou a usar um círculo dourado com pequenos diamantes bem no meio da testa.

Fomos até o Radio City Music Hall para ensaiar o dia inteiro antes do show do dia 14. Bowie tinha assistido a um espetáculo lá na noite anterior, e um dos artistas tinha descido devagar do teto até o centro do palco dentro de uma gaiola iluminada que lembrava um caleidoscópio. O equipamento fazia parte do acervo do Radio City, então David resolveu que queria abrir o show deste jeito: descendo do teto dentro da gaiola. Durante os ensaios, notei que havia um alçapão na frente do palco e perguntei ao diretor da casa se ainda funcionava. Ele confirmou que sim. Mostrei para Bowie e disse que seria muito legal se nós quatro subíssemos para o palco pelo alçapão no escuro, apenas cada um de nós iluminado por uma luz específica vinda do alto. Ele disse: "Ótima ideia, vamos fazer isso", antes de se dar conta de que agora tínhamos duas opções de entradas triunfais para o show.

"Vamos fazer as duas coisas", disse ele. "Temos o intervalo, então podemos usar as duas ideias. Eu vou começar a primeira parte do espetáculo descendo até o palco com a gaiola, e depois nós quatro vamos surgir pelo alçapão na segunda metade. Ninguém vai esperar isso. Quando nossas cabeças surgirem no nível do palco, não esbocem sorriso algum, apenas fiquem sérios o maior tempo possível, olhando para a frente. Eu vou contar até quatro bem baixinho, e no quatro, tomem seus lugares no palco."

Ensaiamos ambas as entradas de modo que todos soubessem exatamente como seria. Nem precisa dizer, durante o show, ambas as entradas receberam aplausos efusivos do público. O que ninguém percebeu, enquanto Ziggy e os Spiders estavam sob as luzes dramáticas dos holofotes surgindo pelo alçapão, era que Bowie e eu havíamos tido uma discussão bastante acalorada no intervalo. Tudo começou por causa de um novo figurino que Freddie tinha feito para mim. Bowie insistia que eu vestisse a roupa naquela noite e eu me recusei, porque tinha provado a jaqueta mais cedo. Era listrada, com ombreiras bem largas, e eu achava que me deixava parecendo uma mistura do mordomo da Família Addams com uma espreguiçadeira.

Enquanto subíamos para o nível do palco pela plataforma do alçapão, estávamos nos xingando pesadamente com vários palavrões. De alguma forma, conseguimos praguejar um contra o outro sem mexer os lábios, e só paramos quando Bowie começou a contagem. Durante a primeira música depois do intervalo, David veio até a frente da bateria e, com um sorriso largo no rosto, me disse: "Vai se foder". Nós dois caímos na gargalhada.

Na primeira noite, estávamos no final da última música, "Suffragette City", quando um fã conseguiu subir no palco e agarrar Bowie, que acabou caindo no chão e teve que ser retirado de lá. Na hora, eu não sabia se aquilo fazia parte do teatro dele, mas mais tarde soube que ele tinha sido diagnosticado com exaustão e recebeu ordens de ficar na cama no dia seguinte, o que ele cumpriu à risca. Na noite seguinte, David parecia muito melhor e foi tão bem quanto nos outros shows.

As duas apresentações no Radio City Music Hall foram um sucesso estrondoso. Nós até mesmo contamos com a presença de Salvador Dalí na plateia, e lembro de ficar me perguntando – diante de todos aqueles novos figurinos, principalmente os de Bowie – se Dalí não estaria pensando que uma de suas pinturas tinha ganhado vida própria...

Seguimos para a Filadélfia para tocar no Tower Theater, onde tínhamos nos divertido demais na primeira parte da turnê. Faríamos sete shows lá em quatro dias. Não tínhamos certeza se daria certo fazer matinês seguidas de mais um show à noite por três dias consecutivos, principalmente sabendo que Bowie estava se recuperando de uma estafa, mas no final apenas falamos: "Foda-se, vamos lá e vamos garantir que cada show seja bom". Foi muito árduo fisicamente, mas também muito divertido!

Os shows estavam sendo incríveis e muito bem-recebidos pelo público, e realmente parecia que estávamos escrevendo a história do rock'n'roll, mas algumas fissuras começaram a surgir na relação entre Bowie e os Spiders. David passou a se deslocar para o local dos shows numa limusine separada, quando anteriormente viajávamos todos juntos no mesmo carro. Em várias ocasiões, Bowie até mesmo se hospedou num hotel diferente de nós.

Lembro que certa vez estávamos todos sentados num camarim acompanhados de vários membros da equipe. Bowie colocou um cigarro na boca, olhou diretamente para nós três e estalou os dedos, indicando que um de nós deveria levantar para acender o cigarro. Até aquele momento, estávamos só conversando, e todo mundo se calou, mas dei uma olhada para Bowie e falei: "Você só pode estar brincando, vá se foder!". Continuamos conversando, enquanto dois ou três membros da equipe correram até ele com seus isqueiros.

Em várias ocasiões durante a turnê, tentávamos dialogar com Bowie, mas ele só ficava lá parado nos olhando diretamente nos olhos e se fechava totalmente. Lembro que uma vez perguntei para ele se tinha assistido a um filme específico. Ele não respondeu, e eu achei que talvez não tivesse me ouvido, então repeti a pergunta. Bowie então olhou diretamente para mim e, novamente, não disse uma palavra. Não restava dúvida de que o comportamento dele estava mudando.

Nas primeiras turnês, observávamos David Bowie entrando no personagem Ziggy Stardust antes da apresentação. Mas, tão logo o show terminava, ele saía do personagem e ficávamos rindo juntos e fazendo brincadeiras. Comecei a notar que, naquele ponto da turnê, Bowie parecia incorporar Ziggy durante a maior parte do tempo, e eu tentava descobrir por que sua atitude e seu comportamento tinham mudado tão drasticamente. Eu atribuía isso parcialmente ao fato de que, além de todas as apresentações que tinha que fazer como Ziggy, ele também tinha que encarar várias entrevistas para programas de rádio e revistas de música, jornais etc., e do meu ponto de vista a maioria dos jornalistas e DJs não queriam conversar com David Bowie, queriam uma entrevista com "Ziggy Stardust". Bowie parecia estar se obrigando a isso, e eu senti que ele, assim como um ator de método num filme, tornou-se incapaz de sair do personagem.

Acho que, junto com toda essa mudança de comportamento, ficou claro que Bowie estava se distanciando da banda. Não havia mais jantares em que nós ficávamos todos juntos antes dos shows. Às vezes, nós nem mesmo o víamos até ele chegar para a passagem de som. Mesmo as passagens de som deixaram de ser divertidas, já não havia praticamente nenhuma interação social. É claro que compreendíamos que Bowie era a estrela do espetáculo, mas tínhamos chegado até ali como uma "gangue", e agora parecia que ela estava se separando.

Obviamente, o real problema de Bowie naquela época eram as drogas, como já tem sido amplamente documentado e como ele próprio admitiu mais tarde.

Havia um novato na equipe que se juntou a nós no começo da turnê. Eu nunca tinha visto esse cara transportando equipamento ou fazendo qualquer outra coisa, e quando perguntei qual era o trabalho dele afinal, me disseram que ele era um traficante de cocaína. Fiquei surpreso, já que nunca tinha visto ninguém usando cocaína durante todo o período em que fiz parte da banda. De fato, a real é que eu nunca vi ninguém usando cocaína na minha vida, a não ser nos filmes. Presumi que a droga fosse para o pessoal da equipe, que geralmente tinha que trabalhar a noite toda e depois viajar direto para a cidade seguinte. Mick e Trev certamente nunca usaram cocaína, até onde eu sei.

Em retrospecto, isso explica muitas coisas, mas na época eu realmente não fazia ideia do que estava por trás do comportamento de Bowie. Só muito tempo mais tarde, depois da turnê britânica, descobri que era ele quem estava usando cocaína naquele período.

E assim continuou a turnê... Para Nashville, Memphis, seguindo até Detroit.

Conheci pessoas incríveis na estrada, e a atenção das garotas e das groupies não acabava nunca. Isso ficou bastante óbvio quando percebemos que uma das integrantes da equipe lotava o ônibus com garotas depois dos shows. Voltávamos para o hotel e lá estavam elas todas no bar. Era como ter nosso próprio harém privativo: sabíamos que, se elas haviam embarcado no ônibus, era porque estavam dispostas a ir para a cama com os caras da banda. Às vezes, eu escolhia uma garota bonita e passávamos a noite juntos. No começo, raramente o ônibus ficava cheio de groupies, mas depois se tornou uma prática regular. Lindas garotas pediam o número do meu quarto, e eu, de bom grado, dava a elas. Contudo, eu era seletivo, não cheguei a ir para a cama com centenas de garotas. Acho que é possível encarar isso como uma das vantagens de se fazer parte de uma banda de rock famosa.

De manhã, geralmente era Jamie Andrews quem nos acordava, porque ele tinha a chave mestra dos quartos. Jamie abria a porta da nossa suíte e nos chamava com sua voz afeminada, "Woody, Trevor, Mick", seguido de uma longa sequência de obscenidades. Era um verdadeiro circo. Ele falava tão agudo e alto que nós nunca nos acostumamos com sua voz. Era hilário observar as expressões confusas nos rostos das nossas "convidadas", porque elas não sabiam muito bem quem tinha dormido com quem...

Todos os dias durante a turnê parecia que alguma coisa extraordinária acontecia.

Certo dia, Mick, Trev e eu estávamos sentados na nossa suíte no hotel quando de repente a porta se abriu. Era Tony Frost acompanhado de uma mulher de vestido verde. Ela tinha longos cabelos escuros, luvas pretas compridas e usava salto alto. Numa das mãos tinha uma cigarrilha, na outra, segurava uma bolsa preta. Ela também estava com uma maquiagem bem carregada.

"Vocês conhecem a Gloria?", perguntou Tony. "Alguém poderia acender o cigarro dela?"

Quando olhei bem dentro dos olhos de Gloria, percebi que as pupilas tinham tamanhos diferentes, então me dei conta de que Gloria era, na verdade, Bowie vestido de mulher.

“Prazer em conhecer, Gloria”, eu disse educadamente, enquanto acendia o cigarro tentando não rir. Era ridículo. Eu não me importava que Bowie se vestisse de mulher, se era o que ele queria, mas parecia bem idiota ter que fingir não saber quem ela era. Se mais alguém da banda ou da equipe tivesse feito isso, seria só uma brincadeira, mas Bowie levava essas coisas muito a sério.

Mick e Trev cumprimentaram “Gloria” com educação, depois ela deu meia-volta e se dirigiu para a porta. Antes que ela saísse, rapidamente sussurrei para eles: “É o Bowie!”. A cara que os dois fizeram foi impagável.

Em outra ocasião, depois de um show em São Francisco, nós três estávamos pegando um ar fresco nos fundos da arena. Vestidos com nossas roupas normais, sentamos num banco só para descansar um pouco quando três caras pararam diante de nós. Eles estavam de patins e usavam vestidos compridos e barbas pintadas com spray prateado. Seus rostos estavam maquiados. Um deles disse com a voz arrastada e sotaque sulista: “Caras, vocês são muito esquisitos”.

A banda já era tão popular nos Estados Unidos que, sem dúvida, eu podia facilmente ter perdido a cabeça. Entrava num lugar e lá havia literalmente centenas de pessoas vestidas como a gente. Era um tanto angustiante. Toda essa adulação era difícil de assimilar, eu não tinha levado isso em conta. Houve momentos loucos em que achávamos que éramos a melhor coisa desde a invenção do pão fatiado e que nenhuma outra banda chegaria aos nossos pés. O público validava tais sentimentos noite após noite, porque ficavam enlouquecidos quando a gente tocava. Mesmo entre um show e outro, sempre havia a trupe de Warhol junto conosco, e tudo o que eles falavam e faziam era, no mínimo, excêntrico. As únicas pessoas com quem podíamos conversar num nível real, com os pés no chão, eram Mick e Trevor e alguns caras da equipe técnica. Levando tudo em conta, nós todos encontramos um modo de nos mantermos centrados.

Mesmo que naquele ponto já houvesse certo distanciamento entre nós e Bowie, acho que a gente ainda o ajudava a manter certo senso de realidade, como se fôssemos suas âncoras. Talvez ele soubesse que não aceitaríamos certas coisas, assim não tinha como ele ir longe demais com a gente. Pode ser que ele pensasse: "Vou testar minhas ideias com esses rapazes do norte, e se eles toparem, provavelmente o público vai gostar também".

A gente se sentava e dava risada pensando no quanto tínhamos subido na vida desde os tempos de Rats, e isso nos ajudava a superar os momentos difíceis. Nosso jeitão do norte da Inglaterra para lidar com as coisas era sempre dar risada e depois aguentar as brincadeiras, era assim que a gente fazia. Isso nos ajudou a continuar relativamente sãos.

Estávamos vivendo o sonho de qualquer jovem músico de rock, mas o abismo entre Bowie e a banda continuava a crescer. Na verdade, àquela altura, havia muitas outras coisas dando errado para ele. Bowie estava exausto, e a pressão de criar músicas novas para um novo álbum certamente pesava. Compor durante uma turnê, como ele havia feito com *Aladdin Sane*, é bem difícil, e David também tinha que lidar com a imprensa. Além disso, ele desperdiçava tempo demais com as viagens, já que se recusava a andar de avião. As fissuras estavam ficando maiores.

Discutiu-se uma terceira e gigantesca turnê norte-americana, mas ela nunca foi agendada. Bowie estava até mesmo cogitando levar o show de Ziggy para a União Soviética, Europa e China, mas, em retrospecto, não sei se ele teria conseguido fazer tudo isso e manter a sanidade ao mesmo tempo, levando em conta as drogas e outras coisas. Para mim, a forma que ele buscou para lidar com o sucesso que buscava há tanto tempo era usar cocaína, mas isso só complicava as coisas.

Na primavera de 1973, eu já havia começado a perceber que não gostava de algumas partes da vida de roqueiro, que até então eu curtia. Me lembro de estar olhando fixamente para o teto, enquanto uma groupie montava em mim, e pensei: "Eu é que estou sendo usado aqui". Foi estranho, porque eu sempre tinha achado que eram elas que estavam sendo usadas nessa história. Era curioso vivenciar tudo aquilo, mas no final das contas passei a compreender que era algo que eu não queria que fizesse parte da minha vida. Talvez eu estivesse amadurecendo aos poucos e me dando conta de que é necessário ter um pouco de responsabilidade. Ao mesmo tempo, era difícil manter qualquer tipo de clareza mental, porque estar em turnê era exaustivo.

Naquele ponto, estando dentro de uma bolha há 180 shows ou mais, tudo parecia estar se tornando surreal e irreal. Um dia de folga nem parecia um dia de folga nessa situação, porque se está em "modo turnê" e não se consegue fugir disso. Parece que estamos ligados à vida, embora não estejamos conectados ao mundo, porque nunca havia a chance de assistir ao noticiário na TV ou ler um jornal ou fazer qualquer coisa normal.

Eu consigo compreender o motivo de tantos músicos durante uma turnê acabarem recorrendo às drogas para lidar com tudo aquilo, porque numa situação dessas o cara fica ou exausto demais ou ligado demais para dormir, e há ainda os altos e baixos da adrenalina durante os shows, as longas viagens e o *jet lag* que complicam mais ainda a situação. Ou estávamos tocando num show ou fazendo passagem de som, participando de uma filmagem, provando um figurino ou viajando para algum lugar. Usar drogas simplesmente não era para mim, ainda bem, mas a bebida estava se tornando um problema. Como mencionei anteriormente, tudo começou com o lance de ter todas aquelas bebidas alcoólicas grátis disponíveis nos shows, nos clubes e nas festas. Para um rapaz jovem como eu, isso parecia mais uma das fantásticas vantagens de estar na estrada. Quase sempre a equipe da turnê deixava seis copos de tequila Sunrise perfilados para mim no bar de uma boate. E isso era só para começar a noite. No dia seguinte, eu sequer lembrava o que mais eu havia bebido.

Às vezes, alguém da equipe dizia: "Noite passada foi excelente", e eu tinha que aceitar a palavra dele. Acho que tais noites estavam se tornando meio frequentes demais, e a novidade de todas aquelas bebidas grátis estava deixando de ser interessante, e assim tomei a decisão de evitar álcool, pelo menos em excesso. Em retrospecto, parte da bebedeira era mera tentativa de driblar minha timidez. Eu recém tinha feito 23 anos e estava na hora de tomar algumas decisões importantes.

Passei a encarar toda essa experiência Ziggy como a conclusão de uma jornada na qual eu tinha embarcado alguns anos antes. Como músico adolescente novato no mercado, eu me concentrei em aprender o ofício, em ir a shows e assistir às bandas. Tudo o que eu realmente tinha naquele ponto era vontade de tocar bateria. Depois, comecei a tocar em bandas maiores, primeiro no circuito local, depois nas universidades, e fui aperfeiçoando minhas habilidades. Tudo era puro prazer. Depois conheci Bowie, que sempre foi um homem numa missão desde o início. Ele estava disposto a fazer e a dizer qualquer coisa que o levasse para onde ele queria chegar. Eu admiro isso.

Daquele ponto em diante, sabia que coisas incomuns poderiam e iriam acontecer, mas nunca imaginei o quão maiores seriam, e sendo sincero, nem mesmo Bowie imaginava. Naquele momento, David estava com dificuldades para lidar com o monstro que ele próprio havia criado e estava perdendo o controle da situação, porque Ziggy Stardust era maior do que David Bowie. Pelo menos era assim que eu via as coisas.

Infelizmente, as relações entre os Spiders e Bowie continuaram a se deteriorar durante a segunda turnê norte-americana. Como músicos, estávamos furiosos, porque não tínhamos permissão para falar com a imprensa, e nós queríamos conversar sobre música e nosso processo de criação. No ano anterior, quando fomos banidos pela primeira vez, compreendi o motivo e decidi deixar pra lá, mas os Spiders agora eram músicos bem conhecidos, logo, havia muitos jornalistas querendo nos entrevistar. Isso nunca me desceu bem, e jamais consegui uma explicação adequada por parte de Angie ou de Defries.

Quando olho para trás, entendo que a intenção provavelmente era manter a mística, e também eles não queriam que fizéssemos o que Mick tinha feito, ou seja, dizer coisas incompatíveis com seja lá o que Bowie estava divulgando, mas ainda assim era frustrante. Além disso, havia a possiblidade de que nosso papel fosse sendo reduzido à medida que o tempo passava: Bowie nos disse que ele, lá pelas tantas, queria tocar funk music e que nós usássemos roupas pretas, de modo que ninguém mais nos visse no palco. Obviamente, eu não estava muito disposto a aceitar aquilo, e pensava: "De jeito nenhum, isso nunca vai acontecer". Em retrospecto, não acho que Bowie esperava que os Spiders tivessem tanto reconhecimento, da mesma forma que ele não esperava que Ziggy se tornasse tamanho fenômeno.

Um fato mais grave aconteceu: descobri o quanto ganhávamos mal comparando com os músicos de apoio que haviam sido contratados. Naquele ponto da segunda turnê norte-americana, ainda recebíamos um salário irrisório. Certo dia eu estava conversando com Mike Garson sobre um artigo que li numa revista e falava de Lamborghinis. Comentei como eram carros lindos, e Mike me disse: "Você pode comprar um desses depois da turnê".

"Ah, tá, bem que eu queria!", respondi, e Mike pareceu surpreso.

"Você pode comprar um desses, não é?", perguntou Garson.

"Claro que não!", respondi. "Um carro desses custa 20 mil dólares."

"Mas você está com Bowie desde o começo!", ele insistiu.

Perguntei a Mike quanto ele achava que eu ganhava.

"Bem, sei o quanto *eu* ganho", ele respondeu. Acontece que Mike estava ganhando 10 vezes mais que eu. Então fui conferir com os outros músicos de apoio e descobri que eles estavam ganhando praticamente o dobro que os Spiders.

Eu não podia aceitar aquilo. Senti que tinha que fazer alguma coisa a respeito, então Mick, Trevor e eu nos reunimos e encaramos o fato de que estávamos sendo prejudicados. Nós não esperávamos que isso acontecesse. Pouco antes, Bowie tinha nos levado a uma boate numa noite e disse: "Quero realmente preparar vocês para o que está vindo. Vocês serão milionários, e preciso que estejam preparados para isso". Ele não estava de brincadeira, dava para ver que Bowie estava falando muito sério.

Sei que parece muita ingenuidade dizer que a gente não estava naquilo pelo dinheiro: para nós, a razão de tudo era tocar música. Literalmente nunca pensávamos em dinheiro, porque estávamos trabalhando o tempo todo, e tudo o que nós precisávamos era pago pela produção. Recebíamos o melhor de tudo que havia, mais um cheque de bônus ao final da turnê. Eu nem descontava o cheque no banco; ficava lá numa gaveta em casa e depois recebia a companhia de outro cheque no final da turnê seguinte. Eu tinha dinheiro suficiente para me manter, então nunca pensei muito no assunto. Tudo era feito na base da confiança, e nós não éramos homens de negócios.

Mick, Trevor e eu decidimos resolver essa situação. O que aconteceria com a gente se tudo acabasse no dia seguinte? Nós não tínhamos dado nenhuma entrevista à imprensa, então, embora tivéssemos certo reconhecimento por sermos membros da banda de Bowie, não nos parecia que nosso futuro estivesse garantido.

Mick disse que conhecia um cara da agência de Lou Reed, então fomos falar com ele. O cara veio até nosso hotel e nos disse: "Vejam bem, vocês estão numa situação confortável. São a banda de Bowie, os músicos que o levaram ao sucesso. Ele não estava vendendo muito bem até que vocês chegaram". No dia seguinte, o agente voltou dizendo que tinha conversado com a gravadora CBS e eles haviam nos oferecido 100 mil dólares para dar a eles preferência num contrato para nós três gravarmos um álbum como Spiders From Mars. O dinheiro nem era para assinar o contrato em si – era apenas para dar a eles a preferência.

Infelizmente, um dos roadies ouviu a conversa e contou tudo para Defries e Bowie. Eles nos chamaram até o quarto de hotel de Bowie para levarmos uma bronca – e, cara, que cena pesada! David estava lá sentado, sem expressão alguma no rosto. Deu para ver que não seria uma conversa nada boa.

Geralmente, Mick era nosso porta-voz nessas reuniões, mas naquele dia o porta-voz fui eu, e não ele, e não pude entender o motivo. Como Ronson não estava falando nada, e Trevor sempre ficava quieto, fui eu quem disse para Defries: "Isso não está certo. Os músicos de apoio estão ganhando mais do que a gente, apesar de estarmos aqui desde o começo".

Defries disse: "Eu pagaria mais para os roadies do que para você", e ele parecia estar falando sério.

Fiquei chocado ouvindo aquilo e meio que esperava que Bowie nos defendesse. Mas ele só ficou sentado lá, sem esboçar expressão alguma.

"Neste caso", eu disse, "estou fora da turnê. Não vou participar das datas que faltam".

E foi isso: até onde eu sabia, eu estava fora. Em parte, era um blefe, porque obviamente eu esperava que as coisas pudessem se resolver, mas eu achei que uma afirmação drástica era necessária para contrapor o insulto de Defries. Olhei para Bowie e disse: "O que você pensa de tudo isso?".

Bowie respondeu: "Vocês não passam de uma porra de banda de apoio. Eu poderia ter feito sucesso com qualquer um".

Quando alguém simplesmente destrói tudo o que você é, você acaba reagindo sem pensar. Eu disse para David: "Você não passa de uma puta! Não teve sucesso algum antes de nós chegarmos, e se eu quisesse ser músico de apoio de alguém, porra, eu teria escolhido alguém que pode cantar, alguém como Elvis Presley".

Bowie parecia chocado. Não estava acostumado com alguém falando com ele daquele jeito. É claro, Elvis era o ídolo de Bowie, mas na época eu nem sabia, o que obviamente o magoou ainda mais. Quando Trev disse que se sentia da mesma forma, Defries disse para ele: "Você tem esposa e um bebê, Trev. Como vai criar uma criança sem dinheiro?". Foi algo deplorável para se dizer.

Defries então contou que sabia da proposta da CBS e que tinha entrado com um processo judicial contra as partes envolvidas, portanto o contrato não existia mais. Nesse ponto da conversa, eu disse: "Bem, eu não vou tocar mais nesta turnê nem na turnê britânica, se é assim que seremos tratados". Então Mick, Trev e eu nos levantamos e saímos.

Antes disso, eu nunca tinha discutido com Bowie, a não ser aquela vez por causa do figurino no Radio City Music Hall. Dessa vez, contudo, eu me tornei uma ameaça, e tinha dito que não tocaria nas datas seguintes. Para David, isso era inaceitável. Soube mais tarde que Bowie teria dito: "Não vou permitir que me coloquem à mercê deles".

De novo, em retrospecto, dessa vez estávamos conscientes do problema com a cocaína; eu tenho certeza de que essa situação teria gerado um resultado diferente se a conversa tivesse acontecido com David Jones em vez de Ziggy Stardust.

Descobri anos mais tarde que a RCA havia gasto tanto dinheiro financiando as turnês de Bowie que os executivos não estavam dispostos a repetir a experiência. Como não iriam financiar a turnê seguinte, não havia dinheiro. Isso deixou tanto Defries quanto Bowie numa situação complicada, já que tudo havia sido financiado com adiantamentos – e naquele momento precisavam rever os gastos e ver o que eles poderiam pagar dali em diante. O pior para Bowie é que constava em seu acordo com Defries que se tratava de uma divisão meio a meio dos lucros, mas todas as despesas com a turnê saíam da porcentagem de Bowie.

Defries e Bowie podiam ter falado que não havia dinheiro naquela época, mas não nos disseram nada. Em vez disso, fomos simplesmente insultados e ouvimos deles que Bowie poderia fazer turnê com qualquer outra banda.

A razão pela qual Mick ficou calado naquela reunião, como soube mais tarde, era que, sabendo do acordo com a CBS, Bowie e Defries o chamaram à parte e disseram que queriam transformá-lo no novo Jeff Beck/Elvis, embora não estivessem muito certos se Trevor e eu seríamos incluídos - e ele caiu na conversa direitinho. É por isso que Ronson não disse nada e eu fui o porta-voz em nome dele e de Trev.

Eu achava que a única força real que tínhamos naquele ponto era o fato de que nós três éramos os Spiders. Mas Bowie e Defries deram um jeito de romper também com essa ligação.

No dia seguinte, Mick Ronson veio falar comigo e me convenceu a cumprir com o restante da agenda. Ele me disse que Defries tinha concordado em nos oferecer um bom aumento e um bônus, e que Trevor e ele estavam contentes com isso, então eu pensei: "Está decidido". Eu não imaginava o que estava por vir. Não fazia ideia do que estava acontecendo nos bastidores.

Dessa vez, Defries pediu para assinarmos contratos, o que fizemos devidamente em março de 1973. O contrato dizia que ele seria nosso empresário e que, se nós conseguíssemos um contrato de gravação como Spiders From Mars, ele seria o responsável por isso. Tolos como éramos, aceitamos o acordo. Depois de tudo que tínhamos passado, ainda éramos apenas rapazes ingênuos de Yorkshire que achavam que, porque trabalhavam com alguém, era possível confiar que essa pessoa cuidaria dos seus interesses. Nem sempre isso é verdadeiro.

Mick, Trevor e eu passamos a ganhar 500 libras por semana, mais 500 libras de bônus ao final de cada turnê, o que me deixou satisfeito. Eu teria levado adiante a minha promessa de não tocar as datas restantes, mas isso era a última coisa que eu queria fazer. Continuava lá não pelo dinheiro - e, sim, eu sei que isso parece bobagem -, mas porque queria fazer parte de uma banda e tocar ao vivo.

Depois disso, as coisas com David pareciam ter melhorado, já que nunca mais mencionamos o assunto e Bowie voltou a conversar comigo tanto quanto antes daquela turnê. Eu achava que o mal-estar tinha ficado para trás, porque estávamos todos conversando sobre a turnê europeia no outono de 1973 e a gravação do álbum seguinte, *Pin-Ups*. Começamos a ouvir as músicas que ele queria incluir, imaginando o que faríamos com elas.

Admito que não gostei da ideia de gravar um álbum de covers. Eu não queria fazer versões das músicas de outros artistas, nem os outros caras. Bowie mais tarde colocou a culpa na gente e disse que nós queríamos fazer aquele álbum, mas não é verdade: ele simplesmente não teve tempo de compor músicas novas e, por contrato, era obrigado a fazer um disco novo.

Durante a turnê, na primavera de 1973, aconteceu uma reviravolta na minha vida quando conheci a Cientologia. Não vou falar muito sobre o assunto, porque é algo muito pessoal, mas me ajudou a encontrar uma vida com a qual eu me sinto feliz e não me importo com o que as outras pessoas pensam a respeito disso.

O modo como tudo aconteceu significou a linha de chegada de um caminho que eu estava percorrendo desde que era garoto. Como disse anteriormente, fui criado numa família metodista, mas logo essa religião passou a não fazer muito sentido para mim. Em seguida, me interessei pelo budismo, pelas escrituras de Khalil Gibran e tudo que pudesse me oferecer alguma resposta. Parte daquilo foi interessante e me trouxe novos pontos de vista, mas nada me cativou de verdade.

Contudo, eu ainda estava em busca da espiritualidade. Procurava algo que fosse verdadeiro para mim, que combinasse com a minha experiência de vida ou me ajudasse a ver as coisas por outro ângulo e fizesse com que eu compreendesse melhor a vida.

Quando Mike Garson se juntou a nós, a gente sabia que ele fazia parte de algum tipo de religião, embora não soubéssemos qual. Tudo o que sabíamos era que ele não bebia e que era contrário ao uso de drogas, e depois que o conhecemos melhor, percebemos que ele parecia um cara relativamente são. Só por diversão, nós o apelidamos de "Garson the Parson" (Garson, o Pastor), e Mike entrava na brincadeira como imaginávamos. De manhã, durante o café, enquanto estávamos em turnê, toda a equipe aguardava Mike descer e pedíamos para que ele fizesse uma prece antes da refeição.

"Pelo alimento que vocês, seus lixos miseráveis e drogados sem moral alguma, estão prestes a receber, que vão todos para o inferno. Amém!", ele dizia.

Nunca cansávamos dessa brincadeira, nem Mike.

Durante uma conversa com Mike em Los Angeles, ele me contou que era membro da Cientologia. Resumindo, ele explicou que a Cientologia era uma religião desenvolvida por seu fundador, o humanitário L. Ron Hubbard. Mike disse que, se houvesse problemas em qualquer área de sua vida, a Cientologia usava princípios exatos e tecnologia para trabalhar com autoconfiança, inteligência e habilidade. Achei interessante, porque, como mencionei antes, sempre fui muito tímido. Mesmo após todo o nosso sucesso, nunca consegui superar a timidez: em ocasiões sociais, era sempre doloroso conhecer gente nova. Eu disfarçava bem, mas isso estava se tornando um grande problema para mim. Quanto maior a banda se tornava, mais eu tinha que lidar com esse tipo de situação, e a timidez passou a ser meu calcanhar de Aquiles.

Mike me disse que havia um curso de Cientologia em Los Angeles criado exatamente para tratar desse tipo de problema. Ele disse: "Não estou te prometendo nada, mas vale a pena dar uma olhada".

Depois que a turnê terminou com shows em Long Beach, no Hollywood Palladium, fiquei em Los Angeles e fiz o curso que

Mike tinha mencionado. No começo do curso, eu tinha lido: "Se o que eu disser der certo para você, ótimo; se não, jogue este livro na lata do lixo", ou as palavras, nesse caso. Eu pensei comigo mesmo: "Essa forma de se expressar parece com a do pessoal de Yorkshire". Eu gostei daquilo.

Depois de uma semana, começou a fazer sentido para mim. Sempre fui o tipo de pessoa que achava que a vida tinha me sacaneado e que teria que carregar esse fardo comigo até morrer, mas era o contrário disso. Foi incrível. Aquela única semana de estudos realmente valeu a pena. Não exigiu muito esforço da minha parte; eram apenas dados e informações às quais eu nunca tive acesso antes, e isso mudou completamente a forma como eu lidava com as pessoas.

Essa evolução foi tão importante para mim quanto fazer parte de uma banda, porque tinha a ver comigo enquanto indivíduo. Todas as áreas da minha vida melhorariam se eu resolvesse esse problema – e foi exatamente o que aconteceu. Eu mal podia acreditar, porque eu praticamente tinha perdido a esperança de encontrar uma solução. Mudou minha vida de verdade e continua a mudar até os dias de hoje. Claramente não sou mais tímido!

Desde então, sempre que me perguntam "Do que trata a Cientologia?", eu digo para as pessoas lerem um dos livros. Geralmente recomendo *Uma nova perspectiva sobre a vida*, de L. Ron Hubbard.

Assim, essa turnê nos Estados Unidos trouxe muitas mudanças à minha vida. Mal sabia eu que outras ainda mais profundas estavam prestes a acontecer.

9. WATCH THAT MAN

FIQUE DE OLHO NAQUELE CARA

Peguei um voo de volta para casa na metade de março e cheguei ao aeroporto Heathrow, onde June me aguardava de táxi. Mal tínhamos ficado juntos em 12 meses por causa da agenda insana da turnê, então era bom voltar para o solo britânico com a expectativa de passar 10 dias com ela antes de partir para o Japão.

Contei a June todas as histórias da turnê americana e a atualizei sobre todas as mudanças que tinham acontecido, agora com mais detalhes do que tinha sido possível durantes as ligações internacionais que eu fazia enquanto estava viajando. Ela ficou chocada ao saber o que tinha acontecido na reunião da banda com Defries e Bowie.

Contei a ela que a relação entre Bowie e a banda tinha mudado em definitivo e que nossa "gangue" não existia mais, apenas durante os shows. Mas assegurei que - embora certos aspectos do meu comportamento realmente fossem difíceis de aguentar às vezes -, nós tínhamos rapidamente adotado uma atitude amistosa e profissional que parecia que daria certo.

June ficou feliz em saber que eu tinha parado de beber e de fumar maconha e disse que eu parecia muito mais saudável. Isso foi antes de eu mencionar a epifania que tive com as groupies... Contei tudo, e nem preciso dizer que eu já não parecia mais tão saudável nesse ponto da conversa. Foi uma coisa difícil para eu dizer e para June ouvir, mas ambos sobrevivemos às revelações, e a mágoa foi superada. Parecia certo e foi um alívio não ter mais esse tipo de segredo no nosso relacionamento.

Os dez dias passaram voando, e antes de eu me dar conta, os Spiders, os músicos de apoio e toda a equipe estavam reunidos mais uma vez no aeroporto de Heathrow. Estávamos indo rumo ao Japão, o Extremo Oriente, terra do Sol Nascente. Todo mundo parecia de bom humor, conversando animadamente sobre a jornada exótica que nos aguardava. Como seria? Será que alguém lá falava inglês? Como seria a comida? Será que pelo menos eles tinham sorvete de baunilha? Isso fez minhas férias de infância em Filey parecerem algo muito, muito distante.

Pegamos um voo até Paris, depois a Air France nos levaria até o Japão com uma escala em Moscou, onde aconteceria o reabastecimento da aeronave. Bowie tinha deixado os Estados Unidos no final da turnê norte-americana com seu companheiro de viagem Geoff MacCormack, embarcando no navio *SS Oronsay*, de Los Angeles, com chegada prevista em Tóquio no dia 5 de abril.

Enquanto nos preparávamos para aterrissar e reabastecer no aeroporto em Moscou, uma das comissárias de bordo nos disse na hora do pouso que todos os passageiros deveriam sair do avião, menos os Spiders e alguns membros da equipe. Era para permanecermos sentados até que todos saíssem. Perguntei o motivo, e ela disse que alguém viria até nós. Aterrissamos e ficamos lá dentro do avião como nos haviam instruído. Achei que sabiam quem nós éramos e que se tratava de algum tipo de tratamento VIP, então não me preocupei até que dois soldados de uniforme e armados com rifles entraram no avião. Eles vieram até nós e, apontando para as armas, insistiram para que os seguíssemos. Os soldados nos conduziram por passagens subterrâneas até uma sala onde um cara sisudo de uniforme e que falava inglês nos aguardava.

"Fomos informados de que vocês estavam no avião e também sabemos que vocês têm causado distúrbios em outros países. Não podemos permitir que o povo da Rússia veja sua aparência", disse ele. Resumindo, ficaríamos detidos no que presumi ser um lounge internacional durante todo o tempo necessário para o reabastecimento da aeronave. Depois os soldados nos escoltaram de volta ao avião para continuarmos nossa jornada. Foi bem assustador: afinal, aquelas armas eram reais. Nós tivemos escolta policial durante a turnê norte-americana e, certa vez, convencemos dois policiais para que deixassem a gente pegar as armas deles (que eram surpreendentemente pesadas), mas o clima durante esse incidente na Rússia foi longe de ser amistoso, e nós fomos mais sensatos para não tentar isso de novo.

Representantes dos produtores japoneses vieram ao nosso encontro em Tóquio e nos cumprimentaram fazendo várias reverências diante de nós. Sabíamos de antemão que era costume para os anfitriões japoneses fazer o último cumprimento se inclinando para a frente em sinal de respeito. Não sabíamos se isso era verdade mesmo, então fizemos um teste... Constatamos que era real e foi bem engraçado. Nós nos hospedamos no famoso Imperial Hotel no centro de Tóquio, com vista para o Parque Hibiya e para o Palácio Imperial. Era muito luxuoso, e os quartos estavam decorados em estilo japonês com um viés ocidental.

Minha primeira impressão de Tóquio foi que parecia uma cidade igual a qualquer cidade norte-americana, a única diferença era que todas as placas e outdoors estavam em japonês, algo um tanto confuso. Reparei nas faixas de pedestres muito largas nos cruzamentos, pelas quais literalmente centenas de pessoas atravessavam a rua quando o sinal abria.

Não parecia haver ninguém atravessando a rua fora da faixa de pedestres. Tudo parecia muito ordeiro. Então me dei conta de que todas as pessoas tinham cabelo preto; parecia não haver ninguém de outra raça, o que era estranho, já que a maioria das cidades japonesas era bem cosmopolita, pelo menos as que visitei.

O interesse pela banda tinha crescido muito no Japão antes da nossa chegada. "Starman" era um grande hit lá, e *Aladdin Sane* ficaria dois anos nas paradas japonesas. Me disseram que, antes da chegada de Bowie, um pôster de 18 por 27 metros foi pendurado num prédio em Tóquio, tornando-o o maior pôster do mundo.

Nossa reputação como banda de rock'n'roll devassa nos precedeu, e a equipe de segurança estava de guarda no hotel para prevenir qualquer mau comportamento. Todos os "hóspedes" teriam que passar pela rígida checagem de segurança antes de poder acessar os elevadores. Ficou claro que os produtores e a equipe do hotel iam garantir que fosse uma turnê bem-comportada, embora eu realmente tenha visto certa "senhora" japonesa com um traje completo de gueixa circulando pelo lobby dia e noite. Quando perguntei quem ela era, me disseram que era a prostituta do hotel... Então acho que, até certo ponto, ela se encaixava no setor de "serviços".

Tivemos um dia de folga em 7 de abril, e como não ficaríamos muito tempo no Japão – seriam apenas nove shows, na verdade –, Mick, Trev, eu e mais dois caras da equipe decidimos acordar cedo porque queríamos aproveitar o máximo possível durante nossa estadia. Tomávamos café no hotel, que felizmente servia um cardápio ocidental – eu tinha certeza absoluta de que não iria comer peixe cru, até hoje não consigo. Isso deve ser pelo fato de que um dos meus hobbies é pescar carpas!

Depois, seguíamos para as ruas de Tóquio e nos acostumamos a chamar a atenção enquanto caminhávamos. Mick e eu nos destacávamos em especial por causa do cabelo louro. Em meio aos arranha-céus e às ruas frenéticas, encontramos um templo budista com um pátio em que os visitantes podiam acender velas e atar fitas nos galhos das árvores. Parecia meio fora do tom naquela metrópole moderna, mas havia um verdadeiro ar de tranquilidade naquele lugar.

Eu precisava de uma escova de cabelo nova, então fui dar uma olhada numa daquelas enormes lojas de departamentos para ver o que encontrava. Entreguei a escova que escolhi para a balconista. Ela então educadamente fez uma reverência e sumiu com a escova por uma das portas. Voltou dez minutos depois com um presente embrulhado de maneira complexa e um enorme laço de fita sobre ele, que ela entregou numa bandeja de prata. Achei que ela tinha cometido um erro, já que a embalagem parecia mais cara do que a escova de cabelo. Acontece que esse era um serviço normal da loja, o que me impressionou demais e me fez querer comprar mais coisas. Os japoneses tinham transformado o simples ato de fazer uma compra numa experiência estética. Comprei alguns quimonos para a June, mais alguns tecidos japoneses que eu sabia que ela iria adorar e botões de porcelana que tinham figuras japonesas pintadas a mão.

Enquanto isso, David Bowie curtia um tempo com a família ao lado de Angie e Zowie, que recém tinham chegado de Londres de avião. Eles também passaram um tempo com a família de Kansai Yamamoto. Depois, nós os encontramos à tarde e fomos assistir a uma apresentação no teatro *kabuki*. Depois do show, parte do elenco veio até o foyer e fomos apresentados a um representante da RCA. David recebeu alguns conselhos de um dos atores *kabuki*, que, ao que parecia, era famoso. Um dos cabeleireiros do show ficou fascinado com o longo cabelo escuro de Trevor e se ofereceu para ir até o camarim e penteá-lo no estilo tradicional de um guerreiro samurai para o nosso show. Trev adorou a ideia e achou que o penteado combinaria perfeitamente com o figurino do palco criado por June para essa turnê. Era uma jaqueta que lembrava um quimono com "asas" enormes nos ombros. Quando ele entrou no palco mais tarde, os fãs japoneses ficaram totalmente maravilhados.

Naquela noite, fizemos um ensaio curto, incluindo "Starman", que Bowie queria incluir no setlist. Também repassamos várias músicas que os outros músicos queriam rever. Assim, no dia 8 de abril, fizemos nosso primeiro show da turnê no Shinjuku Koseinenkin Hall. A reação da plateia foi incrível! Diferente dos nossos outros shows, o público era predominantemente formado por garotas, e os gritos eram tão altos que meus ouvidos ficaram zunindo ao final da apresentação.

À medida que o show avançava, Bowie trocou de roupa várias vezes, usando trajes japoneses. Parte do figurino tinha sido apresentada a David quando ele chegou ao Japão e, em dado momento, ele vestia apenas um tipo de tanga cravejada de brilhantes (uma homenagem aos lutadores de sumô), e todas as vezes que isso acontecia, a plateia ficava excitada ao extremo. As duas noites seguintes no Shinjuku Koseinenkin foram igualmente um sucesso, e nos contaram que publicaram uma resenha entusiasmada no *Japanese Times* que dizia o seguinte: "Musicalmente é a coisa mais emocionante que aconteceu desde a fragmentação dos Beatles, e teatralmente Bowie talvez seja o artista mais interessante da história da música pop".

Nós fizemos mais dois shows igualmente estrondosos no mesmo local nas duas noites posteriores.

Pensei muito em June dessa vez, sabendo o quanto ela teria adorado o Japão e sua cultura. Era o momento de tomar mais uma decisão que mudaria minha vida, e eu estava resoluto. Telefonei para ela do meu quarto de hotel e pedi se ela queria casar comigo. Foi um gesto romântico da minha parte – e não sou do tipo que demonstra os sentimentos –, mas estar em Tóquio com as cerejeiras em flor me inspirou. Obviamente, o clima de romance da cidade não podia ser visto por June, mas tentei incluir a cena descrevendo-a para ela. Ela disse sim, e nós concordamos que nos casaríamos depois do final da turnê britânica. Mais tarde, quando voltei para Londres e entreguei os presentes que havia comprado para ela no Japão, ela brincou comigo dizendo: "A maioria das garotas ganha um anel de noivado. Eu ganhei botões!".

O show seguinte seria em Nagoya; depois, Hiroshima. Todos nós – Bowie, Angie, Zowie, os Spiders e outros – viajamos no famoso trem-bala. Foi uma experiência reveladora: eles davam a passagem com o número da plataforma e da poltrona, e você seguia até o número designado. O trem parava, a porta se abria diante de você, e seu lugar dentro do trem estava exatamente ali! E saía bem no horário marcado. Assim que o ponteiro do relógio marcou 12 horas, o trem começou a se mover – eles não admitem atraso nos trens. É uma cultura totalmente diferente lá.

Foi particularmente emocionante chegar a Hiroshima, onde os Estados Unidos soltaram a primeira bomba atômica em 1945, apagando a cidade e seus habitantes do mapa e assim encerrando a guerra contra o Japão. A cidade obviamente tinha sido reconstruída e, do outro lado do nosso hotel, havia um parque em torno do local exato onde a bomba atingiu o solo. É chamado de Parque Memorial da Paz. Visitei o museu no centro do parque e vi algumas fotos horrendas do evento, imagens que me acompanham desde então.

Depois seguimos para Kobe e mais tarde para Osaka, antes de regressarmos a Tóquio. Os shows continuaram incendiários. Quando Bowie cantou "*Like some cat from Japan*" – "Como um gato do Japão" – em "Ziggy Stardust", o público ficou completamente enlouquecido.

Nosso show final no Japão foi no Shibuya Kokaido, em Tóquio. Como tinha acontecido nos Estados Unidos, Bowie se manteve longe de nós por muito tempo. Geralmente, ele chegava na hora da passagem de som, acenava ou fazia um breve sinal com a cabeça, cantava metade de uma música e desaparecia. Raramente ficava e conversava com a gente. Mas David gostava de socializar nas festas pós-show, principalmente se houvesse garotas bonitas por lá. Pelo menos ficava na festa até escolher uma delas e ir embora.

Aquela noite foi particularmente memorável: o público parecia mais enlouquecido do que nunca e, quando nós saímos do palco, fomos aplaudidos de pé e parecia que os aplausos nunca iriam parar. Duraram 15 minutos. Voltamos e tocamos dois bis, depois saímos de novo, mas o rugido do público continuava, cada vez mais alto.

Voltamos para um terceiro bis com uma cover de "Round and Round", de Chuck Berry, e quase imediatamente uma dúzia de fãs conseguiu subir no palco, agarrando Bowie e Mick – na verdade, agarrariam qualquer um que estivesse por perto. Os seguranças, Stuey e Tony, estavam sobrecarregados tentando controlar a situação, seja empurrando os fãs para a lateral do palco ou jogando-os de volta para o setor da plateia.

A agitação continuou durante a invasão do palco, e de repente, as 10 primeiras fileiras da plateia, que eram visíveis até aquele momento, desapareceram do nosso campo de visão... Havia muitos fãs sobre o palco, alguns chegaram bem perto da minha bateria.

Acho que foi Mick quem gritou "Vamos dar o fora daqui!", e nós largamos tudo e saímos correndo do palco. Parece que, como o público agitado pulava e dançava sem parar, o assoalho acabou cedendo em frente ao palco e tudo desabou.

Nessa hora, o teatro estava num pandemônio total, com a polícia, os roadies e Angie tentando ajudar os garotos que haviam ficado presos sob suas poltronas. Felizmente, ninguém se feriu com gravidade. Enquanto isso, nós voltamos para o camarim em relativa segurança.

A polícia, que agora estava chamando o incidente de perturbação da ordem pública, queria investigar se alguém da nossa banda tinha incitado a plateia, já que achavam que um membro da nossa equipe tinha encorajado os fãs a subirem no palco para um final apoteótico. No dia seguinte, a polícia de Tóquio chamou a RCA para questionar sobre quem teria sido o responsável. Nesse ponto, achavam que haviam expedido mandados de prisão para Angie e Tony Zanetta, assim, Lee correu para o aeroporto com Tony, Angie e Zowie para evitar qualquer problema. Ao voltar, nos disse que a polícia estava de olho em todos os voos para

Londres e para os Estados Unidos e que realmente havia mandados de prisão, mas que ele tinha conseguido colocar todos num voo para Honolulu.

Portanto, o Japão foi realmente uma experiência frenética, embora o último show em Tóquio não tenha sido o final da turnê que esperávamos, mas mesmo assim foi emocionante. Eu realmente adorei o Japão e voltei lá várias vezes depois daquela turnê. Ainda sou apaixonado tanto pelo povo japonês quanto por seu país.

Trev, Mick e eu, juntamente com o resto do grupo, voltamos de avião para Londres enquanto, no dia 21, Bowie pegou uma balsa de Yokohama até Nahodka, depois pegou um trem até Vladivostok para embarcar no Expresso Transiberiano até Moscou, uma jornada de quase 10 mil quilômetros. Novamente, David estava acompanhado de Geoff e também de Leee Black Childers, que faria o registro fotográfico da viagem. Depois eles embarcaram no Expresso do Oriente até Paris e de lá finalmente para Londres. Mais tarde, Bowie nos contou que essa jornada tinha sido uma experiência ambígua para ele: ele viu muitas cidades e pessoas pobres e mal podia esperar para cruzar até o outro lado da linha em Berlim. Contudo, a viagem trouxe para ele uma nova apreciação de sua posição como passageiro VIP, dormindo nas cabines "classe suave" (tinham esse nome porque havia camas e colchões) ao contrário da "classe dura", nas quais os plebeus russos sentavam dias a fio em bancos de madeira.

Naquele momento tínhamos cerca de três semanas antes de começarmos nossa maior turnê até então: seriam 60 shows no Reino Unido entre 12 de maio e 3 de julho. Muitos seriam matinês, o que significava que tínhamos que nos apresentar duas vezes ao dia.

Em maio, nos reunimos em Londres e ensaiamos para as datas na Inglaterra, que estavam marcadas para começar com um show esgotado no Earl's Court Exhibition Centre, em Londres. Seria a primeira vez que aquele local receberia um show de rock. Tinha 18 mil lugares, na época era a maior arena coberta do Reino Unido. A expectativa de tocar para tantas pessoas em nossa própria casa era emocionante para todos nós e um forte indício de como nos tornáramos populares desde que havíamos saído do país.

Earl's Court parecia uma enorme catedral do lado de dentro. O teto era tão alto que tiveram que prender enormes paraquedas suspensos para tentar reduzir o espaço e melhorar um pouco a acústica. Infelizmente, ninguém conseguiria realmente garantir um bom som num local como aquele. Nosso engenheiro de som, Robin Mayhew, estava conosco desde o começo e sempre deu um jeito de produzir um som incrível com a banda em todos os lugares onde tocamos. Ele fez o melhor que pôde, usando o sistema PA da casa junto com nosso equipamento de turnê, incluindo o PA, esperando que fosse o suficiente. Mas não bastou, e o show acabou sendo um desastre completo.

Assim que começamos a tocar, percebemos que estávamos numa enrascada: não havia peso nem definição nos instrumentos, apenas um monte de reflexões ininteligíveis e estridentes, como se quatro bandas tocassem ao mesmo tempo. Também não havia telões ao redor do palco como temos hoje nos shows e nos festivais, então era difícil até mesmo enxergar a banda.

Começou uma briga nos fundos da plateia, onde os fãs estavam ficando cada vez mais frustrados porque não podiam nos ver nem nos ouvir adequadamente, e todo aquele tumulto começou a vir para a frente do palco. Bowie tentou acalmar os ânimos algumas vezes, mas sem sucesso.

Nem preciso dizer que as críticas no dia seguinte não foram nada favoráveis! Havia outro show marcado em Earl's Court, mais para o final da turnê, que já estava com os ingressos esgotados, mas que acabou sendo cancelado imediatamente. Ficamos todos putos, incluindo Bowie, porque o show em Earl's Court deveria ter sido nosso retorno triunfal para o Reino Unido diante do nosso maior público até aquela data, mas acabou muito mal. Contudo, ainda tínhamos uma turnê monstruosa pela frente, então logo voltamos ao trabalho, como de costume. Éramos como uma máquina bem-ajustada em que todos os envolvidos sabiam bem qual era sua função e eram capazes de fazer um show perfeito sabendo que tudo daria certo e criaria o impacto desejado. Logo se estabeleceu uma rotina. Pegávamos a estrada para o show seguinte, fazíamos uma passagem de som às 17 horas, depois show às 21 horas. Se houvesse uma matinê, havia a passagem de som às 17 horas, um show às 19 horas e depois mais um show às 21 horas, e só então voltávamos para o hotel.

Se fosse uma viagem longa entre as cidades, pegávamos um trem acompanhados de Bowie, que viajava num compartimento reservado na primeira classe. Tínhamos nosso próprio ônibus para a turnê, mas isso foi bem antes dos luxuosos ônibus personalizados que as bandas têm hoje em dia. Havia apenas seis mesinhas, cada uma com sua luminária, uma copa para fazer café nos fundos e um banheiro. Cada poltrona tinha cortinas que podiam ser fechadas para dar um pouco de privacidade. A menos que fosse uma viagem longa de trem, Bowie só andava de limusine de cidade para cidade e do hotel para o local do show. Depois do show, os Spiders ainda deixavam o local com ele na limusine e voltavam para o hotel.

Obviamente, por causa da gastança na turnê dos Estados Unidos, nós não nos hospedávamos mais nas melhores opções da cidade, mas ainda assim ficámos em bons hotéis. Mesmo que às vezes os hotéis ficassem localizados nos limites da cidade, continuou a rotina de encher o ônibus com garotas depois do show, então sempre havia todo tipo de festa antes de finalmente nos acomodarmos em nossos quartos.

E assim aproveitamos toda a turnê, muitas vezes tocando dois shows por dia, já que mais matinês foram adicionadas ao calendário para atender à demanda por ingressos. O público estava adorando, e esses momentos em cima do palco eram o que estar numa banda de rock'n'roll realmente significava para mim. Era incrível ver tantas pessoas todas as noites se divertindo nos nossos shows.

Lembre-se, isso era o começo dos anos 1970. Foi um período sombrio política e economicamente, e o futuro não parecia muito promissor. Tudo o que precisavam era alguém com muitas ideias, como Bowie, que queria trazer um pouco de luz e criar um pouco de emoção dizendo: "Este é o futuro, e nós vamos levá-lo para algum lugar".

Todos nós recebemos milhares de cartas de fãs que queriam nos contar o quanto a música e os shows significavam para eles. Em muitos casos, descreviam o quanto a vida deles tinha mudado para melhor, como nós tínhamos ajudado cada um deles a decidir quem realmente queriam ser, e diziam que os havíamos inspirado a buscar seus sonhos. Uma carta em particular dizia: "Eu estava no Vietnã e só tinha comigo o disco do *Ziggy*. Ouvir esse álbum me ajudou a sobreviver". Havia muitas histórias como essa. Acho que na época as cartas foram uma confirmação de que o que estávamos fazendo gerava um impacto positivo em muitas pessoas. Ao longo das últimas quatro décadas, com o advento da internet, li incontáveis e-mails, tweets e mensagens no Facebook reiterando o sentimento, que continua até os dias de hoje, daquele veterano do Vietnã. Uma grande lição de humildade.

Em 23 de maio, nós tocamos um show de matinê no Brighton Dome. O local tinha uma bola espelhada enorme suspensa bem no alto, bem no meio do salão. Quando começamos "Space Oddity", uma luz atingiu a bola e o efeito foi magnífico, dando a aparência de milhares de estrelas circundando o lugar totalmente integradas à música. A multidão foi à loucura. Contudo, depois de um show à noite que foi tão maravilhoso quanto esse, fomos informados de que David Bowie havia sido banido de tocar no Dome novamente. Aparentemente, fãs excessivamente entusiasmados tinham causado um estrago considerável nas cadeiras da plateia e isso foi demais para os proprietários do Dome.

Em 6 de junho fizemos o *check-in* no Hallam Hotel, em Sheffield, já que tocaríamos no City Hall mais tarde naquele mesmo dia. Descobrimos que a cantora Lulu e Labi Siffre também estavam hospedados no mesmo hotel, já que os dois estavam fazendo shows naquela região. Depois do nosso show, fomos todos para uma festa no bar, e Lulu e Labi se juntaram a nós. O bar tinha um piano de cauda que Labi começou a tocar – logo Lulu e Bowie se juntaram a ele cantando "My Funny Valentine". Depois continuaram cantando alguns clássicos do blues, o que permitiu a Lulu exibir toda sua habilidade vocal. Foi legal ouvir Lulu cantando outras coisas que não fossem música pop com a mesma competência demonstrada em seu single de 1965, "Shout". Mais tarde, vi Angie perguntando onde Bowie estava: alguém o viu por aí? Eu não disse que tinha visto Bowie entrar no elevador do hotel com Lulu cerca de meia hora antes. Dizem que, mais tarde, Angie descobriu que os dois tinham se refugiado no quarto dele.

Naquele dia, June tinha chegado para passar o resto da turnê comigo. Eu lembro que, na manhã seguinte, descemos para o lobby e vimos três jovens fãs nos aguardando lá embaixo. Fomos até lá conversar com eles e soubemos que estavam nos seguindo show após show, mas ficaram sem grana para voltar para casa – sequer tinham dinheiro para telefonar para seus pais. June pegou o número dos pais de um deles, telefonou avisando que os garotos estavam todos bem e combinou uma forma de mandá-los de volta para casa. Ela então os levou de táxi até a estação de trem. Esse tipo de coisa aconteceu algumas vezes nessa turnê.

A caminho de Salisbury, em Wiltshire, onde fizemos o show no City Hall em 14 de junho, o motorista do ônibus disse que estávamos passando perto de Stonehenge. Conhecer Stonehenge pareceu uma ótima ideia, então pedimos que ele pegasse o desvio e nos levasse até o monumento como se fôssemos turistas comuns. Naquela época, as pedras ainda não estavam cercadas por um cordão de isolamento. Nós todos compramos sorvetes e tiramos várias fotos bobas escorados nas pedras. Por uma hora e meia, parecia que estávamos de férias. Nós até mesmo tiramos uma foto do grupo inteiro diante do ônibus.

Depois de mais duas semanas em que fizemos 22 shows no total, obviamente com várias matinês no meio, regressamos a Londres. Como estávamos no final da turnê britânica, já havia rumores circulando entre membros da banda e da equipe – supostamente criados por Defries – de que outras turnês estavam sendo marcadas. Haveria 40 datas nos Estados Unidos, além de uma turnê na Europa, e Bowie até mesmo havia me dito que queria levar Ziggy para a Rússia e para a China.

"Life on Mars?" tinha sido lançada como single em 22 de junho. Foi direto para o número 21 das paradas e saltou para o número 4 no começo de julho (chegou ao número 3 das paradas no Reino Unido e permaneceu no posto durante 13 semanas). Parecia que não tinha mais como alguma coisa dar errado.

Nossa terceira turnê britânica tinha sido tudo o que esperávamos e muito mais. Os dois últimos shows de encerramento da turnê aconteceram no Hammersmith Odeon nos dias 2 e 3 de julho.

O primeiro show foi maravilhoso, provavelmente com aquela adrenalina extra por ser em Londres e próximo da linha de chegada. Esses dois shows tinham sido adicionados à agenda para substituir o show cancelado de Earl's Court – um desastre que, naquele momento, já parecia uma lembrança distante para nós.

Há uma ótima história sobre aquela primeira noite no Hammersmith, que circulou pela cena musical durante todos esses anos, mas que eu só fiquei sabendo em abril de 2016, quando Tony Visconti e eu fomos convidados para o *Jonesy's Jukebox*, um programa de rádio de Los Angeles apresentado pelo DJ e ex-guitarrista do Sex Pistols Steve Jones.

Depois que Tony e eu respondemos a muitas perguntas sobre nossa época com David Bowie, Steve olhou para mim e perguntou: "Woody, o que tem a dizer sobre Hammersmith?".

Num primeiro momento, achei que talvez ele quisesse saber se eu tinha tocado naquele show, então eu disse: "Sim, foi ótimo".

"Você nem imagina do que estou falando, não é?", disse ele.

"Na verdade, não", respondi.

Jones então contou que morava em Hammersmith naquela época e conhecia o Odeon como a palma da mão. Ele e um amigo entraram no teatro depois do show da primeira noite e roubaram o microfone de Bowie, o amplificador extra de Trevor e dois pratos da minha bateria. Steve falou que era uma coisa que eles faziam, mas que só roubavam coisas das bandas de que eles gostavam...

"Só pode ser coisa de britânicos, certo?", disse Tony, caindo na gargalhada. "Você gosta de alguém e aí rouba as coisas do cara."

"Eu quero me desculpar por isso, no ar", disse Steve. "Quanto lhe devo pelos pratos?"

Nesse ponto da entrevista, ainda achava que ele estava brincando, então fiz uma cara séria e respondi: "Acho que 120 mil libras".

"Não, tô falando sério", disse ele, tirando um maço de dólares do bolso.

"Duzentos dólares", disse eu, e ele prontamente me entregou o dinheiro.

"Bom, me sinto melhor agora", disse Jones. "Fiquei com um peso na consciência desde aquela época."

Agradeci, e continuamos com a entrevista.

Para o último show em Hammersmith, Defries tinha contratado o diretor D.A. Pennebaker para filmar a apresentação e havia uma unidade móvel da RCA lá para gravar tudo. Ken Scott ficou responsável pela gravação naquela noite e contava com outro engenheiro dos estúdios Trident, Roy Baker, para ajudá-lo. Essa gravação depois foi usada para o filme *Ziggy Stardust and the Spiders From Mars: The Motion Picture*, que foi lançado em 1983.

Aquela última noite provavelmente foi um dos melhores shows que fizemos. Arrasamos durante todo o setlist e tudo parecia se encaixar perfeitamente. Principalmente Bowie estava muito bem. Cada movimento que ele fazia trazia algo extra, deixando o show inteiro eletrizante. Depois de uma versão arrasadora de "White Light/White Heat", a plateia presente em Hammersmith entrou em frenesi.

A coisa toda ficou ainda mais louca quando Bowie pegou o microfone e anunciou: "Como este é o nosso último show da turnê, achamos que poderíamos oferecer algo especial pra vocês, então convidamos um dos nossos amigos para estar aqui, e sei que vocês receberão calorosamente Jeff Beck".

Jeff entrou no palco sob aplausos efusivos, e Mick começou o riff de "The Jean Genie". Foi um momento muito especial, já que Jeff Beck era um dos heróis de Mick na guitarra. Fizemos uma versão estendida da música em que cada um de nós solava depois do outro. Foi uma versão de "The Jean Genie" que nunca havíamos tocado antes. Jeff ficou conosco para "Round and Round" e depois saiu do palco sob fortes aplausos.

Então fizemos uma pausa maior do que de costume, mas felizmente o público ainda estava rugindo enlouquecidamente. Bowie então foi até o microfone e fez um sinal com as mãos pedindo silêncio ao público. Imediatamente todos se calaram.

"Pessoal... Esta foi a melhor turnê das nossas vidas", disse ele. "Eu gostaria de agradecer à banda. Gostaria de agradecer aos roadies e à equipe. Quero agradecer ao pessoal da iluminação. De todos os shows, este em particular permanecerá na nossa lembrança por mais tempo, porque não apenas é o último show da turnê, mas é o último show que faremos. Obrigado."

Minha primeira reação foi: "O que foi que ele falou? Ele falou mesmo que este é o último show que faremos?". Meus olhos procuraram Trevor, que, julgando pelo olhar confuso em seu rosto, estava pensando a mesma coisa. Olhei em volta para os outros caras no palco e a maioria estava com a mesma expressão de estupefação. Parte do público começou a gritar "Não, não, não", e pude ver que muitos fãs mais próximos do palco estavam chorando.

Então Hutch, o guitarrista de apoio, começou a tocar os acordes da introdução de "Rock n' Roll Suicide", e entramos na última música do show.

Ao longo de toda a música, fiquei me perguntando se era só mais um dos golpes de publicidade de Bowie. Será que ele tinha planejado isso ou foi só o calor do momento? Ele tinha feito muitas coisas desse tipo antes de nos informar. No final da música, eu realmente me sentia muito irritado, então atirei uma baqueta na direção de Bowie, obviamente sem intenção de machucar, já que errei a cabeça dele por mais de um metro...

Então Bowie disse para o público: "Adeus, nós amamos vocês", e saímos do palco.

Enquanto Trevor e eu voltávamos para o camarim, ficamos pensando no que David tinha dito e do que se tratava. Acho que ainda não havia informações suficientes naquele momento para chegarmos a uma conclusão. Quando perguntamos a Mick no camarim, ele nos disse: "Até onde eu sei, ele está largando tudo, mas não sei bem o que isso significa. Vocês precisam perguntar para ele".

Nós então fomos perguntar para outros membros da equipe se eles tinham alguma informação mais concreta. Uns disseram que era isso mesmo, que ele tinha acabado com Ziggy, outros disseram que achavam que era só mais um golpe de publicidade, e muitos pareciam tão confusos quanto eu e Trev. Àquela hora, Bowie já tinha deixado o local do show.

Decidi que, como haveria uma festa após o show, eu conversaria com David lá e se tivesse sorte conseguiria uma resposta.

A festa aconteceu no Café Royal, na Regent Street, e eu já tinha visto que a lista de convidados incluía Ringo, Lulu, Jagger, Lou Reed, Jeff Beck, Cat Stevens, Peter Cook, Britt Ekland, Elliott Gould e Keith Moon, um dos meus ídolos.

Mick já tinha saído para ir à festa, então Trevor e eu pegamos um táxi juntos. Além de buscar a verdade sobre aquela declaração de Bowie, eu tinha outra missão importante em mente. Estava de partida para Yorkshire na manhã seguinte, para o meu casamento... June e eu tínhamos planejado nos casar no final da turnê, e finalmente tínhamos marcado uma data. O casamento civil aconteceria num cartório em 5 de julho, com a presença de familiares e amigos próximos de Yorkshire. Também tínhamos planejado uma pequena cerimônia religiosa em Sussex, para nossos amigos, em 7 de julho, numa igreja da Cientologia. Eu tinha convidado Mick para ser meu padrinho e também tinha convidado David, que disse que estaria lá. Como havíamos marcado tudo meio de última hora, por não saber exatamente quando a turnê terminaria, não fizemos convites oficiais, foi tudo verbal. Então eu queria lembrar David e Mick sobre o casamento naquela noite.

Chegando ao Café Royal, nos deparamos no tapete vermelho com um bando de fotógrafos que disparava flashes sem parar enquanto saíamos do táxi. O lugar estava lotado com os convidados. Eu esperava ver Keith Moon, mas havia tantas pessoas que nunca consegui chegar até ele. Também tentamos chegar até Bowie, mas ele estava cercado de gente como Jagger, Lou Reed, Jeff Beck e Ringo. Logo ficou claro que não era nem o momento nem o lugar para qualquer discussão mais séria sobre a banda, ou para lembrá-lo do meu casamento.

June e eu nos casamos como planejado no cartório Bridlington, com nossos pais e familiares e alguns velhos amigos presentes. June fez meu terno e também o vestido de casamento dois dias antes do casamento. Ela costurou os botões de porcelana em seu vestido, os mesmos que eu havia comprado para ela no Japão.

Depois fomos para Sussex, para a segunda cerimônia. Contudo, Mick e David não apareceram. Nós não sabíamos o que tinha acontecido com eles, mas eu não podia esperar mais, então Trevor foi meu padrinho, e Geoff MacCormack conduziu June até o altar. Também estavam lá alguns roadies e membros da equipe que eram meus convidados. A filha de Trevor, Sarah, foi daminha de honra juntamente com a filha de Mike Garson, Jenny.

Recebi um telefonema cerca de uma hora e meia depois da cerimônia, enquanto estava trocando de roupa na casa de um amigo meu e de Mick. Presumi que era alguém telefonando para me dar parabéns. Mas não: era Tony Defries, que disse: "Estou ligando para dizer que você não vai para a França gravar o álbum *Pin Ups*".

"Por que não?", perguntei. Estava meio chocado. Não era uma frase que eu esperava ouvir, principalmente no dia do meu casamento.

"Bem, você disse que não queria mais fazer parte da banda."

Defries estava se referindo àquela reunião seis meses antes, quando me recusei a tocar nas datas seguintes durante nossa segunda turnê norte-americana, a menos que tivesse um aumento de salário.

"Sim, mas já conversamos sobre aquilo, e a questão do dinheiro foi resolvida, não é?", eu disse. "E já fizemos duas turnês depois daquilo."

"Mas você disse que não queria mais tocar", ele repetiu.

Dava para dizer pelo tom de voz dele que não adiantava discutir nem tentar contornar a situação. Fiquei lá parado e de repente me dei conta de que já estava farto daquela insanidade toda. Não como músico, nem como *rock star*, apenas como pessoa. Eu não aguentava mais. Realmente pareceu que nem valia a pena insistir. Perguntei se David e Mick Ronson pensavam da mesma forma que ele, já que honestamente eu só queria dizer algo como: "Sem problemas, desejo o melhor para vocês". Afinal, fomos amigos próximos por algum tempo.

"Sim, eles dois estão aqui", disse Defries.

"OK, posso falar com David?", perguntei.

Depois de alguns segundos de silêncio, ele respondeu: "Ele não quer falar com você".

"Tudo bem", disse eu, "coloque Mick na linha".

"Ele também não quer falar com você", disse ele.

Eu só disse "OK" e desliguei o telefone. Fiquei sem palavras.

Trevor entrou na sala, e eu disse para ele: "Você sabe quem acabou de me ligar?".

Ele podia ver pela minha cara que algo muito terrível tinha acontecido: "Defries? Eu sabia que você receberia esse telefonema, mas não quis estragar seu casamento, então não falei nada pra você".

"Porra, por que eles me ligariam justo nessa hora?"

Trevor ficou olhando para mim com muita tristeza. Minha cabeça estava rodopiando. Era difícil acreditar que eles me demitiriam justamente no que deveria ter sido um dia feliz.

10.

ENTÃO ONDE ESTÃO OS SPIDERS?

Passei o resto do dia do meu casamento tentando manter o controle, principalmente por June, mas também por nossos amigos e convidados, que não sabiam da notícia. Os últimos três anos e meio tinham sido uma aventura extraordinária, muito além dos meus sonhos mais loucos. Nosso casamento era para ter sido a cereja do bolo. Eu precisava de um tempo para assimilar tudo aquilo e me ajustar à nova realidade.

Eu havia trabalhado duro ao lado de um grupo de amigos que tinham mais ou menos se tornado minha única família, dada a natureza da nossa agenda. Juntos, nós produzimos quatro álbuns de estúdio que agora eram um sucesso. De fato, perto do final do mês de julho, todos esses álbuns mais o primeiro de David Bowie estavam no top 40, três deles no top 15, e *Aladdin Sane* era o número 1, um feito inédito por um artista solo britânico. Tínhamos tocado em cerca de 200 shows e nos apresentado em renomados programas de rádio e de televisão, incluindo o *Top of the Pops*. A jornada rumo ao topo levou anos; e a queda aconteceu em apenas alguns minutos. Fiquei totalmente abatido. Eu nunca havia me sentido tão pra baixo na minha vida inteira.

A lua de mel, que obviamente deveria estar agendada, sequer passou pela minha cabeça. June e eu voltamos para o apartamento em Beckenham e ficamos lá só nós dois. Ainda no casamento, eu tinha conversado com Trev e ele contou que o "misterioso" traficante de cocaína das turnês na verdade era o fornecedor de Bowie, o que se somou a um cenário já bastante confuso.

Trevor estava morando com Mick no apartamento de um amigo dele em Londres antes de seguir para a França, onde começariam as gravações de *Pin Ups* num estúdio em Château d'Hérouville. Trev me ligou no apartamento e me contou que ainda não tinha engolido muito bem o tal "telefonema do casamento", e naquele momento, percebendo o impacto que aquilo tinha me causado, tinha ficado furioso. Contou que entrou no escritório da MainMan, onde Mick, Bowie e várias outras pessoas estavam em reunião.

"Foi uma coisa fodida e nojenta o que você fez com Woody no dia do casamento dele. Como você pôde fazer uma coisa dessas?", disse Trev para Bowie.

"Se não gostou", retrucou Bowie, "vá se foder você também. Vai ser fácil conseguir outro baixista".

Nesse ponto, Mick arrastou Trev para outra sala e disse para ele não falar mais nada ou também perderia o emprego.

Ao longo das semanas seguintes, e com a ajuda de June, consegui começar a recolher os meus cacos do chão. Decidi fazer minha própria elegia sobre a situação: mesmo que ainda estivessem faltando peças importantes no meu quebra-cabeças, organizar a situação na minha mente ainda era melhor do que ficar perplexo com a minha demissão. Afinal, a única explicação que me deram para me demitirem foi a frase de Defries citando o que eu havia dito seis meses antes: "Você disse que não queria ficar na banda".

A notícia chocante de que Bowie esteve usando cocaína durante toda a turnê americana realmente explicava sua atitude estranha e frequentemente antissocial, além das mudanças de comportamento e seu distanciamento da banda. E isso me ajudou a começar a entender sua recusa em defender os Spiders quando Defries se mostrou tão desprezível na reunião sobre as questões financeiras.

Também percebi a incapacidade de controlar "Ziggy" e que David parecia cada vez mais preso dentro do personagem 24 horas por dia, 7 dias por semana. Eu achava na época que "Ziggy na América", como ele descreveu o álbum *Aladdin Sane*, era uma espécie de concessão da parte dele, enquanto queria na verdade fazer outras coisas. Olhando agora para o passado, percebo que naquele momento ele estava buscando um modo de abandonar Ziggy Stardust e voltar para David Bowie, mas "Ziggy" era tão imenso que não vejo como ele poderia ter feito isso sem gerar consequências desastrosas para sua carreira.

Quando ele soube da recusa da RCA em continuar a financiar as turnês, acho que isso o forçou a tomar a decisão de acabar com "Ziggy", já que nem ele nem Defries gostavam de receber ordens da gravadora. Dessa forma, se a morte de Ziggy era carta marcada, Bowie precisaria recomeçar do zero, o que significava que não poderia realmente continuar com uma banda que tinha, àquela altura dos acontecimentos, criado seu próprio nome como "Spiders From Mars". Portanto, nós também teríamos que desaparecer junto com Ziggy.

Também acho que minhas explosões e reações durante as discussões sobre o salário não me ajudaram muito. Provavelmente eu era visto como um elemento imprevisível, o que levou a me esconderem o que aconteceria no último show em Hammersmith e me colocou como primeiro da fila na lista de demissões. Ainda assim, pensando lá atrás, agora me parece óbvio que os eventos já tinham sido planejados muito antes. Mas, naquela época, eu não fazia ideia de muitas coisas.

Havia também o fato de que Defries quis demitir a banda logo depois de *The Man Who Sold the World*, e não creio que ele valorizava as contribuições reais dos Spiders para a música de Bowie, o que atribuo à pura e simples falta de noção. Nunca me convenci de que Defries sempre estivesse agindo em prol de Bowie.

Foi uma pena terem achado necessário tratar a minha saída da banda de um jeito tão doloroso. Mas minha visão pessoal sobre tudo isso é que eu me sinto extremamente orgulhoso de como Mick, Trev e eu contribuímos para a música de Bowie e o ajudamos a materializar sua visão: Mick, com sua guitarra incrível, seus arranjos para cordas e seu talento como artista; juntamente com Trevor e eu na seção rítmica e espinha dorsal de todas aquelas músicas e shows maravilhosos. Jamais imaginei na época que, quatro décadas depois, as canções daquele período ainda fariam parte da programação semanal das rádios.

June e eu nos mudamos do apartamento que havíamos compartilhado com Trevor e Mick em Beckenham e conseguimos nossa própria moradia em Sussex, enquanto eu tentava decidir o que iria fazer em seguida na música. Conheci alguns músicos locais naquela região e comecei a tocar em pubs e clubes de esportes, apresentando uma mistura de material original e versões de outros artistas. Eu me sentia bem tocando puramente por prazer, sem nenhuma pressão adicional. Nas últimas turnês com Bowie, eu estava aprendendo a tocar violão, me sentava no quarto de hotel enquanto Mick ficava berrando comigo e me mandando ficar quieto. No final das contas, ele parou de gritar comigo e foi assim que me dei conta de que já estava ficando bom no violão... Já sabia tocar razoavelmente bem e comecei a compor algumas músicas. Depois de alguns meses, decidi experimentar tocar minhas músicas diante do público e montei um grupo de quatro pessoas, assumindo os vocais. Quase sempre as pessoas que vinham nos assistir gritavam "Vai para a bateria, Woody!", algo que eu tentava não levar como uma crítica ao meu jeito de cantar. Acho que era um sinal de que eu ainda não estava levando muito a sério minha carreira de baterista.

Enquanto isso, Trev e Mick tinham voltado da gravação de *Pin Ups* na França, o último álbum de Bowie com eles dois tocando juntos. Em outubro de 1973, eles se juntaram a Bowie numa nova produção que ele estava fazendo para a NBC TV, um especial em horário nobre chamado "The 1980 Floor Show", que foi filmado no Marquee em Wardour Street, Londres. A RCA queria usar o programa para promover *Pin Ups*, já que não haveria turnê. Eu mantive contato com Trev regularmente desde aquele último show em Hammersmith, ele me atualizava sobre o que estavam fazendo e soube que ele estava trabalhando com Mick Ronson num material solo.

Só reencontrei Mick Ronson quando ele convidou June e eu para conhecermos seu novo apartamento no Hyde Park. Ele estava morando com Suzi Fussey, embora ela não estivesse presente naquela noite. Mick também tinha deixado Bowie e estava focado em sua carreira solo. Seu primeiro álbum solo, *Slaughter on 10th Avenue*, tinha saído em março de 1974 e vendeu razoavelmente bem, embora os críticos não tenham gostado muito da voz dele. Acho que Mick estava remoendo um pouco o fato de que sua carreira solo não estava indo tão bem quanto ele havia planejado. Quando levantei o assunto do envolvimento dele na minha demissão, ele deu de ombros e disse: "Bem, aquilo não tinha como durar para sempre", atitude típica de um cidadão de Yorkshire. Desisti de continuar o assunto porque parecia que ele já estava com problemas suficientes. Ainda éramos bons amigos, apesar de tudo, e o passado tinha ficado para trás.

Pouco antes desse jantar, eu fui assistir a um dos shows dele no Rainbow, em Londres, acompanhado de June, que fez todos os figurinos de todos os integrantes da banda, incluindo as roupas de Mick Ronson. Achei meio desconfortável assisti-lo no papel de vocalista/frontman, porque, conhecendo Mick há tantos anos, dava para ver que ele estava muito nervoso. Mas foi bom vê-lo arrasando nos solos de guitarra com o talento de sempre. Eu sempre desejei que tivessem aconselhado Ronson a seguir uma abordagem mais parecida com a de Jeff

Beck quanto à sua carreira solo, concentrando-se mais em música instrumental.

Não muito depois disso, Trevor me ligou e disse que tinha conversado rapidamente com Mick no escritório da MainMan em Fulham, onde lhe disseram que Ronson não iria continuar com a carreira solo e se juntaria à banda Mott the Hoople, o que deixava Trev sem trabalho. Trevor me falou que naquele instante entendeu como eu havia me sentido no dia do meu casamento. Foi tudo muito abrupto.

Naquele outono, Trevor veio morar com a família perto da nossa casa, porque nós estávamos pensando em montar uma banda juntos, embora ainda não tivéssemos um nome para o grupo. Precisávamos de um vocalista e de um guitarrista e pedimos que Mick se juntasse a nós. Ele não demonstrou interesse, mas se ofereceu para nos visitar, tocar guitarra no álbum e ajudar na produção do disco. Assim, Trevor e eu acabamos encontrando dois músicos no Cube Records. Dave Black era guitarrista – meio parecido com Mick, mas com um som mais próximo do jazz – e Pete MacDonald era vocalista. Mike Garson se juntou a nós nos teclados. Trevor e Pete começaram a compor as músicas, e eu também escrevi algumas. Fomos até Hull e gravamos uma fita demo em poucos dias no estúdio de Keith Herd.

Também contratamos um empresário que nos haviam recomendado. Depois de um tempo, me dei conta de que o cara respondia "Tudo está indo bem" para qualquer pergunta que eu fizesse. Percebi que havia algo estranho acontecendo, embora ele tivesse um escritório em Londres e fosse muito bom de conversa. Chegou uma hora que eu disse: "O que você quer dizer com tudo está indo bem? Tô quebrado!". Acredite ou não, o empresário me falou que tinha uma reunião com um aristocrata indiano para quem iria pedir que investisse na banda.

"Você conhece esse cara?", perguntei.

"Não, simplesmente vou lá no hotel, achar um jeito de entrar no quarto dele e pedir."

"Puta merda. Este é o seu plano?"

O indiano rico se recusou a investir na nossa banda, mas as demos eram boas, então nosso empresário reservou os estúdios Trident para nós, mesmo que não houvesse nenhum contrato assinado com gravadora. Começamos a gravar o álbum, e rapidamente os gastos chegaram a 10 mil libras, incluindo as despesas com o hotel. O pessoal dos estúdios Trident quis saber quando nosso empresário começaria a pagar o estúdio, mas quando perguntei isso ao cara, ele foi incapaz de me dar uma resposta convincente. Para mim, aquilo já era demais – alguém precisava dar um jeito na situação. Fui até a gerente do hotel e expliquei que nem nós, a banda, nem nosso empresário tínhamos dinheiro. A gerente do hotel era uma pessoa muito legal. Ela era amiga, ou talvez amante, de Spike Milligan – nós jantamos com eles certa noite, e o cara era hilário. Ela gostava de mim, então nos conseguiu um acordo: nós todos dividiríamos um quarto único e, desde que não pedíssemos os itens mais caros do cardápio, poderíamos comer no restaurante do hotel e pagar a conta quando conseguíssemos um contrato de gravação. Foi muito generoso da parte dela.

Resolvida essa questão da hospedagem, assumi o papel de empresário da banda e comecei a marcar reuniões com as gravadoras. Eu tinha algumas músicas prontas, e as faixas-base estavam gravadas. Não sabia muito bem o que eu estava fazendo, mas eu era bom nas negociações. Algumas pessoas que conheci eram muito irritantes: ouviam oito segundos de uma música e já pulavam para a faixa seguinte. Quase sempre, uma reunião acontecia mais ou menos assim:

"Você não quer ouvir a música inteira?", eu perguntava.

"Essa música não é um single", eles respondiam.

"Dá pra dizer se uma música será um single só de ouvir oito segundos?", eu questionava incrédulo.

"Sim, dá."

Eu arrancava a demo das mãos deles e dizia: "Vocês são uns merdas", e saía da sala.

Isso aconteceu muitas vezes. Eu continuava batendo à porta das gravadoras e não conseguia nada. Então, certo dia, uma amiga da época em que estávamos com Bowie telefonou do nada para dar um olá. Ela me contou que estava trabalhando na Pye Records para o chefe de A&R (Artistas e Repertório) e durante a conversa mencionou que estavam procurando uma banda de rock. Na hora falei: "Marca uma reunião pra gente amanhã!", e foi o que ela fez.

Levei as músicas, entrei no escritório executivo da Pye e disse: "Vocês precisam de uma banda de rock?".

"Precisamos", disse ele. "Fala aí!"

E entrei no jogo. E bem na hora certa. Norman Sheffield, um dos donos dos estúdios Trident, era um cara durão, com a reputação de ser implacável. Ele me ligou para falar sobre a dívida gigantesca da banda e disse: "É bem difícil tocar bateria sem pés, não é?".

Dennis McKay, nosso operador de mesa da época de Bowie, que estava produzindo o álbum, ficou pálido quando ouviu isso.

"Woody, nós dois vamos acabar virando presunto!", disse ele.

Felizmente, a Pye nos ofereceu 80 mil libras pelo álbum. Eu não entendia nada de direitos autorais e essas coisas, então simplesmente fingi que sabia do que se tratava. Expliquei quanto eu precisava para o estúdio, hotel, equipamento e despesas gerais, e a Pye concordou com tudo. Calmamente, eu disse: "Muito bom, obrigado", mas por dentro eu estava insano, pensando: "Puta merda, graças a Deus, vou salvar meus pés e poder tocar bateria!".

Fiz a mesma coisa com a editora musical: no fim, consegui um acordo de 75/25, algo de que nunca se ouviu falar. Alguns empresários me ligaram depois dizendo: "Puta merda, como foi que você conseguiu um acordo de 75/25?". Eu não fazia ideia.

Resolvemos chamar a nova banda de Spiders From Mars. Trevor registrou o nome. Nosso álbum homônimo foi gravado em 1975. Mick Ronson se juntou a nós e tocou guitarra em algumas faixas, além de dar algumas ideias para a produção, mas, infelizmente, essas músicas acabaram ficando de fora da versão final do álbum. Fizemos uma turnê curta no Reino Unido e o álbum foi lançado em 1976. "White Man, Black Man" foi nosso single, mas não teve muito tempo de execução nas rádios. Logo ficou claro que a gravadora não sabia realmente como divulgar uma banda de rock. O álbum só foi bem no Japão e ficou restrito à cena underground.

Por causa dessa situação, foi a primeira e única vez que Trevor e eu discutimos e brigamos. Ele queria continuar com a banda depois que o álbum saiu, mas eu achava que não iríamos a lugar algum, além disso, eu estava fazendo todo o trabalho - tocando bateria, compondo, administrando - enquanto os outros ficavam sentados jogando baralho. Falei que, se fosse empresário da banda, queria 5% extra; os outros caras ficaram putos e foi isso. Saí da banda e eles continuaram a fazer shows com um baterista de Newcastle.

Por volta dessa época, recebi um telefonema de uma das secretárias de Paul McCartney. Ela disse que Paul estava fazendo audições para sua banda, o Wings, e queria saber se eu estava interessado. Falei que estava, e ela me disse para ir ao estúdio às 11 horas da manhã na segunda-feira. Até hoje, não sei o que passou pela minha cabeça, mas eu não fui para o teste. Na segunda à tarde, a garota me ligou e disse: "Onde você está? Paul está aguardando você." Pedi desculpas e disse que o Wings não era para mim. Perguntei a ela que tipo de contrato haviam proposto para o novo baterista. Quando ela me disse, me dei conta de que tinha cometido um grande erro!

Mais tarde, em 1976, conheci um cara chamado Brian Leahy, que era empresário na Austrália e sugeriu que eu montasse minha própria banda. Já que eu tinha algumas músicas prontas, pareceu uma boa ideia. Comecei a procurar músicos para a minha nova banda, que chamei de U-Boat, e comecei a gravar demos. Leahy levou as demos para a Bronze Records, que achou que a primeira música que fiz era um hit e nos contratou.

O proprietário da Bronze Records era Gerry Bron, também empresário do Uriah Heep e do Manfred Mann. Ele produziu o álbum do U-Boat, chamado *U1*, e infelizmente fez uma mixagem muito comprimida, quando eu queria na verdade um som mais cru, sem firulas, quase um punk rock, que era o que estava dominando as paradas. Acabamos perdendo espaço por causa disso. O álbum foi lançado, e nós até fizemos alguns shows com lotação máxima na Inglaterra, embora a maior parte do público obviamente estivesse lá por causa da conexão com Bowie.

Enquanto estávamos produzindo o álbum, Gerry me contou que estava com dificuldades para encontrar um bom baixista para o Uriah Heep. Eu recém havia conversado com Trevor, que tinha voltado para Hull depois do fim dos Spiders From Mars. Trev me contou que estava recebendo auxílio-desemprego; cada vez que ele ia até a agência governamental pegar o dinheiro, todo mundo começava a cantar "Starman", e isso o deixava bastante aborrecido. Eu também fiquei muito contrariado com essa história, então na minha lista de coisas para fazer acrescentei: achar um trampo para o Trev... Ele não merecia essa merda toda.

Na hora, recomendei Trevor para o Uriah Heep. Sabia que ele se encaixaria na banda, e Trev assumiu o posto, permanecendo com o Uriah pelo resto de sua vida, a não ser por um breve período em que esteve com a Wishbone Ash. Ele ficou muito agradecido por isso, e depois, por uns bons anos, nós dois conversamos com frequência ao telefone, não importava onde estivéssemos. Conversávamos sobre tudo: família, os membros da banda, música, qualquer coisa que estivesse acontecendo nas nossas vidas. Geralmente colocávamos o assunto em dia.

Na verdade, não vi nem ouvi nada de Bowie até o outono de 1976. Estava na França trabalhando como músico de estúdio quando um dos engenheiros disse que David Bowie estava novamente no Château d'Hérouville, gravando seu novo álbum com Tony Visconti. Era o álbum *Low*, que sairia em janeiro de 1977.

Resolvi ligar para Tony, que eu não via desde 1971, quando o visitei algumas vezes no apartamento em Penge. Além disso, o Château não ficava muito longe de onde eu estava trabalhando. Tony estava animado por falar comigo, mas disse: "Me passa teu número que eu te ligo mais tarde, já que estamos na pressão aqui pra terminar este álbum".

Ele ligou 10 minutos depois.

"David disse que seria legal você vir até aqui no estúdio, seria bom ver você."

Chamei um táxi e segui para o Château, uma mansão do século 18 que era bastante imponente do lado de fora, mas tinha um estilo mais solto e boêmio no interior. A recepcionista fez uma chamada, e Tony veio me receber. Ele parecia o mesmo de sempre. Nós nos abraçamos, e então ele me levou até uma espécie de área de bufê com um lounge. Havia cerca de outras oito pessoas nos sofás e nas cadeiras conversando.

Ouvi uma voz dizendo "Olá" e reconheci que era a voz de Bowie, então rapidamente passei a conferir todos os rostos no lounge para encontrá-lo. Ele viu que eu estava confuso e soltou uma gargalhada. David estava sentado numa poltrona encostada na parede.

"Puta merda, eu não o reconheci", eu disse.

O cabelo dele estava bem curto e castanho, o rosto com a barba malfeita, e ele usava uma camisa xadrez, jeans baggy e um calçado que parecia botas de trilha. Definitivamente não era o que se esperaria. Bowie se levantou e nos abraçamos amistosamente. Ele também parecia muito feliz em me ver.

"Quer comer alguma coisa?", perguntou.

"Não", eu disse.

"Paramos há pouco para o jantar, então você pode comer aqui conosco."

Depois do jantar, ele disse: "Woody, vem cá, vamos conversar".

Eu o segui e cruzamos uma porta até uma das mesas de mixagem. Conversamos apenas sobre coisas triviais, falamos do trabalho dele e de como era bom voltar a trabalhar com Tony novamente. Bowie me disse que estava "meio preocupado" com as drogas, obviamente presumindo que eu sabia de tudo, e que estava fazendo o que estava ao alcance dele para ficar limpo.

"Eu não fazia ideia de que você estava usando cocaína nas turnês do Ziggy", eu disse.

"Eu era muito discreto", ele respondeu.

Bowie disse que tinha se dado conta havia pouco tempo de que aquela tinha sido a melhor época de sua vida. Havia algo especial na primeira vez em que se busca o sucesso e finalmente se chega lá, e David achava que não seria possível capturar essa sensação novamente.

Ele perguntou o que Trev e Mick estavam fazendo. Quando contei a ele que Trev estava com o Uriah Heep, ele disse: "Eu consigo imaginar Trev fazendo algo assim". Contei ainda que não sabia no que Mick estava trabalhando naquele momento: o Mott the Hoople teve vida curta após Ronson se juntar a eles, mas Mick gravou com Ian Hunter em seu primeiro álbum solo, que saiu em 1975, mesmo ano em que formaram a Hunter Ronson Band. Recentemente, Mick tinha lançado seu segundo álbum, *Play Don't Worry*, que não tinha dado muito certo. Quando falei com David, já fazia meses que não tinha notícias de Ronson.

Bowie perguntou como minha banda estava indo e como estava June.

Depois de meia hora, Tony espiou pela porta entreaberta e disse: "Temos que voltar ao trabalho, David, caso contrário não vamos terminar essas faixas".

"Foi muito bom ver você, de verdade", disse Bowie. "Fico feliz que esteja bem, e se algum dia precisar de mim para qualquer coisa, seja lá o que for, dá uma ligada para o escritório. Dependendo do que eu estiver fazendo, pode levar duas semanas, mas eu retorno a ligação."

Não vi necessidade de trazer à tona o que tinha acontecido três anos antes. Bowie reconheceu o que tinha feito à sua própria maneira. Me despedi dele e de Tony e chamei um táxi. Enquanto voltava para o meu estúdio, senti que velhas feridas estavam cicatrizadas.

O U-Boat foi a primeira banda a conseguir residência no Marquee. Tivemos lotação máxima todas as noites ao longo de duas semanas, o que foi muito gratificante. Me contaram que Gary Numan veio nos ver e que era nosso fã, e também que os Sex Pistols tinham enviado um telegrama para nós dizendo que gostariam de ser nossa banda de abertura.

Fizemos uma turnê pela Europa abrindo para o Uriah Heep e fomos muito bem: em dado momento, estávamos vendendo mais álbuns na Europa do que eles. Também pude passar bastante tempo com Trevor nessa turnê, mas foi meio estranho, já que éramos de bandas diferentes agora. Costumávamos fazer brincadeiras um com o outro durante os shows. Certa noite, durante uma de nossas baladas bem sérias, uma mulher seminua subiu no palco. Ela então começou a caminhar ao redor de cada membro da banda acariciando o cara enquanto a gente tentava se concentrar e não foder com a música. Acontece que tinha sido um dos caras do Heep quem havia contratado a garota. Num show, chegaram ao ponto de encher minha caixa com bolinhas de gude, então, quando tocava, cada batida fazia um som terrível. Tive que trocar para minha caixa de reserva enquanto eles todos ficavam se matando de rir na coxia.

Em retaliação, pegamos dois extintores de incêndio e disparamos ambos no banco da bateria: ele sumiu de vista por um bom tempo. Também pegamos Trevor uma noite enquanto ele estava solando no baixo: ele estava próximo do painel de fundo, então puxamos a perna dele e prendemos com fita isolante ao redor de um dos tubos da estrutura. Trev teve que chamar um dos roadies para cortar a fita e soltá-lo.

Uma das últimas apresentações do U-Boat foi no festival de Reading, em 1977. Estávamos planejando um segundo álbum quando tudo virou de ponta-cabeça. Havia sérias diferenças musicais entre nós – eu queria uma pegada mais rock, enquanto os outros queriam um som mais pop – o que acabou causando uma fissura com o empresário, e o U-Boat afundou sem deixar vestígios.

Mas foi muito divertido. O que eu mudaria se pudesse voltar lá atrás? Nada, não tenho arrependimentos. Por volta dessa época, eu me recusei a tocar num show com o Meat Loaf, o que provavelmente foi outro erro, mas precisamos aceitar nossos erros e seguir em frente.

Os anos seguintes da década de 1970 passaram voando. Fiz alguns trabalhos como músico de estúdio aqui e ali, e June fundou uma empresa de design de interiores. Eu tinha ganhado algum dinheiro com o U-Boat, então estava tudo bem. Meu primeiro filho, Nick, nasceu em 1975, seu irmão Joe chegou dois anos depois, e meu caçula, Dan, nasceu em 1985. Amo ser pai, e sempre tentei ficar com eles o máximo de tempo possível.

Só soube disso muito tempo depois, mas parece que Bowie quis reunir o Spiders From Mars novamente em 1978. Mick contou a Trevor que Bowie tinha ligado e pedido que voltasse. Mas Mick falou que não queria mais. Ele ainda estava colaborando com Ian Hunter, e recebia convites para atuar como guitarrista e produtor ao lado de artistas como Sparks, Roger Daltrey, John Cougar Mellencamp e Rich Kids. Ele disse a Trevor que falou para Bowie que não queria dar um passo atrás e que, de qualquer maneira, estava ocupado demais e muito feliz com o que estava fazendo. Um Spiders renovado teria sido uma ideia interessante! Pelo menos, o convite provou que não havia qualquer ressentimento entre nós e Bowie.

O anúncio dizia: "Banda profissional com 12 integrantes procura baterista com bom astral e atitude". Era 1984, e eu já trabalhava como baterista freelancer sob contrato. Estava no intervalo entre um trabalho e outro, então liguei para o telefone divulgado no anúncio por pura curiosidade profissional. No final das contas, a banda era o Dexy's Midnight Runners, que já tinha alguns hits. O empresário reconheceu meu nome e me disse que tinham feito testes com 250 bateristas, mas justamente no dia anterior haviam encontrado um músico com quem o vocalista, Kevin Rowland, tinha ficado satisfeito. Mesmo assim, ele passou meu número para Kevin, e no dia seguinte o empresário ligou novamente, perguntando se eu iria até Birmingham participar da audição. Eles pagariam todas as minhas despesas.

Fazia três meses que eu não tocava bateria, então estava meio enferrujado, mas fui até lá e conheci Kevin Rowland, que pareceu um cara meio excêntrico. Ele me levou até uma sala onde a banda inteira aguardava e me mostrou a bateria. Era o pior kit que eu já tinha visto na vida.

"Não tem como eu tocar nisso", eu disse para ele.

"Bem, 250 outros bateristas não tiveram problema com essa bateria", Kevin retrucou.

Eu disse que precisava de 15 minutos para ajustar o instrumento, fazer a afinação e deixar a bateria pronta para tocar. Ele relutantemente disse que sim, e eu consertei o kit.

O astral na sala de audição era aquele que se poderia esperar depois que 11 pessoas passaram duas semanas ouvindo 250 bateristas – alguns bons, alguns ruins e outros insípidos. Os caras estavam fartos de bateristas, e agora um outro fodido qualquer chegava para a audição, bem quando eles acharam que finalmente tinham encontrado o cara certo. Então esse era o climão no local: muito desconfortável. Reparei que havia uma bandeja com 11 xícaras e um bule de chá enorme, e eu estava morrendo de sede, então me servi uma xícara de chá. Um roadie entrou na sala, deu uma olhada na bandeja e disse: "Quem foi o fodido que se serviu de chá?".

"Fui eu."

"Você fodeu com tudo", disse ele. "Apenas Kevin serve o chá, e ele ainda não estava no ponto adequado!"

Então começamos a tocar uma música, mas havia tantas mudanças de andamento que eu parei a banda.

"Olha, eu vou acertar essa música", eu disse, "mas preciso de alguns minutos para repassar com alguém que a conhece bem".

O guitarrista me mostrou a música, e voltamos a tocar. Acertei direitinho, e Kevin pareceu impressionado – o suficiente para ao menos pedir que eu tocasse mais uma. Tocamos a música seguinte corretamente, mas o organista, que era bem arrogante, disse: "Você está acelerando", coisa que eu não estava fazendo.

"Posso estar tocando errado", eu disse, "mas não estou acelerando porra nenhuma". Provavelmente não era a melhor coisa a se dizer numa audição! Nesse ponto, presumi que estava tudo acabado, mas continuei o teste e toquei mais algumas músicas. No final, Kevin disse: "Obrigado por ter vindo, amanhã te telefono".

Durante todo o trajeto de volta para casa, pensei que tinha perdido tempo. Então, quando Kevin me ligou no dia seguinte, eu disse: "Tá me ligando para dizer que não consegui o posto, não é?".

Ele ficou em silêncio e depois perguntou: "Por que está dizendo isso?".

"Deu para ver que eu fodi com tudo."

"Bem, eu só queria dizer que achei outro baterista", disse ele.

"Obrigado por me contar. Foi muito bom conhecer você", eu disse, e não pensei mais no assunto até que, do nada, Kevin ligou de novo três semanas mais tarde.

"Estou ligando para me desculpar com você."

"Por quê?"

"Escolhi o baterista errado: deveria ter sido você. Tem como vir até aqui para gravar o álbum?"

"Eu vou, mas sei que fui mal na audição. Por que você mudou de ideia?"

"De todos aqueles 250 bateristas que fizeram o teste, você foi o único que estava preparado para enfrentar aquela merda toda e ainda assim acertar a música."

Foi assim que trabalhei no álbum, chamado *Don't Stand Me Down*, por alguns meses. Gravamos as demos de algumas faixas absurdamente incríveis, mas que nunca foram lançadas. O álbum levou dois anos para ser concluído, e no final das contas, acho que participei de apenas uma faixa, "The Waltz", que teve boa execução no rádio. Adicionei uma pegada mais roqueira naquela música do que deveria, mas ainda assim acho que ficou ótima. Era interessante tocar com uma seção de instrumentos de sopro, coisa que eu nunca tinha feito antes. Não havia cabine fechada acústica para a bateria, então construíram uma para mim bem no meio do estúdio, feita de painéis de plástico. Tinha uma porta e uma janela grande de plástico, de modo que eu pudesse ver o resto da banda – parecia minha própria casinha. Achei duas garrafas de leite e escrevi "Duas cervejas, por favor" num pedaço de papel, coloquei-o dentro de uma das garrafas e as deixei do lado de fora da porta. Isso não pegou nada bem.

Às vezes, as coisas ficavam meio estranhas no estúdio. Logo ficou claro que, quando uma música estava sendo gravada, ninguém deveria bater o pé ou sequer mover um músculo até que Kevin dissesse que a tomada tinha ficado boa. Eu não sabia disso, ficava me mexendo entusiasmado e falando "Isso!", porque o material era muito bom. No começo, Kevin me olhava desconfiado, mas depois sorria para mim. Eu me dava bem com ele.

A quantidade de mudanças de tempo durante uma única música também era estranha. Durante os ensaios, eu recebia uma tabela mostrando todos os arranjos das músicas que iríamos gravar. Ao lado de cada parte da música estava escrito o BPM (batidas por minuto), ou seja, o tempo em que a música tinha que ser tocada. Cada uma das partes, como estrofe, refrão e ponte, tinha tempos diferentes. Uma música podia começar em 120 BPM por um determinado número de compassos, depois seguir para 122 BPM na estrofe, 118 BPM na ponte e 124 BPM no refrão. Tocar com um click para acompanhar ainda não tinha se tornado parte do processo de gravação. Hoje é um modelo padrão para gravar baixo e bateria, já que muitas partes programadas no teclado são usadas e têm que ser ajustadas a um BPM específico.

Na primeira vez que isso aconteceu, eu realmente fiquei confuso. Sou muito bom em manter o tempo, mas mudar quatro ou cinco vezes durante uma música parecia quase impossível. Na verdade, fui para casa naquela noite e toquei vários discos, de Phil Collins a Billy Cobham, para ver se alguém já tinha feito algo parecido. Depois de três horas, não tinha ouvido uma única música em que aparecesse tal mudança.

No dia seguinte, disse a Kevin que não dava mais para mim, mas ele insistiu que queria as mudanças de tempo, então falei para ele que teria que ensaiar alguns dias com meu próprio metrônomo. Quando nós ensaiávamos as músicas, ele as gravava num gravador portátil, e depois de cada música, ele ouvia tudo e checava as mudanças de tempo com um metrônomo. Achei muito estressante que meu trabalho sofresse tamanho escrutínio, mas no final da semana eu consegui chegar ao resultado esperado. Mas sou obrigado a dizer, do meu ponto de vista, que o trabalho não atingiu todo o potencial que poderia ter alcançado se não usássemos esses métodos.

Kevin tinha uma voz única, mas o mais importante era que ele tinha uma habilidade impressionante de se comunicar com ela. Achava o som do Dexys diferente de tudo o que já tinha ouvido, e se ele continuasse na mesma direção, seria um sucesso até os dias de hoje. Eu também me dava muito bem com a Helen O'Hara, que era a violinista da banda. Achava Helen uma pessoa muito doce e uma violinista incrível. Tempos depois, programei toda a bateria para o álbum solo dela.

Então, em 1984, recebi um telefonema de um amigo de Los Angeles que me contou que Nicky Hopkins – que tocou piano com todo mundo, incluindo os Beatles, os Stones, os Kinks, The Who e Jeff Beck Group – tinha perguntado por mim. The Who e Jeff Beck Group eram duas das minhas bandas favoritas, e eu fiquei impressionado. Acontece que o compositor e multi-instrumentista Edgar Winter precisava de um baterista para alguns shows, e Nicky queria saber se eu topava participar. Pensei: "Legal", e disse "Sim, estarei lá".

Contudo, depois de pegar um voo até Los Angeles, cheguei ao estúdio e encontrei 25 bateristas enfileirados num corredor praticando em seus pads de estudo. Fiquei incomodado, porque eu não sabia que estava indo para uma audição. Achava que já tinha o trabalho garantido. Nicky se desculpou e me explicou que o empresário de Edgar tinha continuado a contatar tantos bateristas quanto podia. Estava em pânico porque Edgar iria desistir dos shows, a menos que encontrasse o baterista certo.

Todos os bateristas eram americanos, e parecia que ia pegar a vaga quem gritasse mais alto com o cara responsável citando todos os artistas famosos com quem havia tocado. Eu pensei: "Sem chance. Sou britânico e nós não fazemos esse tipo de coisa. Se é isso que eles querem, perdi meu tempo". Enquanto aguardava minha vez, fiquei ouvindo, num gravador do estúdio, uma fita com as duas músicas que eu iria tocar. Assim que cheguei a uma parte complexa no final de uma das faixas, faltou luz, e a fita parou de tocar. Entrei em pânico, porque sabia que estava quase na minha vez de fazer o teste.

Naquele momento, um cara me chamou até a sala da audição e me disse qual música eu tinha que tocar, que não era nenhuma das duas que eu estava aprendendo. "Eu sequer ouvi esta música!", reclamei.

Ele só deu de ombros, e então entrei no estúdio onde Edgar e a banda aguardavam. O baterista que estava lá colocou fones de ouvido em mim e eu ouvi cerca de oito segundos da música antes de me falarem: "Sua vez!".

Edgar se virou para mim e disse: "É você que começa esta música".

Eu não tinha reparado que toda a introdução era apenas na bateria. Sequer consegui captar a batida de verdade. Para não parecer um idiota, eu disse: "Ah, sim, eu sei". Todos os outros músicos ficaram me encarando com expectativa.

Comecei a música e a banda tocou alguns compassos até que Edgar ergueu a mão e fez um sinal para todos pararem. Presumi que tinha feito merda e desperdiçado meu tempo e o tempo de todas aquelas pessoas. Então Edgar se aproximou de mim e disse: "Cara, você matou a pau nesta batida! Ninguém toca desse jeito a menos que seja de Memphis. De onde você é?".

"Inglaterra!", falei. E foi assim que aconteceu: nem imaginava o que eu tinha feito tão bem, mas consegui a vaga.

Meu trabalho mais importante depois disso também surgiu por causa de Nicky. Na época, já tínhamos nos tornado grandes amigos. Nicky era pianista e diretor musical de Art Garfunkel, e quando Art pediu para ele montar uma banda para uma turnê na Europa, Nicky sugeriu meu nome. Eu nunca fui fã de folk, como já mencionei anteriormente, mas eu tinha boas lembranças de ouvir Simon & Garfunkel no jukebox da cafeteria de Driffield.

Nicky me entregou uma fita com o setlist do show e, num primeiro momento, as músicas não pareceram muito complexas. Mas, assim que analisei mais a fundo, me dei conta de que, embora algumas partes parecessem simples, elas exigiam muita técnica para tocar do jeito certo. Um baterista de estúdio bastante conhecido chamado Steve Gadd tocou na maioria das faixas gravadas por Art. Steve é um dos músicos mais talentosos do nosso meio, e ele toca com uma pegada bem tranquila e sutil, que eu, num primeiro momento, tive sérias dificuldades para reproduzir. Foi apenas depois de muitas horas de prática que pude finalmente dominar a técnica dele.

Enquanto nós ensaiávamos dias antes de Art chegar, Nicky me dizia para tocar mais baixinho, caso contrário, eu não confirmaria a vaga. Isso foi difícil: eu já estava tocando o mais baixo que podia. Quando chegou ao estúdio, Garfunkel veio direto até a bateria e disse: "Tocar bateria para mim é como caminhar sobre ovos. Se você entender isso, nós vamos nos entender".

"Sem problemas", eu disse. Não entendi o que ele queria dizer, mas não parecia uma coisa boa. Eu me concentrei de verdade em não tocar alto demais, assim como Nicky havia me aconselhado. A maioria dos outros músicos com quem já toquei provavelmente diriam: "Woody não tem controle de volume, está travado no 11".

Art Garfunkel não era muito diferente de David Bowie, porque parecia que também não tinha vocabulário musical suficiente para explicar o que ele queria, então ele me dizia coisas como "No refrão, quero que você pense nas palavras *azul* e *icebergs*" ou "Na ponte, pense em *borboletas*". Não dá para dizer a um cara como Garfunkel "Que porra é essa?", então eu só fazia um gesto de aprovação com a cabeça e seguia em frente. Mas às vezes era difícil não rir da situação.

Toda a banda, inclusive eu, passou pela audição com louvores. Quando chegamos à Espanha, fizemos um show para o *Midnight Special* em 16 de outubro. Honestamente, não lembro se era para a TV ou para o rádio. Gravamos as músicas num estúdio muito bacana, e o som ficou incrível. Art ficou muito satisfeito com o resultado.

De volta ao hotel, estava assistindo ao noticiário da BBC e vi que um furacão na Grã-Bretanha atingiu com gravidade o sul da Inglaterra. Liguei para casa para ver se estava tudo bem, e June me contou que uma faia enorme do nosso jardim tinha ido parar em cima do telhado! Estavam todos bem, mas um pouco abalados: os dois meninos mais novos foram para a cama dela no meio da noite porque estavam com medo, mas Nick, nosso filho mais velho, sequer acordou.

Não tinha luz, e muitas árvores da vizinhança tinham caído, portanto as ruas estavam bloqueadas. Voltei para casa no dia seguinte, um lindo dia ensolarado, mas a paisagem havia mudado. As autoridades locais obviamente trabalharam a manhã inteira limpando as ruas, e não houve problema algum para chegar até a minha casa - exceto pelo fato de que não dava para entrar pela porta da frente porque uma árvore enorme bloqueava a passagem.

A apresentação seguinte com Art Garfunkel seria a Royal Command Performance para a instituição de caridade The Prince's Trust, no London Palladium. Era 4 de dezembro de 1987. Tocamos "Bridge Over Troubled Water" diante do Príncipe Charles e da Lady Diana, que estavam no camarote real. Elton John também se apresentou naquela noite, assim como Ray Cooper, Robin Williams, Chris De Burgh, Sarah Brightman, Rowan Atkinson, James Taylor, Belinda Carlisle, Amy Grant, Mel Smith e Griff Rhys. O mestre de cerimônias foi David Frost.

Emprestei minha bateria para o baterista de Elton John, porque a dele tinha ficado retida em algum lugar. Elton veio até mim e disse: "Woody Woodmansey! A última vez que nos vimos foi no Beverly Hills Hotel em 1972".

"Sim, isso mesmo - lagostas demais!", eu disse, e Elton deu uma gargalhada.

Durante a apresentação, olhei para o camarote real e reparei que a princesa Diana estava sorrindo. Pensei comigo mesmo: "Provavelmente nunca mais vou tocar para ela de novo", então dei uma piscadinha e fiz um aceno com a cabeça. Tenho certeza de que ela sorriu mais ainda.

Depois disso, continuamos com uma turnê pelo Reino Unido e seguimos para o Japão, onde tocamos no Tokyo Dome com Billy Joel, Boz Scaggs, The Hooters e Impellitteri no 20º aniversário da CBS/Sony Records. Tocamos para um público de 42 mil pessoas, o maior da minha carreira, portanto, eu estava realmente animado. Faríamos um set com uma hora de duração, abrindo com "The Sound of Silence", de Simon & Garfunkel.

Enquanto fazíamos a passagem de som e eu tentava assimilar o tamanho descomunal daquele lugar, de repente surgiu uma ideia para a música de abertura. Normalmente a banda entrava e começávamos a tocar, depois Art subia no palco com o holofote sobre ele, então eu não tinha muita certeza se ele gostaria da minha ideia. Mesmo assim eu sugeri: "E se a gente entrasse no palco com todas as luzes do Domo apagadas e você começasse a cantar '*Hello darkness, my old friend*' ('Olá, escuridão, minha velha amiga'), e só depois do verso seguinte, '*I've come to talk to you again*' ('Vim conversar com você novamente'), o holofote iluminasse você e a banda começasse a tocar?".

Art disse: "Adorei, vamos fazer desse jeito". E foi assim que abrimos o nosso show, e pelo terceiro ou quarto verso da música havia cerca de 20 mil isqueiros acesos, então Art se virou para mim e sorriu em reconhecimento. Foi uma visão muito emocionante para mim, que jamais esquecerei.

Em setembro daquele ano, Nicky, June e eu fomos convidados para o casamento de Art Garfunkel e Kim Cermak, atriz e cantora, no Brooklyn Botanical Gardens, em Nova York. Foi uma correria, já que nosso voo foi cancelado, então conseguimos remarcar, mas chegamos tarde em Nova York e tivemos que nos vestir para o casamento no aeroporto mesmo, porque não havia tempo para irmos até o hotel. Felizmente chegamos assim que começou a cerimônia. Art ficou muito feliz por conseguirmos estar lá a tempo. Foi lindo e num lugar fabuloso.

Um ano depois, em outubro de 1989, viajamos para a Antuérpia, onde apresentamos o espetáculo *Night of the Proms* no Sports Palace, um estádio enorme com capacidade para 23 mil pessoas. A Orquestra Filarmônica Real de Flanders, com 100 integrantes, estava nos acompanhando.

Para deixarmos a música perfeita da nossa parte, ensaiamos durante cinco dias em Londres, e o som ficou incrível! Quando chegamos para a passagem de som no estádio, a orquestra já estava posicionada atrás da banda. Todo o nosso equipamento, incluindo minha bateria, estava pronto no seu devido lugar, e o famoso maestro holandês Roland Kieft estava em seu pódio. Foi a primeira vez que toquei com uma orquestra completa. Já tinha feito sessões com quartetos de cordas anteriormente, mas nada comparado a isso. Era muito intimidante.

Enquanto eu me ajeitava na bateria e fazia ajustes na afinação, percebi que o maestro estava distribuindo pilhas de partituras para sua orquestra e para nossa banda. Ele então veio caminhando na minha direção, e eu pensei: "Puta merda, tomara que não seja pra mim".

O maestro parou diante da bateria e me disse: "Sua música", e entregou as folhas.

Entrei em pânico, porque eu não sabia ler partitura, embora eu pudesse entender só de olhar para as músicas que a bateria tinha sido pensada para entrar em partes diferentes das que havíamos ensaiado. Dava para dizer que algumas partes também tinham sido simplificadas. Pensei: "Porra, vou me foder se são esses os arranjos que vamos tocar". Então fui até Art e disse: "Acabei de receber as partes da bateria para hoje à noite".

"Ficaram boas?", perguntou Art.

"São meio diferentes do que nós ensaiamos", respondi.

"Vai lá e toca do jeito que você achar melhor", disse Art. Voltei para a bateria pensando "Muito obrigado!", enxugando o suor da testa.

Quando começamos o show, reparei que o maestro sinalizava para a orquestra e para os membros da nossa banda na hora de entrar na música. Ele então se virou para mim e fez o mesmo, mas segundo nossos ensaios, eu só começaria a tocar depois de vários compassos, então só fiquei lá encarando o regente, de braços cruzados. Não tenho certeza do que ele pensou naquela hora - era um cara bem difícil de decifrar -, mas depois de duas músicas ele sequer se preocupava em sinalizar para mim.

Felizmente, as partes originais da bateria combinaram perfeitamente com os arranjos, embora eu quase tenha feito merda durante "Bridge Over Troubled Water". Sentado no meio de uma orquestra de 100 músicos, com o piano incrível de Nicky Hopkins e a voz maravilhosa de Art, fiquei completamente absorto pelo momento e quase não me dei conta de que tinha me tornado um espectador. Quando chegou a minha vez de entrar com a bateria, perdi o tempo completamente. Se eu não tivesse percebido o olhar fulminante de Nicky atrás do piano, provavelmente teria esquecido completamente de tocar. Eu teria ficado em pé ao final da música para aplaudi-los junto com o público. Mas consegui dar uma improvisada e acho que poucos perceberam meu erro.

Toquei com Art Garfunkel por alguns anos. Eu me dava muito bem com ele, um verdadeiro cavalheiro e intelectual, e também um cara meio excêntrico. Musicalmente falando, foi um imenso prazer tocar com ele: toda noite eu ficava embasbacado com a qualidade absoluta de sua voz. Nenhum outro cantor tinha a mesma pureza. June veio assistir a muitos shows e era uma grande fã da voz de Art, principalmente quando, certa noite, ele veio jantar na nossa casa e começou a cantar "Mrs. Robinson" para ela na cozinha enquanto ajudava a preparar a comida.

Nicky Hopkins era uma figuraça, e eu o adorava. Ele se mudou para a Inglaterra e morou conosco por um ano. Logo descobrimos que tínhamos o mesmo senso de humor, porque havíamos crescido assistindo a Goons, Monty Python, Tony Hancock, Peter Cook e Dudley Moore, só para citar alguns humoristas. Ele era um cara muito humilde, mesmo que fosse um dos melhores pianistas do mundo. Acho que durante sua carreira Nicky tocou em mais de 500 álbuns. Certo dia, estávamos caminhando em Tunbridge Wells quando um cara veio até nós e disse: "Com licença, espero que não se importe que eu diga isso, mas você realmente se parece com Nicky Hopkins".

Nicky não esboçou reação alguma, apenas falou bem sério: "Sabe, às vezes eu sinto que sou Nicky Hopkins".

O cara pareceu meio confuso e saiu de fininho.

Toquei bateria também em alguns trabalhos solo de Nicky e em vários shows dele, principalmente em Los Angeles. Em 1988, Nick compôs uma música com um amigo dele para a campanha *Children in Need*. Na época, Nicky estava trabalhando com Paul McCartney e falou dessa música para ele.

Paul sugeriu então que Nicky a gravasse no estúdio dele e se ofereceu para tocar baixo.

"Quem está com você para tocar bateria?", perguntou.

"Woody", respondeu Nicky.

"Woody? Por que você não pega um baterista de verdade?", disse Paul. Meio contrariado, Nicky respondeu: "Ele é um baterista de verdade, um ótimo baterista! Você conhece Woody Woodmansey, né?".

"Claro que sim, Achei que você estava falando do Ronnie Wood, o guitarrista dos Stones. A gente também chama Ronnie de Woody."

Quando cheguei ao estúdio, McCartney me disse: "A última vez que nos vimos, vocês estavam ensaiando para a turnê de *Ziggy Stardust*. Ainda está com o mesmo kit?".

"Não, aquele kit se perdeu por aí. Agora estou tocando numa Premier."

"Bem, mexa-se e monte a bateria para fazermos uma jam." Montei tudo o mais rápido que pude e tocamos por cerca de meia hora, de reggae até rock das antigas, com Nicky nos acompanhando ao piano. Paul realmente adorava o jeito de Nicky tocar. Senti uma vontade insana de fazer as mesmas viradas na bateria que Ringo teria feito.

Um coral de meninas da cidade se juntou a nós para gravar a voz na sessão, e Paul e Linda compraram salgadinhos, bolinhos e cachorros-quentes para elas. Acontece que eram 25 meninas, mas só havia 24 pacotes de salgadinho, e estávamos bem longe do mercado mais próximo. Paul e Linda entraram em pânico só porque uma menina ficaria sem salgadinhos. Foi comovente: mostrou o tipo de pessoa que eles eram. Eu disse: "Paul, mas olha só quantos bolinhos e outras coisas há na mesa. Tenho certeza de que uma delas não vai se importar em ficar sem salgadinhos!".

Mick Ronson e eu ficamos quase 10 anos sem contato, em parte porque ele tinha se mudado para os Estados Unidos, onde morava com sua esposa, Suzi, e a filha Lisa. Depois ouvi rumores de que ele tinha se mudado para a Suécia com uma nova namorada.

Acho que foi em meados de fevereiro de 1993 que recebi uma ligação de Suzi Ronson. Ela me contou que Mick tinha sido diagnosticado com câncer de fígado alguns anos antes e que eles dois tinham voltado para a Inglaterra e estavam morando em Londres. Estavam tentando tratamentos alternativos e naquele momento Mick estava fazendo quimioterapia.

Foi um grande choque. Embora Suzi não tivesse entrado em detalhes, o tom de sua voz denunciava mais desespero do que otimismo. Ela disse que Mick queria falar comigo assim que se sentisse um pouco melhor.

Mick me ligou alguns dias depois e me contou tudo. Contou que estava sentindo dor nas costas dois anos antes do diagnóstico e que houve um período em que ele se sentia tão exausto que sua irmã Maggi marcou uma consulta com um médico. Foi quando descobriram o câncer, e desde então ele estava fazendo de tudo para melhorar. Mick parecia bem confiante de que iria vencer a batalha, e eu o apoiei dizendo que a atitude certa era jamais desistir.

Mas ele me falou uma coisa que me fez pensar que na verdade não estava enfrentando muito bem aquela situação. Ronson contou que tinha ido até a feira em Portobello Road e comprado um cristal de cura que usava num colar preso ao redor do pescoço. Eu não tinha qualquer experiência ou conhecimento sobre esse tipo de tratamento, então tudo o que pude dizer foi: "Tente de tudo, qualquer coisa". Pude perceber que ele não queria mais falar sobre essa situação, então começamos a recordar os velhos tempos com alegria, do Rats até os Spiders. Mick também disse que tinha se divertido muito com a banda Hunter Ronson e que Ian tinha se tornado um bom amigo. Contou ainda que estava trabalhando em outro álbum solo e falou dos músicos com quem estava tocando, embora ainda não houvesse músicas prontas.

"Adoraria que você e Trev pudessem participar do álbum, Woods", disse ele. "Eu adoraria mesmo."

"Isso seria ótimo, e tenho certeza de que Trev também toparia."

"Ligo de novo com algumas opções de data."

"De qualquer maneira, seria muito bom ver você. Quando podemos nos encontrar pessoalmente?", eu disse.

"Vou pedir para Suzi te ligar porque, você sabe, às vezes eu estou derrubado demais para fazer qualquer coisa."

Mais tarde conversei com Trev, e nós dois ficamos esperando o telefonema para saber as datas do estúdio. Infelizmente, quando Suzi me ligou foi para dizer que achava que não seria possível nos reunirmos no estúdio. Eles não sabiam de verdade quanto tempo de vida ainda restava a Mick.

Suzi me ligou de novo pouco tempo depois para me contar que Mick Ronson havia morrido enquanto dormia. Ele morreu em 29 de abril de 1993. Tinha apenas 47 anos. Mesmo que eu estivesse mais ou menos preparado por causa do outro telefonema de Suzi, ainda assim a notícia foi devastadora. Tentei ver a situação de um modo positivo: que ele tinha morrido enquanto dormia, cercado de pessoas que o amavam, e que tivemos a chance de conversar e lembrar dos bons tempos. Mesmo assim, fiquei muito abalado.

Em 6 de maio, June e eu fomos ao velório de Mick na Igreja de Jesus Cristo dos Últimos Dias, em Londres. Ele foi enterrado em Hull no dia seguinte. Bowie estava nos Estados Unidos promovendo seu novo álbum, *Black Tie White Noise*, mas fez um tributo a Mick Ronson no programa de Arsenio Hall na televisão norte-americana e disse que ele tinha sido o mais influente guitarrista dos anos 1970, o que acho verdade.

Houve um show em memória de Mick no Hammersmith Apollo exatamente um ano após sua morte, organizado por sua irmã Maggi e pelo escritor Kevin Cann, que sugeriu a ideia para ela. Trev e eu nos tornamos Spiders mais uma vez por uma noite ao lado de Joe Elliott e Phil Collen, do Def Leppard, e Phil Lanzon, tecladista do Uriah Heep. Tocamos sete músicas, quatro de Bowie do nosso tempo como Spiders From Mars, uma de Lou Reed e duas músicas de Ronson, "Angel 9" e "Don't Look Down". Também contamos com a participação, em duas músicas, de Bill Nelson, do Be Bop Deluxe, e de Billy Rankin, do Nazareth.

Entre os presentes naquela noite estavam Tony Visconti – que tocou com os membros remanescentes do Rats –, Dana Gillespie, Glen Matlock, Steve Harley, Roger Taylor, do Queen, Roger Daltrey, Bill Wyman, Ian Hunter, Bob Harris, Johnnie Walker, Mick Jones e Big Audio Dynamite. Bowie não se apresentou. Disseram que David achou que sua presença teria transformado o evento num circo. Se for verdade, acho que ele tinha razão, e teria sido desrespeitoso com Mick Ronson. O astral daquela noite foi maravilhoso, e obviamente todos os músicos que estavam lá queriam celebrar Mick como artista e como pessoa da melhor forma que podiam.

Foi surreal tocar as músicas de que Mick foi parte fundamental. Estar no palco do Apollo – que antes se chamava Hammersmith Odeon e foi o local onde Bowie e os Spiders fizeram seu último show – deixou tudo ainda mais emocionante. Várias vezes durante o set eu olhava para a frente esperando ver Mick Ronson ali com sua Les Paul fazendo caras e bocas. Depois do espetáculo, Trevor me contou que se sentiu da mesma forma.

Depois do evento, todos nós fomos até o restaurante de Bill Wyman, o Sticky Fingers, na High Street Kensington, e compartilhamos nossas lembranças de Mick Ronson.

Nicky Hopkins também morreu prematuramente, em setembro de 1994. Ele tinha apenas 50 anos e morreu de forma estúpida por causa de complicações numa cirurgia para doença de Crohn, da qual sofreu durante a maior parte de sua vida. Foi absurdamente triste ter que vê-lo partir desse jeito. A carreira de Nicky foi notável. Ele foi uma verdadeira lenda. Foi um imenso privilégio ter conhecido Nicky e ter sido seu amigo.

11. DIAS DE GLÓRIA

Tocar no show em memória a Mick em Hammersmith e conhecer Joe Elliott e Phil Collen nos ensaios foi uma experiência dúbia para mim e para Trev. Havíamos perdido um velho amigo com quem compartilhamos alguns dos momentos mais emocionantes das nossas vidas e estávamos concentrados em garantir que Mick recebesse a homenagem merecida naquela grande noite. Quaisquer preocupações que havia imediatamente se dissiparam assim que começamos a passar as músicas com Joe e Phil. Era óbvio que ambos eram grandes fãs tanto de Ronson quanto de Bowie. De fato, eles sabiam as músicas tão bem quanto Trevor e eu, então as coisas se alinharam rapidamente e sem necessidade de qualquer discussão: os caras mandavam bem demais. Acima de tudo, nós nos entendemos bem como indivíduos e a sensação era de que tocávamos juntos há anos.

Depois do show em Hammersmith, concordamos que tudo realmente tinha sido especial e que se surgisse a oportunidade seria divertido fazermos mais shows juntos.

A oportunidade veio em 1997, quando um agente que eu conheci em Birmingham conseguiu marcar uma série de datas no Reino Unido para nós, tocando como os Spiders, mais uma noite no Olympia, em Dublin, em 7 de agosto. Por uma estranha coincidência, Bowie também tocaria em Dublin em 8 e 9 de agosto, com sua turnê *Earthling*.

No voo para a Irlanda, Joe falou que, como ele morava perto de Dublin, seria uma boa ideia se nós todos nos hospedássemos em sua casa. Seria mais tranquilo e economizaríamos com hospedagem, então Trev e eu aceitamos o convite.

Quando comecei a abrir as malas, Joe entrou no meu quarto e disse: "Vocês vão usar boné amanhã durante o show?".

"Sim, provavelmente. Ainda não decidi."

"Dá uma olhada no armário", disse ele. "Pega qualquer um que você quiser."

Abri a porta do guarda-roupas enorme no meu quarto e esfreguei os olhos diante da visão de cerca de 50 bonés de todas as cores e modelos imagináveis. Passei uns 15 minutos provando vários bonés diferentes. Então Joe entrou no quarto novamente com um chapéu de caubói nas mãos.

"O que você acha disso?", perguntou. Não era exatamente o tipo de acessório que eu me via usando durante um show... Mas eu não quis ofendê-lo, então brinquei: "Na verdade, Joe, eu sempre gostava de ser o índio nas brincadeiras quando eu era criança".

"Não, seu idiota", ele disse. "Leia o que está escrito". Ele me entregou o chapéu, e vi o que estava escrito na aba: "Siga seus sonhos, garoto. Saudações, Woody Woodmansey".

"Onde você conseguiu isso?", perguntei.

"Eu fiquei na fila com dois amigos meus depois de assistir você num show com o U-Boat no Top Rank, em Sheffield, em 1976. Conversamos um pouco e você realmente ficou nos encorajando e autografou o chapéu para mim, e desde então eu o tenho guardado."

Isso me deixou emocionado, principalmente pelo fato de ele ainda ter o chapéu depois de todos aqueles anos.

Os shows foram tão bons que Joe teve a ideia de gravar a apresentação no Olympia. Ele tinha o equipamento necessário em casa e cuidou de tudo para levar até o local da apresentação. Ficamos tão contentes com o resultado que decidimos ir até os estúdios Bow Lane enquanto ainda estávamos em Dublin e gravamos mais quatro músicas, incluindo "All the Young Dudes", que Joe disse que era sua música favorita de todos os tempos.

Na noite após o show, Joe, Phil, Trev e eu voltamos para o Olympia para assistir Bowie. A equipe dele nos conseguiu um camarote, e enquanto Bowie entrava no palco, Joe e eu nos debruçamos no parapeito, olhando para ele. David olhou em nossa direção e fez um aceno amistoso com a cabeça.

Eu nunca tinha me sentado junto com o público num show de Bowie; minha única experiência anterior de uma apresentação dele ao vivo tinha sido quando, na verdade, eu estava lá no palco ao lado dele. Foi eletrizante. David não tinha uma banda de rock o acompanhando, e os músicos não geravam o mesmo efeito que nós criávamos como Spiders, mas era a mesma intensidade. Bowie era o frontman carismático com controle total sobre o público. Ele conseguia alcançar o efeito que desejava, e me fez ver mais uma vez o verdadeiro artista que era. Bowie era único.

Voltamos para a Inglaterra na manhã seguinte e viajamos até Hull, onde Maggi Ronson tinha organizado outro show para levantar fundos para o Mick Ronson Memorial Stage, no parque Queens Gardens. Dick Decent se juntou a nós nos teclados. Muitos artistas eram os mesmos do primeiro evento, mas houve também a participação de uma banda japonesa chamada Yellow Monkey, que trouxe cerca de 600 fãs do Japão para esse show. O show do sábado à noite aconteceu na Hull Arena, e todas as bandas pareciam estar em forma naquele dia, sem dúvida com uma motivação extra por estar tocando na cidade natal de Mick. A reação do público foi fantástica.

A gravação que tínhamos feito em Dublin foi lançada em junho de 2001 como *Cybernauts Live*, um álbum de edição limitada disponível apenas no Japão pela Universal Music. Pouco tempo antes, falamos da necessidade de criarmos um nome para a banda e para o álbum. Quando estávamos na estrada rumo a um show, conversando sobre Doctor Who e os Cybermen, um caminhão nos ultrapassou. Na lameira, havia um emblema com a palavra "Cybernaut"... Nós todos rimos e dissemos: "Que coisa mais bizarra... Este tem que ser o nome da banda". Era um sinal.

As vendas no Japão foram boas o suficiente para nos oferecerem algumas datas num período de duas semanas, então em 2001 partimos para Tóquio. O público era formado por uma mistura de fãs do Def Leppard, de Bowie e dos Spiders, e os shows foram ótimos todas as noites. Enquanto estávamos lá, tivemos a oportunidade de gravar "Panic in Detroit", "Lady Grinning Soul" e "Time", que foram mixadas na Califórnia e em Dublin para um lançamento exclusivo na internet chamado *The Further Adventures of the Cybernauts*.

Numa das nossas noites de folga em Tóquio, decidimos que, já que estávamos na terra do karaokê, tínhamos que experimentar. Nossos dois tradutores japoneses reservaram uma mesa para nós num dos melhores clubes de karaokê da cidade, que ficava a cerca de 300 metros do hotel. Foi uma ótima noite e um modo estupendo para relaxarmos, cantando as músicas que conhecíamos e muitas que estávamos prestes a conhecer. Combinamos que todos os membros do nosso grupo tinham que cantar, mesmo quem não soubesse cantar direito. Nossos dois intérpretes tentaram escapar, mas falamos que era uma questão de honra, que seria considerado um desrespeito se não se juntassem a nós. Eles relutantemente aceitaram cantar juntos.

Escolheram uma das velhas favoritas de karaokê, "The Final Countdown", e tudo estava indo muito bem até que Joe me deu um cutucão: "Olha isso", ele disse. Havia um controle de mudança de tom sob a mesa, que Joe acionou. Isso significava que nossos dois amigos japoneses tinham que cantar a estrofe seguinte num tom mais alto, e eles quase conseguiram alcançar. Mas Joe não parou ali, continuou a acionar o controle, deixando cada vez mais agudo. Lá pelo terceiro refrão, os rostos dos intérpretes estavam vermelhos e dava para ver as veias saltando na testa por causa do esforço para alcançar as notas. Foi ficando cada vez mais engraçado à medida que a música continuava, e no final a banda inteira estava rolando de rir no chão.

"Por favor, não façam mais isso, não vou aguentar", eu disse para Joe.

Nós nos levantamos, aplaudimos nossos amigos japoneses e confessamos o que Joe tinha feito, mas eles levaram tudo na brincadeira.

Quase todos nós tínhamos bebido saquê no clube, mas ninguém parecia bêbado até que saímos do bar e nos deparamos com o ar quente da noite. Trevor perguntou se alguém queria se juntar a ele no táxi de volta ao hotel, já que ele não achava que poderia caminhar muito longe.

"Trev, o hotel tá ali, olha", eu disse, apontando para a rótula bem à nossa frente.

"Não", ele disse, "não é esse hotel aí, o nosso fica a quilômetros daqui".

Todos nós tentamos convencê-lo, mas ele estava determinado a chamar um táxi. Assim, nós seguimos caminhando pela rua e chegamos ao hotel minutos depois, na mesma hora em que o táxi de Trev encostou ao nosso lado.

"Achei que vocês não iam pegar um táxi", disse ele enquanto saía do veículo. "Não pegamos, a gente veio caminhando", dissemos para ele. Foi então que ele se deu conta do que tinha acontecido...

"Puta merda", ele resmungou, "acabei de torrar 15 dólares".

O modo perfeito de encerrar uma ótima noite.

Meu filho caçula, Dan, e meu filho mais velho, Nick, tocam bateria – embora eu tenha decidido jamais encorajá-los a se tornarem bateristas depois de ouvir a história de um amigo. Geoff Appleby, o baixista da Hunter Ronson e um dos primeiros baixistas do Rats, tinha dois filhos e morava em Hull. Geoff era um guitarrista frustrado e queria que seu filho tocasse guitarra. O garoto parecia muito interessado, então Geoff comprou uma guitarra de presente quando ele fez 11 anos. Geoff escutava o filho praticando no quarto e, se a guitarra estivesse desafinada ou se ele ouvisse os acordes errados, ele não deixava de tirar o instrumento das mãos do menino e mostrar como tinha que fazer.

"Um dia", ele me disse, "entrei no quarto dele para corrigir alguma coisa e Shane atirou a guitarra na parede e a deixou em pedaços. Fiquei totalmente chocado, mas quando pensei melhor, me dei conta de que tinha sido um pai muito invasivo".

Pouco tempo depois, a esposa de Geoff, Moira, perguntou se ele iria ao recital de piano de sua filha na escola. "Eu nem sabia que ela tocava piano; ela era muito boa e recém tinha sido aprovada num teste com uma avaliação bem alta!"

A moral da história para mim foi: "Não interfira". Eu teria ficado muito contente se algum dos meus filhos quisesse ser baterista, mas por escolha própria, e eu responderia qualquer pergunta que tivessem sobre bateria, mas no máximo isso. Quando Nick era pequeno, ele ficava me assistindo tocar em casa por alguns minutos e fazia perguntas do tipo: "Como se chama essa coisa que você toca com o pé esquerdo?". Eu respondia: "É um chimbal", e mostrava rapidamente como se fazia, depois ele saía bem feliz e continuava brincando com os brinquedinhos dele. Por mais que eu quisesse mostrar como se segurava as baquetas e como tocar, se um dos meus amigos mais velhos tivesse tentado fazer isso quando eu era jovem, eu teria atirado as baquetas para longe.

Até que, certo dia, June veio me contar que Nick havia perguntado se ela conhecia alguém que pudesse dar aulas de bateria para ele. De alguma forma ele não tinha se dado conta de que o pai dele poderia ensiná-lo. Para ser honesto, tudo o que fiz foi mostrar a ele algumas levadas simples, e ele aprendeu tudo com muita facilidade. Agora ele tem sua própria banda de jazz fusion, chamada Emanative, e é um ótimo baterista.

Quanto a Dan, quando ele tinha 11 anos me viu tocando um solo num festival diante de 200 pessoas, o que lhe pareceu algo incrível. Ele veio até mim e disse que queria subir no palco e tocar um solo de bateria. Fiquei encarando o menino sem esboçar reação, porque até onde eu sabia, ele jamais tinha se sentado junto a uma bateria ou demonstrado qualquer interesse pelo instrumento. Contudo, não quis abalar sua confiança, então eu disse: "Não depende de mim, Danny; vamos ter que perguntar ao produtor, porque é ele que decide quem toca".

O garoto saiu correndo, encontrou o produtor e voltou dizendo: "Depois dessa banda é a minha vez!".

Naquela hora, June e eu entramos em pânico. Será que ele achava que bastava se sentar junto à bateria e um solo aconteceria magicamente? Não podíamos assistir àquilo junto com o público, então encontramos uma porta lateral de onde poderíamos ver o palco do lado de fora do teatro. Dan subiu no palco, do jeito mais descolado possível, e tocou uma batida 4/4. O público começou a cantar "We Will Rock You" e ele foi acrescentando as viradas. June e eu mal podíamos acreditar no que víamos e voltamos para dentro, batendo palmas junto com o resto do público, como dois pais orgulhosos.

Depois da apresentação dele, perguntei como ele tinha conseguido, e meu filho me disse: "Faz tempo que toco no meu quarto, batendo as baquetas nas pernas. Eu meio que descobri como tinha que fazer".

Achei aquilo inacreditável – seis meses depois, pedi para ele como se tocava uma parte do Nine Inch Nails ou de outra banda, e ele me ensinou. Dan conseguia ouvir uma levada e captar o som instantaneamente.

Em 2006, eu estava trabalhando apenas como músico de estúdio. Martin Smith, que tinha sido guitarrista do U-Boat, tinha um estúdio de gravação chamado Garage, perto de onde morávamos, e quase sempre me ligava para fazer alguma coisa. Muita coisa era música para comerciais e trilhas sonoras para filme e televisão, com algumas sessões para bandas ou artistas solo.

Continuei com minhas apresentações "solo" de bateria em festivais locais como *Battle of the Bands* ("Batalha das Bandas") e *Say No to Drugs* ("Diga Não às Drogas"). Todos os meus três garotos estavam curtindo artistas de vanguarda, como DJ Krush, DJ Shadow, assim como hip hop e música eletrônica. Meu filho do meio, Joe, trabalhava como DJ em clubes de Londres. Sempre mostravam as novidades para mim, e isso sem dúvida me influenciou e ampliou meu gosto musical.

Sugeri a Dan e a Nick que nos reuníssemos e criássemos algumas faixas instrumentais baseadas apenas em bateria e percussão, e foi um verdadeiro prazer poder tocar bateria com meus filhos. Tocamos juntos em shows no Reino Unido e nos Estados Unidos - incluindo uma apresentação no *Womad Festival*, quando nós tivemos que transportar três baterias através de um terreno cheio de lama até o palco - e chegamos até mesmo a gravar um álbum chamado *Future Primitive*, com o nome de 3-D. O álbum apresentava uma fusão de ritmos de bateria tradicionais com samples eletrônicos e instrumentos ao vivo, inspirados em influências diversas como sons tribais, música latina, jazz e funk.

Mantive contato com Ken Scott desde que gravamos os álbuns de Bowie, e em 2007 ele pediu que eu fizesse parte de seu novo projeto, a Sonic Reality. Uma empresa de softwares de sample nos Estados Unidos queria que ele criasse um pacote de samples de bateria chamado "The Ken Scott Collection, EpiK DrumS", com a participação de bateristas com os quais ele havia trabalhado durante sua carreira como produtor. Falei que adoraria participar desse projeto.

Era típico de Ken querer recriar meticulosamente as mesmas condições e equipamentos originais usados pelos bateristas envolvidos. Meu kit Ludwig cor prata da era Bowie tinha desaparecido misteriosamente depois do último show no Hammersmith. Realmente me ocorreu, enquanto escrevia este capítulo do livro, que talvez Steve Jones tivesse feito uma segunda visita ao Odeon depois daquele show de despedida, e talvez ele tivesse outra confissão a fazer para limpar sua consciência completamente – mas tenho certeza de que ele teria mencionado isso durante a entrevista para a rádio em Los Angeles.

Ross Garfield, que tinha uma empresa em Los Angeles que oferecia kits para bateristas, conseguiu encontrar uma bateria vintage que era a cópia exata do meu antigo kit e até mesmo encontrou as mesmas peles que eu tinha usado naquelas gravações com Bowie. Enquanto isso, Ken alugou um estúdio chamado Emblem, em Calabasas, Los Angeles, que tinha a mesma mesa Trident A Range (só 13 mesas como aquela haviam sido produzidas) que ele tinha no estúdio naquela época, então estávamos prontos.

Enquanto trabalhávamos, não pude deixar de lembrar as sessões de gravação originais e como nós tínhamos afinado a bateria e usado o que estivesse disponível na época para eliminar quaisquer tons indesejados e zumbidos esquisitos. Desta vez, contudo, éramos ambos mais experientes e eu consegui eliminar os sons inadequados por meio de uma afinação melhor e usando apenas pedacinhos de fita adesiva. A bateria realmente tinha o mesmo som de todos aqueles anos atrás. O meu estilo obviamente havia evoluído muito desde aquele tempo, mas Ken me fez tocar acompanhando as faixas dos álbuns de Bowie, de modo que eu pudesse reproduzir o que eu tinha feito, e isso foi o material gravado para os samples. Dessa forma, qualquer artista ou produtor que quisesse esse som e esse estilo como parte de sua própria música podia usar o programa de Ken para alcançá-lo, sem todo o sangue, suor e lágrimas que derramamos quando o criamos. E ficou preservado para sempre como parte da história do rock'n'roll.

Também participei de um projeto com Ken em Los Angeles para o diretor de cinema Steven Soderbergh, a trilha sonora de um filme que acabou não sendo produzido... até o momento. Steven tinha pedido especificamente que o som de bateria e o estilo das músicas fossem os mesmos de *Ziggy*, então Ken disse para Soderbergh: "Bem, na verdade..."

Meus pais finalmente aceitaram o fato de que eu era baterista e no final pararam de perguntar quando eu iria arrumar um emprego de verdade. Ao longo da década de 1980, nós mantivemos contato regularmente por telefone e eu às vezes os visitava em Driffield. Até mesmo fui a algumas pescarias com meu pai, que finalmente se tornou uma pessoa mais afetuosa. Durante uma dessas pescarias, ele disse que, se tivesse que formar uma família de novo, provavelmente faria muitas coisas diferentes, pois achava que tinha sido duro demais como pai. Sabendo como ele era, esse foi seu modo de tentar fazer as pazes comigo, e foi o que aconteceu. Meus pais faleceram no começo dos anos 2000, o que significou que não tiveram que enfrentar o sofrimento com a morte da minha irmã Pamela, em 2010. Foi uma época muito sombria para mim. Ficamos alguns anos sem muito contato, porque ela morava no norte da Inglaterra e eu estava sempre em Sussex ou viajando em turnê. Quatro anos antes de ela morrer, nós nos aproximamos de novo e passei algum tempo com ela em Yorkshire com meu filho mais novo, que ela adorava, colocando a conversa em dia. Eu me dei conta de que havia uma lacuna enorme em nossas vidas como resultado dessa distância e foi muito bom conhecer melhor o marido dela e meus sobrinhos.

Pamela me contou que lembrava claramente o dia que deixei Driffield para ir morar com Bowie em Londres. Ela tinha 14 anos na época e ficou me olhando pela janela enquanto eu ia embora caminhando pela rua. Éramos próximos quando crianças, e naquela hora ela não sabia se me veria novamente. Minha irmã não queria que eu fosse embora - mas ela não se abriu comigo naquela época, e acho que eu estava tão envolvido comigo mesmo e com meus planos de me tornar um *rock star* que nem percebi como ela se sentia.

Pamela morreu quando ela e o marido estavam visitando a Ilha da Madeira nas férias, fazendo uma trilha. Foi a primeira vez que ela viajou para o exterior. A quantidade de chuva esperada para um mês caiu em apenas poucas horas, e o táxi onde estavam foi levado pela correnteza. O marido de Pamela conseguiu tirá-la do táxi e colocá-la em terra firme, mas depois ele foi arrastado pelas águas por quase dois quilômetros e levado para o hospital pela equipe de resgate. O corpo de Pamela foi encontrado mais tarde; a área inteira onde ela estava tinha sido atingida por um deslizamento de terra. Foi uma tragédia terrível.

Em 2013, trabalhei com Trevor de novo, convidando-o para tocar baixo durante uma semana nas sessões de estúdio de que eu estava participando. Sempre tivemos uma afinidade natural, alcançávamos um som incrível sem pensar muito, mas nós não sabíamos se a conexão ainda seria a mesma. Ainda era, imediata. E, como sempre, quando trabalhávamos juntos, nós precisávamos nos esforçar para não sentar lá a noite inteira e ficar só conversando. Ainda telefonávamos um para o outro quase todas as semanas para colocar a conversa em dia, um papo pelo qual sempre esperávamos ansiosamente.

Durante essas sessões, ele me contou que tinha que fazer um *checkup* quando voltasse para Hull, porque achava que estava anêmico. Ele me ligou alguns dias depois e me deu a notícia horrível de que tinha câncer no pâncreas. Fez uma cirurgia para remover parte do pâncreas e depois enfrentou a quimioterapia, o que o deixou ainda pior. As notícias seguintes diziam que ele estava tomando algumas pílulas no lugar da quimioterapia, mas que elas o deixavam muito mal.

"Talvez fosse melhor tomar uma dosagem mais baixa?", eu disse.

Trev foi consultar os médicos, que lhe disseram que realmente estava tomando uma dose alta demais e a reduziram. Eu me pergunto que merda esses caras estavam fazendo!

Trevor e eu conversamos muito durante aquele período, mas em maio ele foi ladeira abaixo muito rápido. Depois de alguns dias em que ficou gravemente doente, ele se foi. Tinha apenas 62 anos de idade. Eu desabei. A esposa dele, Shelly, contou que Bowie tinha ligado para Trev poucos dias antes de sua morte e falado coisas muito legais para ele, e eu fiquei contente em saber disso. Também fiquei feliz por poder dizer algumas palavras em seu funeral em Yorkshire, mesmo que eu tenha me esforçado para não chorar durante a leitura, mas em certo momento não pude conter as lágrimas.

Pensei em Mick e Trevor quando me vi no palco no ano seguinte, no festival *Latitude*, tocando "Five Years" e "Ziggy Stardust". Estava lá com Tom Wilcox, diretor financeiro da ICA. Como parte de sua *Bowiefest* de 2012, ele me pediu para participar de um painel com duas horas de duração, diante de uma plateia, falando sobre o "impacto cultural de Ziggy Stardust e minha contribuição para a obra". Brinquei com ele: "Então, o que vamos conversar depois por uma hora e 55 minutos?". O resultado foi que eu adorei o evento e concordei em ser entrevistado em outro painel organizado pela ICA no *Latitude*, desta vez sob o comando de Miranda Sawyer. Tom também tinha reunido um grupo de músicos para tocar covers dos álbuns daquele período, incluindo Steve Norman, do Spandau Ballet, e Clem Burke, baterista do Blondie, ambos fãs dos primeiros álbuns de Bowie. Pediram que eu me juntasse a eles como convidado especial para duas músicas, e eu realmente me diverti muito. De fato, foi incrivelmente difícil ficar ao lado do palco assistindo Clem tocar bateria numa dúzia de outras músicas de Bowie durante a apresentação.

Depois do festival, eles receberam alguns convites para mais shows. Clem não estava disponível, pois tinha uma turnê marcada com o Blondie, de modo que eu teria que assumir a bateria. Era uma proposta muito animadora e interessante para mim que o trabalho que eu tinha feito com Bowie durante todos aqueles anos continuava encontrando seu caminho de volta à minha vida.

Os shows estavam com ingressos esgotados, e fiquei admirado com o fato de que o público sabia a letra das músicas e cantava com a gente. Isso nunca tinha acontecido nas turnês de *Ziggy*; pelo menos, eu nunca tinha reparado. Talvez naquela época os fãs não tenham tido tempo para aprender as letras logo no começo... Outra coisa que me surpreendeu foi que o público era de uma faixa etária que ia de 16 a 65 anos; de fato, muitos jovens tinham discos para autografar. Lembro que pensei não apenas que sequer eram nascidos quando estávamos na estrada como Ziggy e os Spiders, mas que seus pais talvez ainda fossem bebês.

Por mais que eu tenha adorado tocar nesses shows, não quis continuar no que era praticamente uma banda tributo. Contudo, Tom me lembrou de que nós nunca havíamos tocado *The Man Who Sold the World* ao vivo com Bowie, embora tivéssemos tocado algumas faixas desse disco durante as turnês de *Ziggy*. Achei que esse era o modo perfeito de fazer mais alguns shows, mas me dei conta de que eu só faria isso se contasse com o baixista e produtor original daquele álbum, o incomparável e único Tony Visconti. Enviei um e-mail para Tony apresentando minha ideia, imaginando que teria que persuadi-lo a embarcar no projeto. Em vez disso, ele respondeu dizendo: "Seja lá o que você quiser fazer, conte comigo. Um dos grandes arrependimentos da minha carreira foi nunca ter feito uma turnê com aquele álbum. Bowie e eu conversamos a respeito disso várias vezes ao longo dos anos".

Quando ele contou a Bowie sobre o projeto, David perguntou: "Por que você vai fazer isso?".

"Porque nós nunca fizemos", respondeu Tony.

"Parece uma razão boa o suficiente para mim", disse Bowie.

Tony imediatamente sugeriu que convidássemos Glenn Gregory, do Heaven 17.

"Ele tem uma das melhores vozes entre os artistas com quem já trabalhei, e sei que vai fazer um trabalho incrível", disse Tony.

Nós começamos o projeto em setembro de 2014, com outro painel organizado pela ICA e por Tom, desta vez com a participação de Tom ao meu lado falando sobre a produção de *The Man Who Sold the World*, seguido de quatro shows em Londres, Sheffield, Glasgow e encerrando no Shepherd's Bush Empire, em Londres. Tom sugeriu que chamássemos a banda de Holy Holy, por causa da música de Bowie. Depois virou "Woody Woodmansey's Holy Holy", simplesmente porque nem todo mundo conhecia essa música e portanto não saberiam quem nós éramos. A banda, que tinha evoluído apesar das dificuldades de agenda, agora contava com Steve Norman, Erdal Kizilcay (que tinha feito um longo trabalho com Bowie, incluindo duas turnês mundiais e três álbuns), James Stevenson (The Cult, The Alarm e Gene Loves Jezebel), Paul Cuddeford (Bob Geldof, Ian Hunter), Rod Melvin (Kilburn and The Highroads), Malcolm Doherty e as garotas Ronson – Maggi, irmã de Mick, sua sobrinha Hannah e sua filha Lisa.

No primeiro ensaio - com Tony recém-chegado de Nova York, ele só parou no hotel para largar as malas -, começamos com "The Width of a Circle". Sete minutos depois, assim que tocamos os últimos acordes, todos estavam com um sorriso no rosto. O som parecia poderoso - todos obviamente tinham feito seu dever de casa. Parecia que Tony e eu ainda estávamos tocando juntos há anos e conseguimos dar um ar contemporâneo ao material, provavelmente porque fomos melhorando como músicos ao longo dos anos. Na hora em que terminamos o ensaio, tínhamos criado um puta de um som.

Então fizemos os três primeiros shows, que foram um sucesso tremendo. No Garage, o primeiro em Londres, contamos com Marc Almond, Billy Duffy (The Cult) e Glen Matlock (Sex Pistols) como convidados especiais. E nos backing vocals, Daphne Guinness (modelo, musa da moda e cantora), que definitivamente trouxe um glamour extra para o show. O quarto e último show, no Shepherd's Bush Empire, foi gravado. Nossos convidados especiais foram novamente Marc Almond, além de Gary Kemp e Benny Marshall (Rats). Os filhos de Tony, Morgan e Jessica Lee, participaram nos backing vocals e também na equipe de apoio. Tony mixou o álbum *The Man Who Sold the World Live in London* em Nova York e o mostrou para Bowie, que queria ouvi-lo. Tony me contou que Bowie sorriu o tempo inteiro enquanto escutava o disco.

"Eu realmente adorei. É como nós poderíamos ter sido se tivéssemos caído na estrada e tocado as músicas desse disco", disse Bowie, que acrescentou: "Acho que minha carreira talvez tivesse tomado um rumo diferente se tivéssemos feito isso".

Foi muito importante para nós receber uma reação tão positiva da parte de David Bowie.

A turnê seguinte, planejada por Tom, tinha 14 datas, começando em 12 de junho, no festival da Ilha de Wight, e terminando novamente no Shepherd's Bush Empire, em 30 de junho. Contamos nessa turnê com Berenice Scott (Heaven 17) no piano e nos sintetizadores e Terry Edwards (muitas participações para mencionar aqui!) no violão de 12 cordas e no saxofone.

Mais uma vez, a reação do público foi maravilhosa. De novo fiquei surpreso com a quantidade de jovens fãs na plateia e como eles conheciam de cor até mesmo algumas das letras mais obscuras e distópicas de *The Man Who Sold the World*, cantando com a gente como se fossem hits comerciais. Durante o show, fiz questão de mencionar Mick e Trev por sua contribuição à música e Bowie como criador de todas essas canções fantásticas. No meet-and-greet depois do show, que geralmente durava cerca de duas horas, autografamos álbuns e outros itens trazidos pelos fãs. Conheci pessoas muito amáveis, que geralmente só queriam agradecer pela música que tinha significado tanto para eles quando eram jovens.

Antes do final da turnê, Tom Wilcox já havia marcado quatro datas em Tóquio, no Billboard Live, uma casa de shows que fica no alto de um arranha-céu, com uma vista incrível bem atrás da minha bateria. Depois do sucesso no Japão, a banda ficou animada para embarcar em mais uma turnê. Conversamos várias vezes sobre a possibilidade de tocar nos Estados Unidos, recebendo muitos pedidos no Facebook e outros sites por parte dos fãs americanos que queriam nos ver. Depois de conversar com Tom, entendemos que era impossível para ele organizar isso, dado que já tinha três outros empregos: sócio de uma empresa de consultoria financeira chamada Counterculture, sua gravadora Maniac Squat e o cargo junto ao ICA. Ele tinha feito um trabalho incrível com a gente, e vivemos juntos momentos maravilhosos, mas era hora de seguirmos em frente.

James Stevenson, nosso guitarrista solo, tinha tocado com o The Cult e conhecia o empresário deles, Tom Vitorino. Perguntei a James se ele podia ver com Vitorino se ele se interessaria em nos ajudar a organizar uma turnê nos Estados Unidos. James mostrou para ele o álbum ao vivo no Shepherd's Bush e também nosso vídeo tocando "The Width of a Circle" no mesmo show e topou o desafio. Sugeriu que começássemos com uma turnê curta na Costa Leste, e se recebêssemos boas críticas, poderíamos usá-las para encontrar outros promotores interessados em nos contratar. Parecia um plano razoável e justo...

Enquanto Tom Vitorino se ocupava das negociações para marcar a turnê, eu precisava entrar em contato com os músicos para ver quem estava disponível para fazer uma turnê, já que todo mundo tinha outros projetos e shows marcados.

No final, montamos uma banda com oito integrantes – Tony, Glenn, James, Paul, Berenice, Jessica, Terry e eu.

Partimos para Nova York em 4 de janeiro de 2016 para uma turnê com 11 datas marcadas. O ônibus sem dúvida era bem diferente daqueles que usávamos nos anos 1970 nas turnês de *Ziggy*. Para começar, tinha seis beliches totalmente equipados. Havia um lounge nos fundos e uma cozinha com uma daquelas geladeiras norte-americanas enormes, uma pia, armários e um banheiro na frente, onde havia outro lounge. O lounge podia ser estendido quando o ônibus estivesse estacionado; ele deslizava para fora e dobrava a largura do ônibus. Havia televisores enormes, wi-fi, sistema de som e uma seleção de luz ambiente, algumas que eram disco ou psicodélicas demais para o meu gosto. Faziam eu me sentir como se tivesse que dançar durante todo o trajeto até a cidade seguinte... Nosso equipamento de palco viajava num trailer separado puxado pelo ônibus. Nossas malas eram transportadas em três bagageiros na parte de baixo do ônibus. Tínhamos nosso próprio motorista particular, um experiente motorista de turnês de bandas chamado John Glas, por quem todos nós nos afeiçoamos.

A turnê começou em 7 de janeiro no Asylum, em Portland, estado do Maine. Um lugar perfeito para tocar "All the Madmen", pensei. O público estava realmente animado, e casaram perfeitamente a determinação que tinham em se divertir naquela noite e nossa intenção de fazer da primeira data nos Estados Unidos um momento especial.

Nosso segundo show foi em Nova York, no Highline Ballroom, em 8 de janeiro – coincidentemente, dia do aniversário de Bowie. Havia rumores entre membros da equipe de que Bowie faria uma aparição especial naquela noite, mas era bem improvável que ele se apresentasse. Achamos que os rumores tinham começado provavelmente no Facebook, já que vimos alguns posts bem otimistas.

O Highline estava com a lotação máxima, e de novo o público de Nova York parecia muito animado – e muitos deles tinham o raio de Ziggy pintado no rosto. Depois que tocamos todo o álbum *The Man Who Sold the World*, Tony fez seu costumeiro discurso no meio do show sobre as sessões de gravação que ocorreram tantos anos antes, com algumas histórias divertidas do trabalho com Mick, Bowie e eu, o que o público sempre adorava ouvir.

Ele então nos surpreendeu (e a Bowie, inclusive) quando disse: "Vamos ligar para Bowie". O público veio à loucura. Bowie atendeu o telefone, e Tony disse: "Estamos no palco no Highline neste exato momento". Ele então pediu que o público cantasse "Parabéns a Você" e o pedido foi atendido com entusiasmo enquanto Tony segurava o telefone para Bowie ouvir.

"Obrigado", disse Bowie, e acrescentou: "Pergunte a eles o que acharam de *Blackstar*". Tony transmitiu a mensagem e houve mais aplausos entusiasmados do público.

"Boa sorte com a turnê", disse Bowie e desligou. Foi um momento muito bonito e achei muito legal da parte de David fazer isso.

O show seguinte foi em Ridgefield, Connecticut, seguido por uma viagem de 10 horas até Toronto, e cruzamos a fronteira com o Canadá de madrugada. Fomos acordados pelo diretor da turnê e tivemos que sair do ônibus debaixo de neve. Fizeram a gente esperar numa sala até que os agentes da fronteira nos chamaram um a um para checar nossos passaportes e fazer perguntas como "Onde vocês tocaram noite passada?", que eu mal consegui responder porque tinha muito sono e sequer sabia muito bem onde estávamos.

Chegamos a Toronto no final da manhã, e como no dia seguinte teríamos uma folga, fizemos o *check-in* num hotel. É difícil descrever a sensação de alívio que senti por estar num espaço no qual não havia outras 11 pessoas comigo, tendo uma cama com mais de um metro de largura e um quarto que não estava em movimento! Seria o paraíso, ao menos por algumas horas. Do lado de fora fazia muito frio, até mesmo para este rapaz do norte da Inglaterra, e não pude aguentar nem dois minutos. Dei algumas baforadas num cigarro, tive que desistir e voltar correndo para dentro. June e eu fomos para a cama cedo, aguardando ansiosamente o nosso dia de folga.

O primeiro sinal de que alguma coisa tinha acontecido foi o bipe constante de nossos celulares perturbando nosso sono. Por volta de 5 da manhã, finalmente acendemos as luzes e conferimos o telefone, lendo partes de mensagens que diziam: "Sinto muito por sua perda", "Meus sentimentos", "Sentimos muito". Instantaneamente pensamos que tinha acontecido alguma coisa com alguém da família e tentamos abrir as mensagens no celular. Então o telefone tocou e era nosso filho Danny.

"Faz tempo que estou tentando falar com você", disse ele. "Você sabia que Bowie acabou de falecer?"

Ele nos contou o que tinha ouvido na BBC naquela noite em casa, no Reino Unido – que Bowie havia morrido de câncer. Assim que desliguei o telefone, ficamos lá parados em choque. Precisei de alguns minutos para assimilar a situação. Era surreal, e parecia muito pior porque eu ainda não havia acordado direito. Resolvi sair e acordar Tony para ver se ele sabia e conferir se ele estava bem. Terry estava do lado de fora do quarto de Tony e disse: “Sim, Tony soube há pouco. Está triste, mas acho que vai voltar a dormir”. Terry tinha a chave e me deixou entrar no quarto de Tony, onde o encontrei de olhos fechados. Cutuquei ele de leve, e ele abriu os olhos. Perguntei se ele estava bem. Naquele momento, estava começando a assimilar a notícia, e nós dois estávamos devastados. Conversamos por um momento e nos abraçamos.

Acontece que Tony sabia que Bowie estava doente e enfrentando um tratamento contra o câncer, mas tinha a impressão de que ele estava vencendo a batalha. Então a notícia realmente parecia não fazer sentido.

Reunimos o restante da banda, que naquele momento já sabia da notícia, e ficamos lá sentados no restaurante do hotel pensando no que fazer. Deveríamos cancelar a turnê em respeito a Bowie ou seguir com os shows em sua homenagem? Tony argumentou que Bowie tinha trabalhado até o final de sua vida no novo álbum e no vídeo do single “Lazarus”, mesmo estando muito doente. Ele trabalhava até não conseguir fazer mais nada, tirava um tempo para repor as energias e então voltava com mais vontade ainda. Lembro que ele sempre teve essa atitude de que o show deveria continuar. No final, decidimos que o certo era seguir em frente – ainda mais quando checamos as redes sociais e vimos milhares de mensagens nos dizendo que os fãs precisavam que tocássemos sua música mais do que nunca. Contudo, já estávamos com receio de como seria o show, pois sabíamos que seria bem difícil.

Tony e eu conversamos e decidimos entrar no palco e conversar com o público antes de começar a tocar.

“Obrigado por sair de casa neste frio”, disse Tony. “Ouçam, ontem foi o pior, bem, quase o pior dia da minha vida, e acho que para muitos de vocês também foi. Chegamos até mesmo a nos questionar se deveríamos ou não continuar com esta turnê, mas não há melhor maneira de lidarmos com o luto do que através da música."

"Música é magia. É melhor do que qualquer comprimido que se pode tomar. É melhor do que qualquer droga, e esta música aqui é uma das melhores obras já compostas. Fico muito contente em ver vocês todos tão animados. Eu não queria ver aqui um mar de rostos tristes. Então vamos celebrar a vida de David Bowie."

Depois, peguei o microfone e acrescentei: "Nós realmente nos sentimos gratos. É bom para nós, assim como para vocês. Sei que nós todos sentimos a mesma coisa aqui, então, como Tony falou há pouco, é uma celebração para David e sua música. Esperamos que vocês se divirtam nesta noite. Isso é a porra de uma ordem, certo?".

Nesse momento, fomos ovacionados, e me senti tão bem por criar essa conexão com o público que repetimos a mesma introdução em todas as demais datas da turnê.

Em algumas partes do show, fiquei tão emocionado que foi difícil continuar – por exemplo, quando começamos a tocar "Five Years". Todas as músicas naquele momento passaram a ter um significado diferente para nós. Mas esperávamos que a música estivesse ajudando as pessoas, tornando a perda de Bowie um pouco mais fácil de se lidar. Ainda bem, ao final do show, quando fizemos o meet-and-greet, essa sensação se confirmou pelas centenas de fãs com quem conversamos. Concluímos as oito datas restantes, com o show final em Boston em 21 de janeiro, e voltamos para a Inglaterra.

Antes da morte de Bowie, Tony tinha concordado em atuar como diretor musical de um evento de caridade anual que celebraria a música de Bowie e aconteceria no Carnegie Hall, em Nova York, em 31 de março. Ele convidou os membros da banda para nos juntarmos a ele como banda residente, com o que nós todos concordamos. A divulgação para o evento estava marcada para 10 de janeiro. Foi no mesmo dia que se noticiou a morte de David, e de repente, o evento acabou se transformando em outra coisa. Os ingressos foram todos vendidos quase que imediatamente. De fato, a demanda foi tão incrível que os organizadores acrescentaram outra data, no Radio City Music Hall, em 1º de abril. Quando este também teve todos os ingressos esgotados instantaneamente, acrescentaram uma data extra no Winery, também em Nova York, em 30 de março, quando o público poderia vir e assistir aos ensaios para esses dois shows.

A Holy Holy abriria o show tocando "The Width of a Circle" e depois se apresentaria como banda de apoio dos outros artistas. Exceto por três músicas – "Space Oddity", cantada por Ann Wilson, do Heart; "Suffragette City", cantada por Cyndi Lauper; e "Starman", com Debbie Harry –, o restante do set teria canções de outras épocas da carreira musical de Bowie. Esmeralda Spalding escolheu "If You Can See Me", que foi um desafio para mim, já que era muito rápida na bateria e no baixo. Esmeralda é uma baixista maravilhosa e tem uma voz fantástica. Honestamente, acho que não toquei essa música muito bem até a apresentação no Radio City, e ainda bem que acabou dando certo, porque eu estava diante de um público de 6 mil pessoas. Aquela noite trouxe muitas lembranças da primeira vez que eu havia tocado lá, em 1973. Eu me flagrei sorrindo quando lembrei da minha briga com Bowie por causa do figurino ridiculamente listrado criado por Freddie Burretti.

Ann Wilson também cantou "Let's Dance", outra daquelas músicas em que a bateria parece fácil até que vamos tocar a música e nos damos conta de que não era exatamente aquilo que se tinha ouvido pela primeira vez. Levou algum tempo para eu acertar.

Mas "Rebel Rebel", com Perry Farrel, foi um verdadeiro prazer de tocar. Sempre achei que esse single parecia uma das músicas dos Spiders, mesmo que tivesse sido criada quando todos nós já havíamos deixado Bowie.

Mas ambas as noites passaram muito rápido, com poucos problemas, levando em conta todas as mudanças que haviam ocorrido. O que ficou óbvio era que aquele conjunto de canções e de artistas tão ecléticos exemplificava tanto a diversidade das composições de Bowie quanto o alcance imenso de sua influência. Todos os artistas pareciam genuinamente animados de poder contribuir com essa celebração da obra de David Bowie. Embora parte do evento tenha sido meio maluca, de um jeito bizarro tudo deu certo e depois ficou evidente que todos os participantes estiveram à altura da ocasião.

Depois dos shows, era a hora de "cair na estrada", embarcar no nosso luxuoso hotel sobre rodas e partir para uma jornada de 25 datas na turnê pelos Estados Unidos, de leste a oeste, e depois de volta ao Canadá. Nosso primeiro show foi no Tower Theater, na Filadélfia, cenário de um dos nossos melhores shows da turnê *Ziggy*. A multidão no Tower não deixou dúvidas de que a Filadélfia era mesmo uma cidade fanática por Bowie!

Enquanto avançamos por Boston, Baltimore e Richmond, a banda foi ficando cada vez melhor. Sem dúvida, estávamos nos energizando com a reação do público: tornou-se uma troca orgânica, praticamente espiritual. A cada noite, o apreço e o carinho dos fãs eram impressionantes. Muitos, ao que parecia, tinham aguardado 40 anos para dizer "obrigado pela música" e expressar o quanto ouvir essas canções significava para eles. Muitas vezes pareceu que eu era não só um baterista *rock star*, mas também um terapeuta quando necessário. Realmente senti que estávamos ajudando as pessoas a lidar com a perda de um ente querido. Isso mostrava o quanto Bowie era importante para elas.

O show no House of Blues em Chicago foi intenso. O lugar em si parecia o apartamento do diabo, decorado com estátuas e gárgulas, e cada parede – incluindo a do nosso camarim – estava coberta por pinturas e murais de corpos nus, demônios se contorcendo e signos do zodíaco em toda parte. A plateia foi fantástica.

Continuamos por Milwaukee, Minneapolis, Kansas City, todas cidades com shows maravilhosos. Então chegamos ao Texas, onde nossos shows da turnê *Ziggy* tinham sido cancelados muitos anos atrás. O Texas é um estado enorme. Ao olhar a paisagem pela janela do ônibus, ficamos imaginando a planície que se estendia até perder de vista em todas as direções sem nada para ver a não ser uma rara árvore solitária e algumas vacas. Eu deitei no meu beliche por uns instantes, depois acordei e o cenário continuava exatamente o mesmo. Então, 20 minutos depois, mais uma árvore, mais uma vaca.

Tivemos também uma noite excelente em Dallas e então seguimos para o Arizona. De repente, estávamos todos na terra dos caubóis e dos índios, dos lindos arenitos ocre e vermelhos esculpidos ao longo de séculos em formatos fantásticos. Nosso show seria em Scottsdale, nos arredores de Phoenix. Acontece que o lugar era um cassino de alto luxo de propriedade de nativos norte-americanos. Nossos quartos ficavam no hotel junto ao próprio cassino e eram extremamente luxuosos. Cada elemento, da iluminação à máquina de café, era operado por sensores. Obviamente haviam sido projetados para encorajar a estadia mais longa possível aos apostadores. Eu não queria mais ir embora; o lugar beirava a perfeição.

O próximo foi em San Diego, e em seguida partimos para Los Angeles, onde tocamos no Wiltern, um lindo prédio em *art déco*. Foi em LA que Tony e eu demos aquela entrevista no rádio para Steve Jones no *Jonesy's Jukebox*, que deve ter ajudado a esgotar os ingressos, embora Rodney Bingenheimer estivesse promovendo o nosso show na KROQ já havia algumas semanas, então este provavelmente foi o real motivo do show lotado.

Rodney perguntou se podia ser o mestre de cerimônias no show, já que ele realmente queria nos apresentar ao público.

Após toda a sua ajuda nos primeiros dias com Bowie e os Spiders, e tudo o que ele fez por nós anos mais tarde, achamos que seria perfeito. Ele fez um trabalho maravilhoso.

Steve Jones na verdade veio ao show naquela noite e trouxe os amigos Billy Duffy e John Tempesta, do The Cult. Steve, com seu usual jeito descolado, disse: "Eu nunca vou aos shows dos caras que entrevisto, mas neste caso fiz uma exceção".

"Ótimo saber, Steve", eu disse. "Fico feliz que tenha vindo, mas por favor, fique longe do nosso equipamento, OK?". Ele achou muito engraçado.

Em 29 de abril, chegamos ao Fillmore, em São Francisco. Era uma casa de shows icônica e as paredes antigas imensas estavam cobertas com os pôsteres de todas as bandas que haviam tocado lá desde os anos 1960. Foi um momento marcante para toda a banda quando nos demos conta de que estaríamos tocando num lugar como aquele. O Fillmore estava lotado e pude ver as silhuetas das pessoas espremidas de encontro à parede dos fundos. A multidão enlouqueceu durante o show. Pude ver que não havia uma única pessoa parada: o lugar inteiro se agitava durante toda a apresentação, mesmo que praticamente não houvesse espaço para se mexer. A atmosfera era mágica.

Terminamos a perna americana da turnê na amistosa cidade de Portland, no Oregon, onde eu havia tocado alguns anos antes com Edgar Winter. Depois de um show fantástico, dirigimos por nove horas, atravessando a fronteira com o Canadá para nossas duas datas seguintes em Calgary e depois em Edmonton. Cruzamos algumas das paisagens mais lindas que já tínhamos visto na vida, com picos que pareciam ter sido recortados por glaciares imensos e pela correnteza dos rios ao longo da estrada.

O último trecho da jornada até Toronto exigia ao menos dois dias inteiros na estrada, então a banda e a equipe pegaram um avião, deixando nosso intrépido motorista, John, mais um motorista extra fazerem a viagem por terra sozinhos. Completamos nosso último show no Phoenix Theater, Toronto, e no voo de volta para a Inglaterra, as cenas da nossa turnê continuavam a ser repassadas em nossas mentes. Pensei nos muitos encontros com os fãs, que me contaram como as músicas de Bowie, e suas criações únicas em muitas mídias, tinham sido inspiradoras e haviam mudado suas vidas para melhor. Ouvir seus relatos comoventes foi gratificante e me fez desejar que Mick e Trev estivessem presentes para receber esse tipo de reconhecimento por suas próprias contribuições. Fiquei feliz que a turnê tenha ido tão bem e que eu estivesse no lugar certo e na hora certa para poder tocar as músicas de Bowie para milhares de pessoas que precisavam de uma mão amiga para lidar com uma perda traumática, que sentiam que ouvir sua música era a melhor solução possível.

Também senti muito orgulho da banda Holy Holy, que foi magnífica, todos profissionais no sentido mais verdadeiro da palavra, cada um deles. A filha de Tony, Jessica, podia fazer qualquer coisa que pedíssemos a ela em termos musicais e ela dava conta do recado. Eu fiquei embasbacado com sua voz e talento natural enquanto artista. Jessica não apenas nos acompanhava nos shows com seu namorado, Chris Thomas – às vezes juntamente com seu irmão Morgan – , mas além dos backing vocals, ela tomou para si a responsabilidade de tocar o violão de 12 cordas e o saxofone quando Terry nos deixou em Boston para se juntar à turnê de PJ Harvey, um compromisso que ele tinha assumido antes do nosso projeto. Terry fez um trabalho incrível quando estava conosco, e sua musicalidade, principalmente no sax, nos fez sentir um prazer imenso de tocar ao lado dele.

Glenn tinha assumido a tarefa intimidadora de cantar as músicas de Bowie para um público fanático noite após noite, e sua atuação foi extremamente elegante, com um estilo inacreditável. Eu pessoalmente não conheço outro vocalista que teria feito melhor, e além disso ele também é um conterrâneo de Yorkshire.

Tony tocou baixo com todo o seu coração por mais de duas horas todas as noites e nunca saiu do ritmo. Tocava cada nota como se sua vida dependesse disso, e percebendo isso, todos os fãs o adoravam. Sua paixão por música de excelência era óbvia a qualquer um que lhe assistisse tocar. Foi ótimo trabalhar com ele na seção rítmica novamente depois de todo esse tempo.

James e Paul entravam no palco sabendo que teriam que substituir alguém como Mick Ronson. Deve ter sido desafiador tocar os solos que ele havia criado para aqueles álbuns de Bowie, mas eles honraram o legado de Ronson. Eram profissionais completos e também divertidos. Mick teria ficado muito orgulhoso.

Berenice tocou as partes que haviam sido criadas por pianistas virtuosos, um deles nada menos que Rick Wakeman, o outro Mike Garson, mais os solos de sintetizador que ninguém jamais havia tocado ao vivo, e parecia fazer tudo com naturalidade, como se dissesse: "Eu dou conta, era só isso mesmo?".

Eu me sentia honrado a cada noite em dividir o palco com uma banda de músicos e cantores tão incríveis. Posso honestamente dizer que foi uma das turnês mais proveitosas que já fiz na vida.

Voltamos à Inglaterra em meados de maio com muitos pedidos para que fizéssemos mais shows no retorno para casa. Obviamente a banda inteira tinha compromissos individuais, e turnês exigem tempo para planejar, mas apareceu uma proposta em particular que era irrecusável.

Em 2017, a cidade de Hull foi escolhida como a Cidade da Cultura da Grã-Bretanha daquele ano. É claro que o Spiders From Mars era a banda mais famosa de Hull e havia só uma resposta que eu poderia dar quando pediram se a Holy Holy poderia tocar num grande show no City Hall em 25 de março de 2017. Tocaríamos *The Rise and Fall of Ziggy Stardust and the Spiders From Mars* na íntegra. Seria a primeira vez para nós enquanto grupo. Eu mal podia esperar.

Ao longo das últimas quatro décadas, vi de perto Bowie compor música de vanguarda, criando um personagem completamente novo para combinar com sua nova direção musical, mas sempre conseguindo manter aquela característica única de David Bowie.

Sempre admirei sua recusa em se acomodar com suas conquistas como artista. Houve muitas vezes em sua carreira que ele poderia ter dito: "Eureka! É isso, vou manter este formato". Mas a mudança sempre fez parte de sua psiquê e sempre faria.

Lembro que, durante os anos 1960, todo mundo estava esperando pelo próximo lançamento dos Beatles, o entusiasmo, a antecipação: que tipo de som vai ser? Será que vou gostar? Eu achava que Bowie enquanto artista solo tinha conseguido criar a mesma agitação e mantê-la até *Blackstar*. Sempre surpreendente e, leal a seu caráter, sempre imprevisível.

Eu me sinto extremamente orgulhoso de ter feito parte do que tem sido reconhecido por muitos como um período icônico e seminal da carreira de David Bowie. De um grupo de amigos tentando pagar as contas no fim do mês com mirradas sete libras por semana, os Spiders decolaram para o que se tornaria a aventura de uma vida. Eu tinha 20 anos, os outros não eram muito mais velhos que isso. Usamos nossas habilidades individuais para ajudar a criar o tipo de música que amávamos – para mim, tocar bateria foi e sempre será minha paixão, e foi uma alegria imensa poder criar juntamente com o talento incrível de Mick na guitarra e nos arranjos e compor uma seção rítmica, primeiro com Tony e depois com Trevor no baixo. Experimentamos uma vida inteira em poucos anos.

Compartilhamos aquele primeiro sabor do triunfo, a sensação indescritível de quando uma música que ajudamos a criar se torna um sucesso. Estávamos lá nos programas de TV e de rádio, nas turnês com ingressos esgotados. Trabalhamos muito e curtimos muito também. Como muitos homens sábios já disseram, "tentar alcançar alguma coisa, tentar ser alguém, essa é a verdadeira aventura". E sem dúvida foi.

POSFÁCIO
por Joe Elliott

A primeira vez que vi a lata velha de Woody Woodmansey foi nas fotos dele, de David Bowie, de Mick Ronson e de Trevor Bolder no encarte de *Ziggy Stardust*. Eu estava deitado na minha cama, com 12 anos de idade, ouvindo ele tocar.

Encontrei Woody pela primeira vez três anos depois. Como você recém leu no livro de Woody, tenho um chapéu de caubói que eu costumava usar em todos os shows quando era garoto. Sempre que via um *rock star* saindo da porta dos fundos, eu gritava: "Assina meu chapéu!". Quando a banda de Woody, a U-Boat, estava tocando no Top Rank, em Sheffield, em 1976, eu e todos os meus amigos fomos até lá porque estávamos obcecados por qualquer coisa relacionada a Bowie.

Havia uma multidão de cerca de 20 fanáticos por Bowie, todos vestidos iguaizinhos a Ziggy Stardust, pulando feito malucos quando tocaram "Suffragette City" – mas eu queria ouvir as músicas autorais do U-Boat: acho o *U1* um ótimo álbum.

Comecei minha carreira musical oito anos depois que *Ziggy Stardust* foi lançado. Quando o Def Leppard se tornou um sucesso, fiquei conhecido como um grande fã de Bowie, porque eu sempre falava dele, do Mott the Hoople e de Mick Ronson. Eu era um grande fã de Mick, e antes de sua morte, toquei com ele no álbum *Heaven and Hull*.

Um ano depois, Maggi, a irmã de Mick, organizou um evento em memória a ele no Hammersmith. Ela disse: "Que tal você e Phil Collen se juntarem a nós por Ronno e Bowie e tocarem com Woody e Trevor?". Foi a primeira vez que Woody e eu tocamos juntos. Mesmo que nunca tenhamos nos reunido antes, houve um tipo de entendimento mútuo, nós olhamos um para o outro e a conexão foi imediata. Nós tínhamos exatamente o mesmo senso de humor e rimos muito juntos. Ele é meu tipo de músico: não fica falando só de trabalho o tempo inteiro.

Woody é um baterista fenomenal. Bowie fazia apenas três tomadas no estúdio, então Woody tinha que atingir seu melhor desempenho nesse meio-tempo - não havia espaço para erro. Ele é como Ringo Starr: um desses bateristas que não é exibicionista como, digamos, John Bonham. Dito isso, quando eu o assistia fazendo os solos de bateria quando o Cybernaut tocou no Japão em 2011, era incrível - e, creia, eu odeio essas porras de solo de bateria! Woody é um dos poucos a quem consigo assistir.

Assim que nossos caminhos se cruzaram, estávamos destinados a nos tornarmos amigos. Somos dois cascas-grossas. Woody é um homem bom.

Joe Elliott, 2016

DISCOGRAFIA

DAVID BOWIE

The Man Who Sold the World, 1971
The Width of a Circle / All the Madmen / Black Country Rock / After All / Running Gun Blues / Saviour Machine / She Shook Me Cold / The Man Who Sold the World / The Supermen

Hunky Dory, 1971
Changes / Oh! You Pretty Things / Eight Line Poem / Life on Mars? / Kooks / Quicksand / Fill Your Heart / Andy Warhol / Song For Bob Dylan / Queen Bitch / The Bewlay Brothers

The Rise and Fall of Ziggy Stardust and The Spiders From Mars, 1972
Five Years / Soul Love / Moonage Daydream / Starman / It Ain't Easy / Lady Stardust / Star / Hang On To Yourself / Ziggy Stardust / Suffragette City / Rock n' Roll Suicide

Aladdin Sane, 1973

Watch That Man / Aladdin Sane / Drive-In Saturday / Panic in Detroit / Cracked Actor / Time / The Prettiest Star / Let's Spend the Night Together / The Jean Genie / Lady Grinning Soul

Ziggy Stardust: The Motion Picture, 1983

Hang On To Yourself / Ziggy Stardust / Watch That Man / Wild Eyed Boy From Freecloud / All the Young Dudes / Oh! You Pretty Things / Moonage Daydream / Space Oddity / My Death / Cracked Actor / Time / The Width of a Circle / Changes / Let's Spend the Night Together / Suffragette City / White Light/White Heat / Rock n' Roll Suicide

Santa Monica '72, 1994

Intro / Hang On To Yourself / Ziggy Stardust / Changes / The Supermen / Life on Mars? / Five Years / Space Oddity / Andy Warhol / My Death / The Width of a Circle / Queen Bitch / Moonage Daydream / John, I'm Only Dancing / I'm Waiting For the Man / The Jean Genie / Suffragette City / Rock n' Roll Suicide

SPIDERS FROM MARS

Spiders From Mars, 1976

Red Eyes / Shine a Light / White Man, Black Man / Fallen Star / Summers of Gold (somente LP nos EUA) / Prisoner / (I Don't Wanna Do No) Limbo / Stranger To My Door / Good Day America / Rainbow / Can It Be Far / Running Round in Circles (somente LP nos EUA)

WOODY WOODMANSEY'S U-BOAT

U1, 1976

U-Boat / Movie Star / Slow Down / Star Machine / I'm in Love / Rock Show / Let You Be / Hope They Come Back / Oo La La / From the Top

AGRADECIMENTOS

Estes são os indivíduos, amigos e artistas que eu considero como pessoas que tiveram um impacto positivo na minha vida, em nenhuma ordem em particular:
Graham Cardwell, John Butler, tio Harold,
tio Ernie, Tony Visconti, Ken Scott, Nick Hopkins,
Tom Wilcox, Joe Elliott, Phil Collen, Tom Vitorino,
Rick Wakeman, Art Garfunkel, Chris Cavanagh,
Paul Nash, Jenny Scarfe Becket, L. Ron Hubbard,
meu coautor Joel McIver, meu agente Matthew Hamilton,
Ingrid Connell e a equipe da Pan Macmillan

THE MUTATIONS
John Flintoff, Frank Theakston, Paul Richardson,
Michael Grice

THE ROADRUNNERS
John Hall, Dave Lawson, Dave Westaway, Brian Weeldon
Roadies: Chris Cooper, Dave Simpson, Phil Dukes,
Dave Owen

THE RATS
Benny Marshall, Keith Cheeseman, Geoff Appleby,
John Cambridge (sem esses caras, jamais teria tido coragem de ir para Londres e Ziggy e os Spiders talvez jamais tivessem existido)
Roadies: Dave Walkley, Pete Hunsley, Stuey George

HOLY HOLY 2016
Tony Visconti, Glenn Gregory, Paul Cuddeford, James Stevenson, Berenice Scott, Jessica Lee Morgan, Terry Edwards

HOLY HOLY 2013-2015
Paul Fryer, Malcolm Doherty, Rod Melvin, Maggi Ronson, Lisa Ronson, Hannah Berridge Ronson, David Donley, Erdal Kizilcay, Steve Norman, Gary Stonadge, Liz Westward, Tracie Hunter, Clem Burke

EQUIPE DE APOIO NA TURNÊ
Steve McGuire (som EUA), Hutch Hutchinson (som Reino Unido), Clark Becker (técnico da bateria EUA), David Donley (técnico da bateria Reino Unido) Wendy Woo (merchandising Reino Unido)

BATERISTAS
Charlie Watts, Bobby Elliott, Keith Moon, Ginger Baker, Mitch Mitchell, John Bonham, Mike Giles, Simon Kirke, Carter Beaufort, Dave Grohl, Steve Smith, Sandy Nelson

Meus filhos, Danny, Nick e Joe
Minha esposa, June, por ser a companheira perfeita para a minha vida (eu te amo, querida)
David Bowie, Mick Ronson e Trevor Bolder, por sua amizade e pela incrível jornada...

TODOS OS TÍTULOS DA COLEÇÃO ROCK LEGENDS

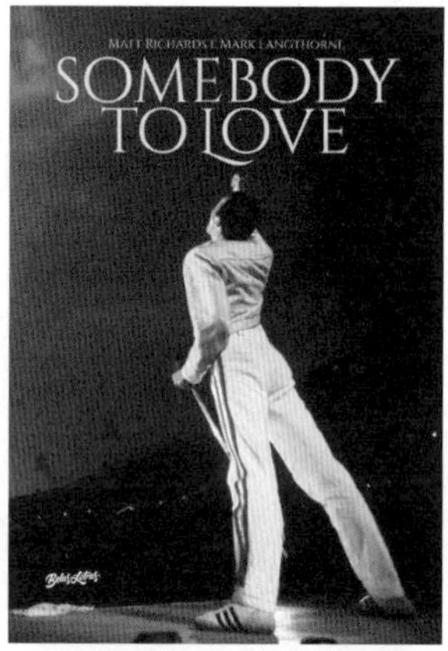

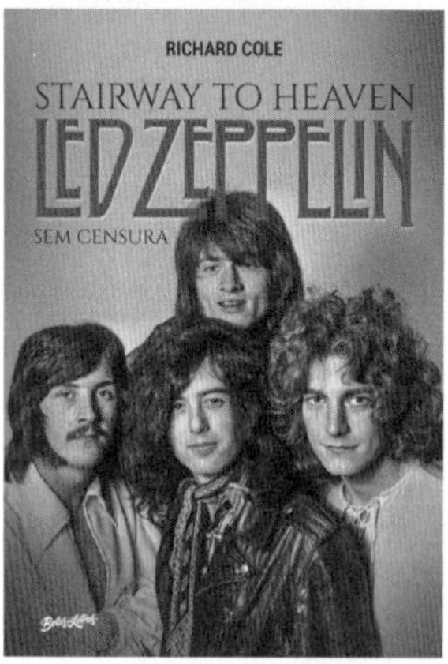

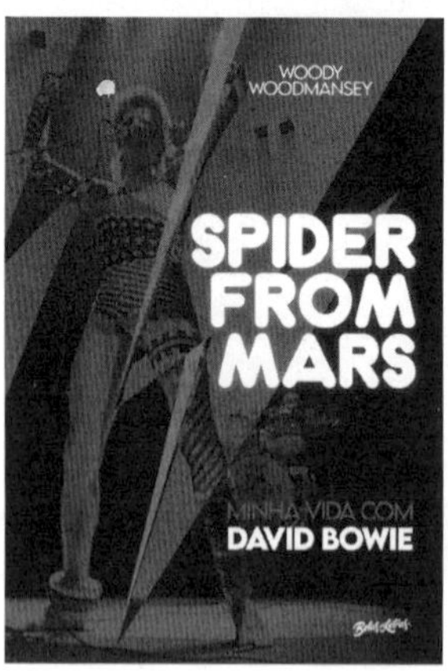

Este livro foi composto em Gotham e impresso em papel pólen soft 80g pela gráfica Copiart no inverno de 2022.